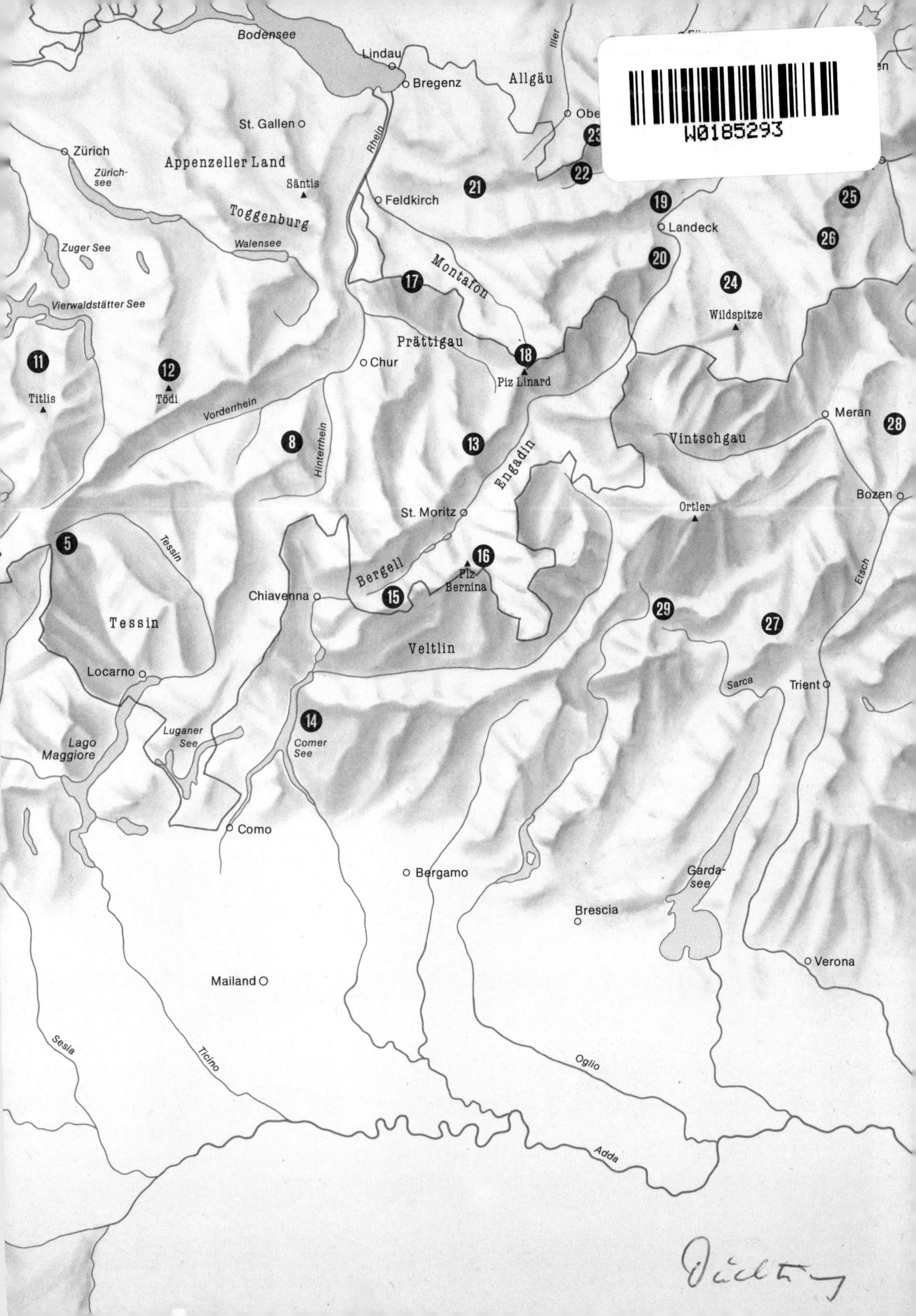
Bodensee
Lindau
Bregenz
Allgäu
Iller
St. Gallen
Zürich
Zürich-
see
Appenzeller Land
Säntis
Rhein
Feldkirch
21
23
22
19
Landeck
25
26
20
24
Wildspitze
Toggenburg
Walensee
Zuger See
Vierwaldstätter See
Montafon
17
Prättigau
Chur
18
Piz Linard
11
Titlis
12
Tödi
Vorderrhein
8
Hinterrhein
13
Engadin
Meran
28
Vintschgau
Bozen
Ortler
St. Moritz
5
Tessin
16
Piz
Bernina
Bergell
15
Chiavenna
Etsch
29
27
Tessin
Veltlin
Locarno
Sarca
Trient
14
Luganer
See
Comer
See
Lago
Maggiore
Como
Bergamo
Garda-
see
Brescia
Verona
Mailand
Sesia
Ticino
Oglio
Adda

Pause Hüttenwandern

Band 1	Alpine Höhenwege von Hütte zu Hütte
Band 2	Alpine Übergänge und Höhensteige

Hüttenwandern

Band 1

Alpine Höhenwege von Hütte zu Hütte

Walter Pause

Neubearbeitung:
Michael Pause

Zweite, durchgesehene Auflage

BLV Verlagsgesellschaft
München Wien Zürich

Bei der Vorbereitung und Bearbeitung dieses Buches haben in freundschaftlicher Weise geholfen: Johannes Führer, Petra Gössl, Werner Heiss, Hans Steinbichler und Wolfgang Zeis. An dieser Stelle allen Helfern herzlichen Dank!
Michael Pause

CIP-Kurztitelaufnahme der Deutschen Bibliothek

Pause, Walter:
Hüttenwandern / Walter Pause.
Neubearb.: Michael Pause. – München; Wien; Zürich: BLV Verlagsgesellschaft
NE: Pause, Michael [Bearb.]

Bd. 1. → Pause, Walter: Alpine Höhenwege von Hütte zu Hütte

Pause, Walter:
Alpine Höhenwege von Hütte zu Hütte / Walter Pause. Neubearb.: Michael Pause. – 2., durchges. Aufl. – München; Wien; Zürich: BLV Verlagsgesellschaft, 1984.
(Hüttenwandern / Walter Pause; Bd. 1)
ISBN 3-405-12761-0

NE: Pause, Michael [Bearb.]

Bildnachweis
Titelbild (Rifugio Garelli mit Marguarais / Ligurische Alpen): Steinbichler
S. 2/3 (Mutterberger Seespitze / Stubaier Alpen): Zengerle
S. 6 (Drusenfluh/Rätikon): Zengerle
Brandl: S. 106/107 – End: S. 78, 121, 129, 131, 141 – Führer: S. 18/19, 126/127 – Gensetter: S. 23, 39 – Heimhuber: S. 65, 67 – Heiss: S. 34, 35, 48, 50 (2), 51, 75, 86, 92 – Heldwein: S. 24, 76, 79 – Höfler: S. 99 – Höhne: S. 8, 12, 16, 29, 58, 59, 63, 70, 91 – Kloske: S. 55, 61, 68, 100 – Lang: S. 68, 106, 111, 112 – Leitner: S. 32, 94/95 – Lindner: S. 86/87 – Foto Löbl-Schreyer: S. 73 – Mokrejs: S. 139 – Penner: S. 53. – Puntschuh: S. 17 – Reist: S. 31, 47 – Retter: S. 114 – Rochlitz: S. 115 – Ruoff: S. 104 – Schlüter: S. 40 – Schnürer: S. 56, 81, 83, 84, 89, 97, 118, 119, 123, 124 – Stadler: S. 37 – Steinbichler: S. 11, 42, 43, 45, 109 – Stettmayer: S. 26/27, 102 – Stochay: S. 71 – Tubbesing: S. 14 – Wagner: S. 103, 137 – Winkler: S. 15 – Zeis: S. 134, 134/135

Karten: Huber & Oberländer

Gesamtherstellung: Passavia Passau

Printed in Germany · ISBN 3-405-12761-0

Inhalt

Vorwort

Unberührte Natur ist für mich Mysterium, eine unbegreifbare Erfahrung. Das Recht auf diese Erfahrung aber ist ein Grundrecht, nicht minder wie das Recht auf Besitz oder Sicherheit. Wildnis ist auch ein Zustand des Verstandes, des Gefühls und des Herzens.

Anselm Adams

25 Jahre lang wanderten viele Bergfreunde zwischen Grenoble und Wien »Von Hütte zu Hütte«; nun sollen Sie es mit diesem Buch »Hüttenwandern«. Das Tun an sich ist das gleiche geblieben, aber in diesem Zeitraum hat sich das Umfeld der Bergsteigerei grundlegend verändert.

Da ist vor allem die kaum faßbare Zahl der Menschen zu nennen, die es heutzutage alljährlich in die Alpen zieht: Standen früher fünf Bergsteiger an einem schönen Tag auf einem Gipfel, so sind es heute 50; zählten die Hüttenwirte damals die Gäste einer Saison nach Hunderten, so geht es heute um Tausende.

Die Tatsache, daß Bergsteigen sich zu einer Massenbetätigung entwikkelte, hatte Auswirkungen auf Motivationen und Erlebniswert: Lockte die Bergsteiger früher die Einsamkeit, so geben sich heute viele schon mit dem Gefühl des Anders-als-die-Masse-sein-Wollens zufrieden. Sahen damals viele ihre romantische Vorstellungswelt in der alpinen Urlandschaft bestätigt, so bewertet man Bergsteigen heute nüchtern als sinnvolle Freizeitgestaltung oder gar als Sport. In der Zeitspanne von zweieinhalb Jahrzehnten verwandelten sich Bergsteiger-Schutzhütten in Alpin-Center, ursprünglich gebliebene Talböden in Stauseen, Bergpfade in Panoramastraßen, Gletscher zu Spielplätzen der Skisüchtigen ...

Trotz alldem haben sich die Alpen ihre Einzigartigkeit bewahrt, nirgendwo sonst bietet sich Bergsteigern ein so vielfältiges Betätigungsfeld wie hier.

Dieses Buch richtet sich an die große Gruppe derer, die auch auf Jöchern Gipfelgefühle genießen können. Es stellt 52 alpine Höhenwege und Übergänge vor – zwischen den italienischen Seealpen und dem österreichischen Wienerwald – und vermittelt in Bildern, knapp beschreibendem Text, Karte sowie einer Zusammenfassung der wichtigsten Daten den Charakter jeder Route.

Die Hälfte der Touren wurde – kritisch überprüft – dem alten Band »Von Hütte zu Hütte« entnommen: Auf diese meist klassischen Wege zu verzichten, wäre eine Torheit gewesen! Weitere 13 Tourenvorschläge aus dem alten Bestand wurden in der Wegführung – zum Teil erheblich – geändert. Schließlich wurden 13 Touren völlig neu aufgenommen, von der hochalpinen Seealpen-Runde bis zur Wanderung am Lasörlingkamm, die mit einigen weglosen Abschnitten überrascht.

Die Auswahl reicht vom unproblematischen Bummel im Vorgebirge bis zur Hochtour im vergletscherten Alpenhauptkamm, wo ein hohes Maß an Erfahrung, Verantwortungsbewußtsein und technischem Können erforderlich ist. Felskletterei im niedrigsten Schwierigkeitsgrad (I) verlangen nur ganz wenige Ausnahmen; bei einigen Touren mit Felspassagen sind diese Stellen mit Drahtseilen, Eisenstiften oder -klammern gesichert. Ausdrücklich sei betont, daß die meisten Übergänge und Wege nur für geübte, ausdauernde und trittsichere Bergwanderer bestimmt sind, die vor allem den Gefahren der Höhe, der Ausgesetztheit und stets möglicher Wetterstürze zu begegnen wissen. Dabei kommt der Frage der exakten Vorbereitung durch Führer- und Kartenstudium sowie der richtigen Ausrüstung entscheidende Bedeutung zu. Dieses Buch kann keinen Führer ersetzen! Es soll lediglich interessante Anregungen geben. Sämtliche Gehzeiten sind Anhaltspunkte für den geübten Bergwanderer, also nicht zu reichlich bemessen. Man bedenke, daß sich eine Tour aufgrund verschiedener Faktoren beträchtlich verlängern kann!

Noch ein paar Zeilen zu den Hütten: Alle genannten Hütten sind – sofern nicht ausdrücklich anders vermerkt – in den zum Bergsteigen geeigneten Sommermonaten geöffnet und bewirtschaftet; dies trifft mittlerweile auch auf die Hütten des Schweizer Alpen-Clubs (SAC) zu, die sich aber gleichzeitig noch ihre traditionell strengere, an den Bedürfnissen der Hochalpinisten ausgerichtete Disziplin erhalten haben. Sollten zu diesem Bereich zusätzliche Fragen auftreten, so sei hier auf die Fremdenverkehrsbzw. Gemeindeämter in den Talorten verwiesen oder auf die telefonisch erreichbaren alpinen Auskunftsstellen der Alpenvereine (z.B. beim DAV in München, Tel. 089/294940).

Bei allen Änderungen an Inhalt und Form dieses Buches soll doch der Satz, mit dem das Vorwort des Bandes »Von Hütte zu Hütte« begann, unverändert Gültigkeit besitzen: »Wer nicht partout auf hohe Gipfel und steile Wände zielt, wen Schicksal oder Alter angeschlagen haben in seinem Ehrgeiz oder wem es ganz einfach nur aufs Wandern, Steigen und Schauen in einer großen Urlandschaft ankommt, um daraus – nach einem alten Goethe-Wort – große Gedanken zu gewinnen, der sollte an diesem Buch seine Freude haben.«

Walter Pause
Michael Pause

1 Die südlichsten Dreitausender der Alpen

Hochgebirge mit Blick zum Mittelmeer

Italien
Seealpen
2 Tage
▲▲▲△

Talort AP/EP Terme di Valdieri, 1368 m (Straße von Cuneo).

Stützpunkte (1) Rif. Bozano, 2453 m, CAI, an der Argentera-NW-Seite, 3 Std. von Terme di Valdieri (hier Schlüssel oder Auskunft). – (2) Rif. Remondino, 2430 m, CAI, im Hochkar des Val di Nasta, 2.30 Std. von (1) über Colletto della Madre Dio, 2720 m, 3.30 Std. direkt von Terme di Valdieri. – (3) Rif. Morelli, 2430 m, CAI, nördl. der Argentera, 3 Std. von (2) über Passo dei Detriti, 3120 m, und Colle del Chiapous, 2526 m. – Abstieg 2 Std. nach Terme di Valdieri.

Hüttengipfel (2) Argentera-Süd, 3297 m, 2.30 Std., leichte Kletterei (I), äußerst lohnender Abstecher.

Charakter Hochgebirge mit mediterranen Zügen. – z. T. steile Wege, kurze Felspassagen erfordern Trittsicherheit.

Führer Nur in italienischer Sprache: Alpi Ligure e Marittime, TCI/CAI.

Karte Istituto Geografico Centrale, 8, Alpi Marittime e Liguri.

Starke Kontraste auf engstem Raum machen den besonderen Reiz der Alpen aus. Hochgebirge und daneben südlich-heiße Landschaft finden sich allerdings nur in einer der vielen Berggruppen: in den Seealpen. In deren italienischem Teil steht mit der Argentera einer der südlichsten Dreitausender der Alpen, nur knapp 50 km vom Mittelmeer entfernt.
Vom Heilbad Terme di Valdieri steigen wir auf einem alten Militärsträßchen aufwärts ins Val della Valletta. Bei der Gias (Alpe) delle Mosche biegen wir links ab in Richtung auf den Kessel unter den steilen Felswänden der Argentera, wo als wichtiger Stützpunkt für Kletterer das Rifugio Bozano steht.
Da unser erstes Ziel, das Rifugio Remondino, noch gut 2½ Stunden entfernt ist, queren wir bereits unterhalb des Rifugio Bozano nach rechts. Nun beginnt der hochalpine Abschnitt unserer Tour: Um den Sockel der Cima Cessole herum und über einen felsigen Rücken führt der Steig zum Colletto della Madre Dio und weiter durch eine Rinne ins Val di Nasta hinunter, wo schon von weitem das Rifugio Remondino zu sehen ist.
Am nächsten Tag steigen wir zunächst etwas mühsam über einen Geröllhang zum Passo dei Detriti auf und entdecken in den Ostabstürzen des Argentera-Südgipfels das lange Band, über das in leichter Blockkletterei der Gipfel erreicht wird.
Der Abstieg führt zurück in die Nähe des Passo dei Detriti, dann vorsichtig weiter hinunter zum Bivacco Baus. Unter den Wänden der Argentera folgt der Passagio del Porco zum Colle del Chiapous. Schließlich geht's bergab, am Rifugio Morelli vorbei, ins 1200 m tiefer gelegene Val Gesso.

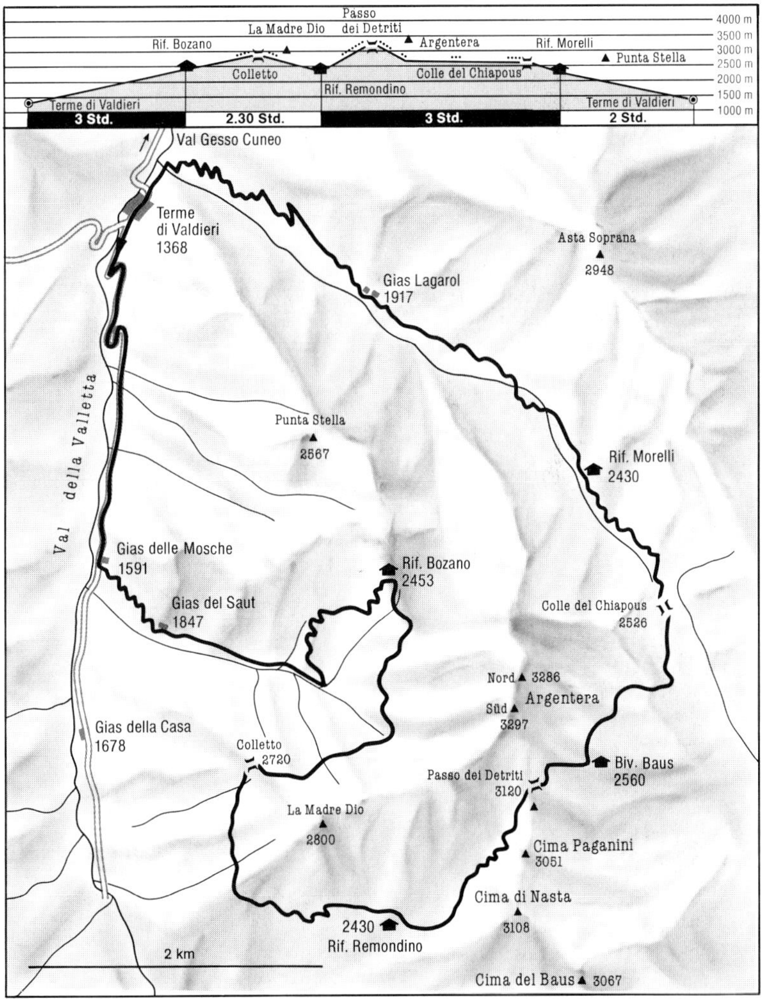

Die strenge Urwelt der italienischen Seealpen unter einem azurblauen Mittelmeerhimmel. Bei klarer Sicht kann man vom Gipfel der Argentera (rechts oben) in der Ferne sogar Korsika erkennen.

2 Im Banne der Meije

Hochalpine Übergänge um die Königin des Dauphiné

Frankreich
Dauphiné
3–4 Tage
▲▲▲▲

Talort AP/EP La Grave, 1474 m, im Tal der Romanche, an der Lautaret-Paßstraße.

Stützpunkte (1) Ref. Evariste Chancel, 2508 m, CAF, 3 Std. von La Grave (0.45 Std. ab Seilbahn-Mittelstation). – (2) Ref. de la Selle, 2672 m, STD, 5 Std. von (1) über Col de la Lauze, 3512 m, häufig benutzter Übergang, Gletscherbegehung, oder über Col de la Girose, 3518 m (Wahl des Übergangs von Verhältnissen abhängig, Hüttenwirt fragen!). – (3) Ref. du Châtelleret, 2225 m, CAF, 5 Std. von (2) über Col du Replat, 3325 m, Gletscherbegehung. – (4) Ref. de l'Alpe du Villar d'Arêne, 2079 m, 6 Std. von (3) über Col du Clot des Cavales, 3159 m, z. T. ges. Steig, kurze Gletscherbegehung. – Abstieg 1.30–2 Std. nach La Grave (ab Arsine, 1667 m, Straße nach Villar d'Arêne/La Grave).

Hüttengipfel (1) Pic de la Grave, 3669 m, 1.15 Std. vom Col de la Lauze über N-Flanke (Vorsicht, Randkluft!) und NW-Grat, leichte Kletterei. – (2) Tête Nord du Replat, 3446 m, 0.20 Std. vom Col du Replat, leichte Kletterei am SW-Grat. – Weitere Gipfelbesteigungen kommen nur für Kletterer in Frage (siehe Führer).

Charakter Eindrucksvoller und anstrengender Hochgebirgs-Übergang, nur für Geübte mit kompletter Ausrüstung, d. h. Steigeisen, Pickel, Seil und Wetterschutz! Auskünfte und Wetterbericht im Bergführerbüro in La Grave!

Führer Haut Dauphiné (deutsch), Devies/Laloue (Rother).

Karten Didier & Richard, Haut Dauphiné, 1 : 50000. – IGN, 241, Ecrins-Meije-Pelvoux, 1 : 25000.

Dank der zunehmenden Erschließung der Alpen mit Autobahnen, Paßstraßen und Tunnels werden die Reisezeiten zwischen Wien und Nizza immer kürzer. Aber nach wie vor gibt es einige großartige Gebirgsgruppen, die von Bergsteigern aus dem deutschsprachigen Raum auffallend wenig besucht werden. In westlicher Richtung scheint gleich hinter Genf und Chamonix eine unsichtbare Schranke zu stehen. Dabei sind es von dort »nur« noch einmal rund 200 km Fahrt zu einer der wildesten und attraktivsten Urgesteinsgruppen des gesamten Alpenbogens: zum Dauphiné bzw. zur Pelvoux-Gruppe, wie die richtige, jedoch seltener verwendete Bezeichnung lautet. Hier erhebt sich mit der Barre des Ecrins der südlichste Viertausender der Alpen, hier stehen berühmte Berge wie Pelvoux, Grande Ruine, Ailefroide und – den Nordosten des Massivs beherrschend – die Meije. Ein Großteil der Gruppe ist seit einigen Jahren Nationalpark.

»Wer die Meije nicht sah, hat nichts gesehen, aber wer die Meije nicht von Süden sah, der hat die Meije nicht gesehen!« So hoch schätzte der große Wiener Alpenpionier Eduard Pichl (1872–1955) die Meije ein. Die Nordflanke mit steilen Gletscherbrüchen und felsigem Gipfelaufbau über dem grünen Tal der Romanche beeindruckt auch erfahrene Hochalpinisten noch. Die Südseite aber versetzt einen Schock: pralle, senkrechte Felswände, 800 m hoch und 1½ km breit – die kühnste Felskulisse des Dauphiné, ein Glanzstück der Alpen!

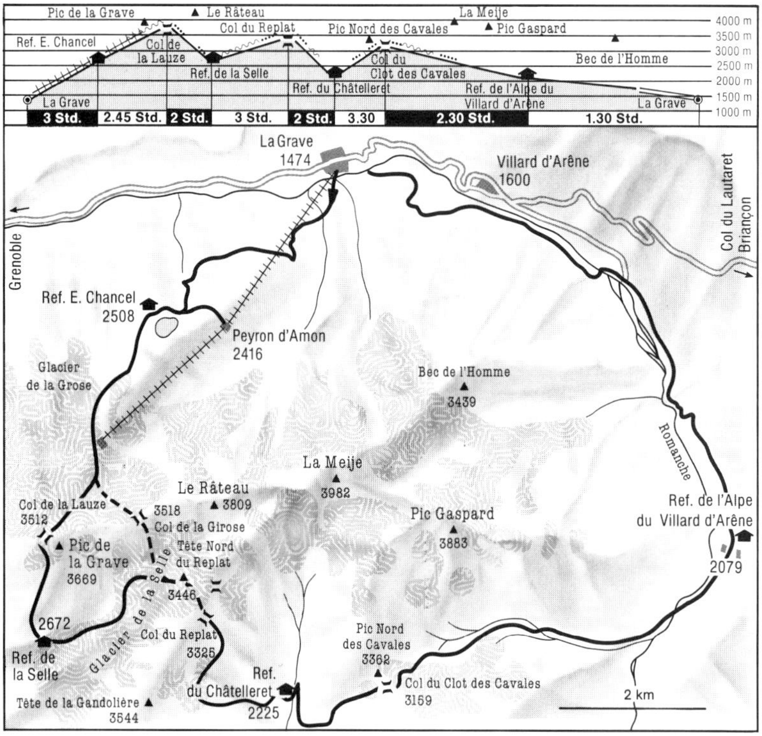

Der Blick in den Kessel des Lautaretgletschers unterstreicht die These, daß der Dauphiné zu den wildesten Urgesteinsgruppen der Alpen zählt. Beherrschender Gipfel des Bildes ist der Pic Gaspard mit seinem Hängegletscher. Rechts folgen der unscheinbare Pavé und der Verbindungsgrat zur Meije. Unsere Hüttenwanderung passiert diese Szene im – vom grünen Rücken verdeckten – tiefen Taleinschnitt der Romanche.

Von Nordosten, oberhalb der Lautaret-Paßstraße, schaut man über das Romanchetal und das knapp verdeckte La Grave hinweg zum wuchtigen Massiv der Meije, an die sich rechts der Râteau anschließt. In der bewaldeten Flanke rechts der Bildmitte erkennt man die Trasse der Seilbahn, die von La Grave zum Col de Ruillans hinaufführt.

Angesichts der wilden Landschaft könnte den Hüttenwanderer der Mut verlassen, aber sogar das Schaustück der Gruppe kann ungemein eindrucksvoll umrundet werden. Allerdings tragen die drei Übergänge strengen, hochalpinen Charakter und verlangen Ausdauer, Erfahrung sowie eine vollständige Ausrüstung (Steigeisen, Pickel, Seil).

La Grave, an der Lautaret-Paßstraße, das Bergsteiger-Zentrum im Norden der Gruppe, ist Ausgangspunkt dieser Meije-Runde. Leute, die sich selbst in den Bergen unter Zeitdruck setzen, werden sich von der Seilbahn bis auf 3200 m Höhe befördern lassen, zügig dem Col de la Girose, 3518 m, zustreben, das Refuge de la Selle auslassend den Glacier de la Selle queren und so in einer Parforce-Tour direkt zum Refuge du Châtelleret hasten.

Wer nicht mit der Stoppuhr in der Hand durch die Berge hetzt, sollte die Bahn bei der Mittelstation verlassen und gemütlich zum Refuge Evariste Chancel, 2508 m – von außen eine Baracke, innen dann gemütlich –, über dem Felskessel des Lac de Puy Vachier hinüberbummeln. So hat man am nächsten Tag bereits vor der Ankunft der ersten Gondel die Seilbahn-Bergstation passiert und steigt über die weite Gletscherfläche zum Col de la Girose oder zum Col de la Lauze, 3512 m, auf (genaue Auskünfte über Verhältnisse und Begehbarkeit im Bergführer-Büro in La Grave einholen!). Vom Col de la Lauze führt der Abstieg unweigerlich zum Refuge de la Selle, 2672 m, 840 Höhenmeter durch eine steile Schnee- und Geröllrinne und Schuttreißen. Ist der Übergang über den Col de la Girose vorzuziehen, wird man sich dort überlegen, ob man den Umweg zum Refuge de la Selle nicht doch ausläßt und statt dessen über das Plateau des Glacier de la Selle mit geringem Höhenverlust den Col du Replat ansteuert und ins Etançonstal absteigt.

Wer den Weg über das Refuge de la Selle gewählt hat, der muß am nächsten Tag erst wieder 500 m hinauf zum flacheren Teil des Gletschers, wo er auf die oben erwähnte Variante trifft. Im Abstieg auf der Ostseite des Col du Replat ist ein kurzes Stück Kletterei in steilen, aber leichten Felsen zurückzulegen, dann geht es über Schnee- und Geröllfelder, um den Südostgrat des Tête Sud du Replat herum, in einem weiten Bogen über Steilabbrüchen nach Süden, schließlich in vielen Kehren direkt hinunter zum Refuge du Châtelleret, 2225 m. Und hier haben wir dann, wenn Pichl recht hatte, die Meije gesehen!

Anderntags ist frühzeitiger Aufbruch zu empfehlen, damit der Aufstieg zum Col du Clot des Cavales auf einem zwar guten, doch stellenweise von Steinschlag bedrohten Steiglein schnell und gefahrlos absolviert wird. In den Flanken unterhalb des Glacier de la Grande Ruine erklimmen wir in zahlreichen Serpentinen den Westsporn des Bonnet de Cavales, wenden uns auf dessen Nordseite und gelangen durch eine kaminartige Rinne in die oberen Hänge und zum kleinen Glacier des Cavales. Über diesen winzigen Firn geht es weiter aufwärts in eine Rinne am Fuß des Passes und zunächst an ihren rechtsseitigen, später an den linksseitigen Felsen empor zum Felsgrat wenig nördlich der tiefsten Einschartung, 3159 m.

Jenseits wenden wir uns nach links günstig über den Glacier du Clot des Cavales zu dessen linkem Ufer und am Moränensteig hinunter zum Hüttenweg des Refuge du Pavé. Alle Rastplätze sind faszinierend, denn im Norden blickt man in den Kessel unter Pave und Pic Gaspard, im Süden erhebt sich die stattliche Nordwand der Roche Méane. Im Talboden von Valfourche überqueren wir den Gletscherbach und wandern hinaus in die erfrischend grünen Almwiesen des Plateau de l'Alpe, wo auch das Refuge de l'Alpe du Villard d'Arêne, 2079 m, steht. Von hier folgen wir der Romanche bis nach La Grave.

3 Zwischen Col de l'Iséran und Mont Cenis

Drei Pässe und zwei Hütten an den Quellen der jungen Arc

Frankreich
Südl. Grajische Alpen
2–3 Tage
▲▲▲▲

Talort AP/EP L'Ecot, 2027 m, bei Bonneval-sur-Arc, im obersten Arctal (Anfahrt von N über Col de l'Iséran, von W über Chambéry-Modane, von S über Mont Cenis).

Stützpunkte (1) Ref. des Evettes, 2588 m, CAF, 2 Std. ab l'Ecot. – (2) Ref. du Carro, 2780 m, CAF, am Lac Blanc, 5–6 Std. ab (1) über Col du Grand Méan, 3216 m – Col de Trièves, 3050 m – Col des Pariotes, 3057 m. – Abstieg nach L'Ecot 1.30 Std.

Hüttengipfel (1) L'Albaron, 3627 m, 5 Std. Aufstieg, großartige Eistour. – Pointe du Grand Méan, 3223 m, Abstecher vom Col du Grand Méan, 0.30 Std., unschwierig. – Ouilles des Trièves, 3061 m, vom Col de Trièves, 0.30 Std., unschwierig. – Ouilles des Pariotes, 3123 m, vom Col des Pariotes, 0.30 Std., unschwierig. – (2) Levanna Centrale, 3619 m, 3.30 Std. Aufstieg, Aussichtsgipfel, leichte Blockkletterei (I–II).

Charakter Der Übergang ist auch ohne Gipfel als Hochtour zu werten. Er verlangt alpine Erfahrung und besondere Vorsicht auf den kleinen, aber meist spaltenreichen Gletschern. Steigeisen, Pickel, Seil!

Führer Tarantaise et Maurienne, Bd. 1, Leclerc (Audin-Lyon).

Karte Carte touristique, Massif & Parc National de la Vanoise, 1 : 50000 (Edition Didier).

Vielleicht fällt's schwer, auf dem Weg zum Col de l'Iséran den Fuß vom Gaspedal zu nehmen, vielleicht auch zieht der benachbarte Vanoise-Nationalpark die Massen magnetisch an. Wie auch immer – wer in Bonneval-sur-Arc, dem südlichen Ausgangspunkt der berühmten Iséran-Paßstraße, die unscheinbare Abzweigung nach L'Ecot findet, der wird hier mit freudigem Erstaunen eine einsame Welt entdecken. Wie durch ein Wunder ist das Quellgebiet der Arc bisher vor Eingriffen des zivilisierten Menschen verschont geblieben. Als ein gewaltiger Talschluß mit einem Dutzend steiler Gletscherlappen und einem Kamm wildgezackter Urgesteinsgipfel stellt er sich uns dar. Die niedrigen grauen Steinhütten unseres Talorts L'Ecot standen einige Jahre lang verlassen da, bis sie als Ferienhäuschen eine neue Verwendung fanden. Der Anfang vom Ende? ...

Für Bergsteiger ist das Gebiet schon länger mit zwei CAF-Hütten ausreichend erschlossen. Beide gut bewirtschafteten Stützpunkte werden wir bei unserer hochalpinen Umrahmung des hintersten Arctals dringend benötigen.

Für die rund 2 Stunden Aufstieg von L'Ecot zum Refuge des Evettes, 2588 m, bieten sich zwei Wege an: der bequeme Normalweg und der eindrucksvolle, steilere, jedoch nicht immer begehbare Steig durch die Reculaschlucht. Der geräumige Hüttenbau steht auf einer prächtigen Aussichtskanzel vor der von Albaron, Ciamarella und Mulinets eingerahmten Eiswildnis der Evettes- und Méangletscher. Unmittelbar unter der Hütte breitet sich ein weites, von zahlreichen Bächen durchflossenes Gries aus, das die frühere Mächtigkeit des Evettegletschers ahnen läßt. Zwischen 1900 und 1970 zog sich die fla-

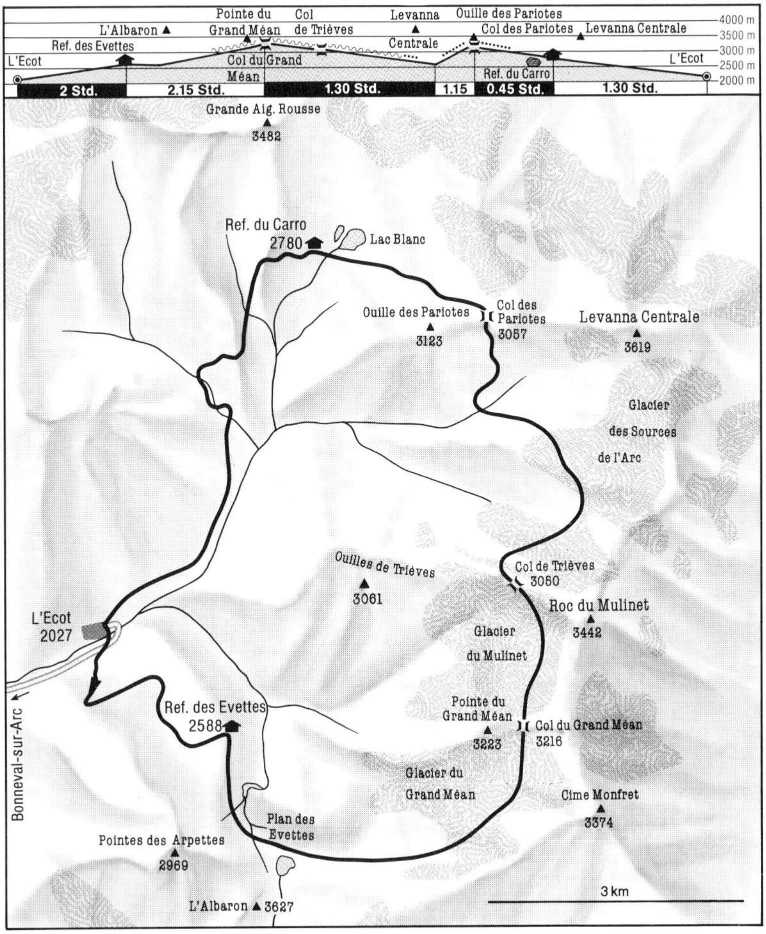

Vom Refuge du Carro absteigend, läuft man geradewegs auf den mächtigen Albaron und dessen Gletscherterrassen zu. Das Refuge des Evettes, der erste Stützpunkt unserer Hüttenwanderung, und das großartige Evettesbecken liegen verborgen hinter dem behäbigen Rücken genau unter dem Albarongipfel.

che Gletscherzunge um etwa 1½ km zurück!
Durch dieses breite Becken führt unser Weg am nächsten Tag auf den Evettesgletscher, den wir jedoch bald nach links verlassen, um auf dem südlichen Arm des Grand-Méan-Gletschers in dessen oberes Firnbecken und zum Col du Grand Méan, 3216 m, emporzusteigen. Der Mulinetgletscher sollte nun mit möglichst geringem Höhenverlust zum Col de Trièves, 3050 m, gequert werden, den zwei nicht sonderlich schwierige Aussichtsgipfel flankieren.
Es folgt ein steiler Firnabstieg auf den Glacier des Sources de l'Arc und weiter hinunter in Richtung Gletscherabfluß, bis sich – inzwischen in Moränengelände angelangt – unterhalb eines von der Levanna Orientale herabziehenden Felsriegels ein einfacher, wegloser Zugang zum firnfreien Col des Pariotes, 3057 m, erkennen läßt. Diese Passage ist deshalb faszinierend, weil der Col von den drei Gipfeln der Levanna überragt wird, die zusammen eine abweisend wilde Urgesteins-Bastei bilden.
Im Abstieg vom Col des Pariotes (Vorsicht bei Firnfeldern!) nimmt man sich die beiden kleinen Seen Lac Noir und Lac Blanc zu Zielpunkten, an denen das Refuge du Carro, 2780 m, liegt. Dieser Abstieg kann »gewürzt« werden mit der lohnenden Besteigung der nahen Levanna Centrale, 3619 m, die auf der – im Sommer meist gespurten – Normalroute via Glacier de Derrières des Lacs unschwierig zu erreichen ist. Ein Rundblick vom Montblanc bis zum Monviso ist der Lohn für diese Fleißaufgabe.
Wer auf dem Refuge du Carro nächtigt und am nächsten Tag noch Gipfelambitionen hat, der ersteige die nördlich der Hütte aufragende, eindrucksvolle Berggestalt der Grande Aiguille Rousse, 3482 m, bei gutem Schnee eine leichte Firntour durch den breiten, mäßig steilen Südhang. Neben den Fernblicken sind hier die instruktiven Einsichten in die Kessel der Arcquellen und von Evettes besonders reizvoll.
Im Abstieg geht's – ohne nochmals die Hütte zu berühren – geradewegs aus der eisigen Region hinunter ins satte Grün des Arctals, mit der jedem erfahrenen Bergwanderer vertrauten Dramatik der Übergänge: vom Firn zum Fels, vom nackten Fels zu den ersten harten Graspolstern, zu der ersten blühenden Blume.

4 Von Chamonix nach Courmayeur

Die klassische Wanderung um die Montblanc-Gruppe

Frankreich/Schweiz/Italien
Montblanc-Gruppe
5–6 Tage
▲▲△△

Talorte AP Chamonix, 1040 m. – EP Entrèves, 1306 m, bzw. Courmayeur, 1226 m, im Aostatal (Verbindung nach Chamonix durch den Montblanc-Tunnel bzw. per Seilbahn).

Stützpunkte (1) Dortoirs au Moulin in Les Frasserands, 1363 m, zwischen Argentière und Le Tour, 5 Std. von Planpra (Mittelstation der Brévent-Seilbahn), 1999 m, über La Flégère, 1877 m – Grand-Balcon-de-la-Flégère – Les Chéserys, ca. 2100 m – Tréléchamp, 1417 m. – (2) Chalet du Glacier, 1583 m, im obersten Val Trient, 4–5 Std. von (1) über Col de Balme, 2204 m – Les Grands, 2113 m. – (3) Praz de Fort (Hotel), 1151 m, im schweizerischen Val Ferret, 7–8 Std. von (2) über Fenêtre d'Arpette, 2665 m, und Champex, 1477 m. – (4) Arnuva, 1769 m, im italienischen Val Ferret, 6–7 Std. von (3) über Col Ferret, 2537 m. – Abstieg 3–4 Std. über Armina, 2009 m, und Col Sapin, 2436 m, nach Courmayeur. – Alle Unterkünfte priv., Ghs./Hotels mit Bergsteiger-Quartieren; zahlreiche weitere, hier nicht aufgeführte Übernachtungsmöglichkeiten lassen auch andere Tagesetappen zu.

Hüttengipfel Erscheinen angesichts der gegenüber aufragenden Schaustükke Montblanc, Aig. Verte und Grandes Jorasses überflüssig; zu erwähnen ist allenfalls als Pendant zum Grand Balcon auf italienischer Seite der Tête entre deux Sauts, 2729 m, der auf der Schlußetappe nach Courmayeur von Armina aus leicht »mitgenommen« werden kann; Mehraufwand ca. 3–4 Std.

Charakter Im gesamten Alpenraum die einfachste Wanderung mit den großartigsten Ausblicken; sämtliche Steilstufen sind mit Drahtseilen oder Eisenstiften gesichert. Im Hochsommer stark frequentiert!

Besondere Hinweise Bis Arnuva ist die Wanderung als »Tour du Montblanc« (TMB) einheitlich markiert. – Trotz zahlreicher Unterkunftsmöglichkeiten auch im Hochsommer die Höhe beachten, für Wettersturz mit Schneefall ausgerüstet sein. – Achtung: zweimaliger Grenzübertritt!

Führer Montblanc-Gruppe, Bergwanderführer, Werner (Rother). – Aostatal, Auswahlführer, Führer (Rother). – Wanderbuch rund um den Montblanc, int. Reihe, Bd. 1 (Kümmerly & Frey).

Karten IGN, Carte touristique 2.31, Massif du Mont Blanc, 1 : 25000. – SLK, 5003, Mont Blanc – Grand Combin, 1 : 50000.

Zwischen den Eisströmen von Bossonsgletscher und Mer de Glace begrenzen die bizarren Aiguilles von Chamonix das Montblanc-Massiv (von links nach rechts): die Aiguilles von Grands Charmoz, Grépon, Blaitière und Plan – ein Paradies für gute und extreme Kletterer.

Von Chamonix nach Courmayeur – das ist ein Katzensprung, wenn man die Strecke mit dem Auto zurücklegt: durch den 11 km langen Montblanc-Tunnel, mit 2500 m Fels und Eis über sich. Der Erlebniswert ist ungleich größer, wenn man über das ganze Massiv mit der Seilbahn hinwegschwebt: von Chamonix zur Aiguille du Midi, in luftiger Höhe über das Vallée Blanche zur Pointe Helbronner und jäh hinunter ins Aostatal.

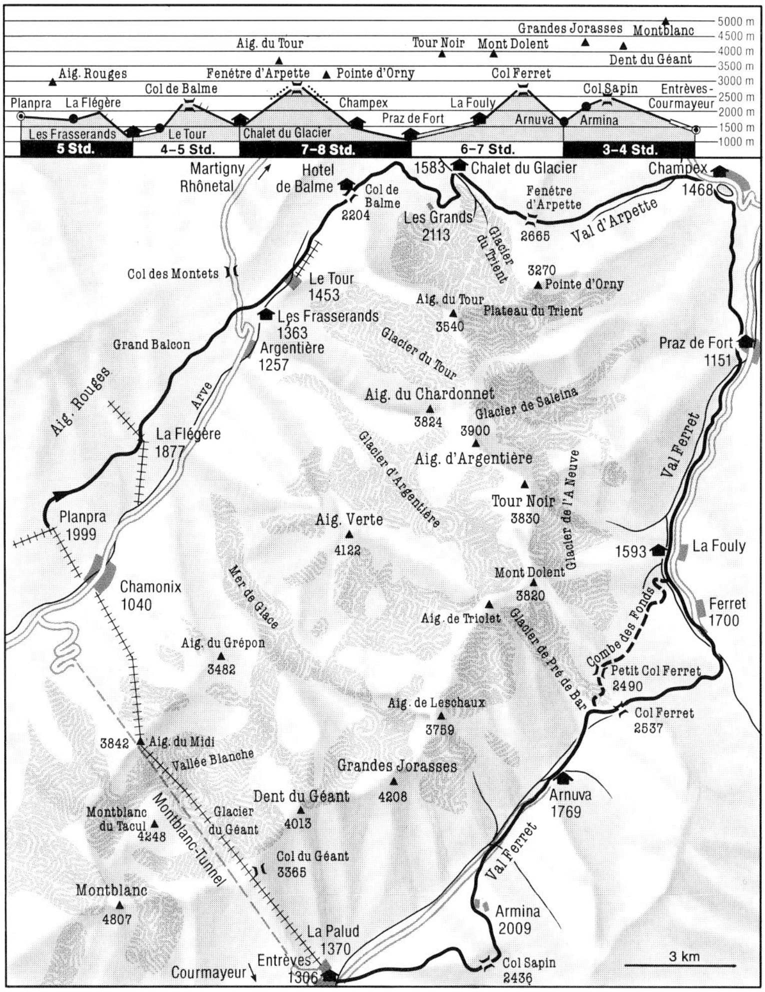

Von den Rastplätzen auf dem »Grand Balcon« zielen alle Blicke über das Arvetal hinweg zum Montblanc, zu seinen tief ins Tal vorstoßenden Gletschern und zu den Granitnadeln zwischen Aiguille du Midi (dahinter versteckt der Montblanc du Tacul) und Aiguilles des Grands Charmoz.

Die für Wanderer wohl schönste Verbindung zwischen den beiden Bergsteiger-Zentren unter dem Montblanc bilden jedoch die Wege und Übergänge, auf denen sich das gesamte Massiv zu Fuß unschwierig umrunden und erkunden läßt. Die Tour du Mont Blanc (TMB) gehört schon seit den Zeiten des Alpenforschers Horace-Bénédict de Saussure zu den begehrtesten Schaupfaden der Alpen.
Zwei grundverschiedene Seiten des höchsten europäischen Gebirgsstocks lernen wir auf diesem Weg kennen. Zunächst die französische mit der eisüberwallten, wasserreichen Nordwestflanke, mit den bizarren und messerscharfen Aiguilles von Chamonix, gekrönt von der breiten Gipfelkuppe des »Weißen Bergs«. Danach die italienische Seite mit dem viel steileren Südostabfall des Massivs und den langen, bis ins Tal herunterziehenden Granitgraten und Hängegletschern.
Im berühmten alten Bergsteiger-Dorf Chamonix, dessen Hauptstraße in der kurzen Sommersaison die Atmosphäre einer Großstadt vermittelt, muß

diese Wanderung beginnen. Bis Planpra begleiten wir noch die Seilbahn-Touristen, dann aber lassen wir den lauten Fremdenverkehrs-Rummel hinter uns. In gemächlichem Auf und Ab bummeln wir durch die sonnigen Hänge unter den Aiguilles Rouges, passieren die Seilbahn-Station von La Flégère und erreichen den »Grand Balcon«, diese einzigartige Rast- und Aussichtswarte vis-à-vis den Eismassen des Montblanc. Über eine kurze, mit Drahtseilen gesicherte Felsstufe, vorbei an der fotogenen Aiguillette d'Argentière, führt der Höhenweg vom »Grand Balcon« wieder ins Tal hinunter, wo sich zahlreiche einfache und preiswerte Unterkünfte anbieten (z. B. Stützpunkt 1).

Wer beim Übergang über den Col de Balme vom gleichen Wetterpech verfolgt wird wie Goethe und Herzog Carl August von Weimar anno 1779, dem entgeht eine überraschende Veränderung des Horizonts. Freundliche Wiesen und sanfte Höhenrükken säumen den Weg, die Viertausender-Welt versinkt allmählich hinter den näheren Bergen um den weiten Trientgletscher. Doch auch diese kantigen Gipfelgestalten – darunter die Aiguille du Pissoir! – kommen für Wanderer, also »Nicht-Kletterer«, kaum in Frage. Die Ausblicke zu den Brüchen des Trientgletschers vom Chalet du Glacier und vom steilen Weiterweg zum Fenêtre d'Arpette, 2665 m, dem höchsten Punkt unserer Tour, entschädigen reichlich.

Jenseits der schmalen Scharte bremsen wir 1000 Höhenmeter hinunter ins Grün des Arpettetals, nehmen ein Bad im Lac de Champex und trotten kurze 1½ Stunden hinunter ins schweizerische Dorf Praz de Fort. Wenn das einzige Hotel belegt ist, geht es am besten gleich weiter ins größere La Fouly (Busverbindung, zu Fuß 2 Stunden).

Schon zu Beginn der nächsten Etappe, im oberen Walliser Val Ferret, auf dem Weg zum Grand Col Ferret – ebenso auf der Variante entlang dem Combe des Fonds zum Petit Col Ferret – rücken wieder die Viertausender

Ein eisiger Hauch weht vom Trientgletscher zum Anstiegsweg unterhalb des Fenêtre d'Arpette. Bei ungefähr 2900 m bricht die Gletscherzunge wild zerklüftet ins Tal ab. Links oben der Gipfelaufbau der Aiguille du Tour, rechts daneben die Aiguille du Pissoir.

Die mächtige Südostflanke des Montblanc aus dem italienischen Val Ferret. Vom linken Gipfel, dem Montblanc de Courmayeur, zieht der berühmte Peuteregrat ins Tal, direkt unter dem Gipfel die Brenvaflanke, rechts darüber ist noch die Spitze des Mont Maudit zu sehen. Die Lawinenstriche am rechten Bildrand kommen aus den Flanken der Grandes Jorasses.

ins Blickfeld, jetzt allerdings mit ihren unglaublich steilen Eisströmen, die mit wilden Bruchzonen zwischen dunklen Granitrippen ins Tal stürzen. Im italienischen Val Ferret ragen die Aiguilles Dolent, Triolet, Leschaux und die Riesenflanken der Grandes Jorasses erdrückend nahe über dem Tal in den Himmel.
Kurz vor La Vachey, am letzten Tourentag, verlassen wir bald die von gehfaulen Ausflüglern stark befahrene Asphaltstraße des Talbodens und steigen nach Süden hinauf zum Col Sapin, spazieren auf einen der nahen Grasberge und schauen gebannt zu den Eiskaskaden des Montblanc – auf dieser Seite Monte Bianco genannt – auf. Tunnel und Seilbahnen stören die erhabene Ruhe nicht, gleichsam in eisiger Gelassenheit steht der höchste Berg Europas über den Dingen, die sich um ihn herum abspielen. Wir können diesen Trubel schlecht umgehen, also laufen wir durch das einsame Val Sapin hinunter nach Courmayeur und Entrèves im Aostatal, wo sich die Souvenirs der vielen fliegenden Händler kaum von den in Chamonix angebotenen unterscheiden.
Bei den zahlreichen Gelati-Ständen – oder besser beim Dessert im legendären »Filippo«-Restaurant im Ortskern von Entrèves – können wir unsere Montblanc-Runde mit einer »Eistour« beenden, bei über 100 Sorten für jeden Geschmack! Pickel und Seil sind hier genauso überflüssig wie auf unseren Übergängen zwischen Chamonix und Courmayeur. Denn diese Tour setzt nicht mehr voraus als Appetit auf Gehen und Schauen, die Grundkondition eines gesunden Wanderers, etwas Trittsicherheit und die komplette Ausrüstung für Touren in Höhen, in denen es auch im August einmal schneien kann.

5 Zwischen Tessin und Oberwallis

Die »Strada alta Bedretto« und ein Stück Urwelt

Schweiz
Tessiner Alpen
2–3 Tage
▲▲▲△

Talorte AP Airolo, 1175 m, am Südportal des Gotthardtunnels. – EP Nufenenpaß, 2478 m (Bus nach Airolo).

Stützpunkte (1) Cap. Cristallina, 2349 m, SAC, im obersten Val Torta, 4 Std. ab Alpe Pesciüm, 1745 m (Mittelstation der Seilbahn Airolo–Sasso della Boggia), über Alpe di Cristallina, 1800 m. – (2) Cap. Corno-Gries, 2338 m, SAC, unter Passo del Corno, 5.30 Std. von (1) über Passo di Cristallina, 2568 m, und Östl. Passo di Valleggia, 2690 m, Gletscherbegehung, z.T. weglos. – Abstieg 2 Std. über den Passo del Corno, 2485 m, zum Nufenenpaß.

Hüttengipfel (1) Cristallina, 2911 m, 2.15 Std., leicht, auch als Abstecher vom Passo di Cristallina möglich. – (2) Nufenenstock, 2865 m, 1.30 Std., vom Nufenenpaß leicht, vom Passo di Corno etwas schwieriger.

Charakter Ideale Höhenwanderung in bisher wenig besuchtem Gebiet; kurze Gletscherbegehung.

Besonderer Hinweis Durch den neuen Gotthard-Tunnel ist Airolo von Luzern/Vierwaldstättersee aus in 1–2 Std. problemlos erreichbar.

Führer SAC-Führer Tessiner Alpen.

Karten SLK, 265, Nufenenpaß, 1 : 100000; evtl.: SLK, 1251, Val Bedretto, 1 : 25000.

Wer in Airolo, aus dem Gotthard-Tunnel wieder ans Tageslicht kommend, den sonnigen Süden und das Ende der Schweizer Berge vermutet, der täuscht sich. Denn in Airolo sieht er sich von den selben hohen Bergen und langen Talfurchen umgeben wie nördlich des Gotthard – nur gehören sie hier zu den Tessiner Alpen. Durch deren westlichste Region führt diese Tour hoch über dem Val Bedretto, wie das oberste Tessintal genannt wird, bis zum Nufenenpaß, der Tessin und Wallis verbindet. Zwei Drittel der Strecke legen wir auf der »Strada alta Bedretto«, einem klassischen Höhenweg des Tessin, zurück. Im restlichen Drittel steigen wir – zum Teil weglos und hochalpin – in und über den Gipfelkamm südlich dieser »Strada«.

Unser Weg beginnt sozusagen in der ersten Etage des alten Dorfes am Gotthardpaß, auf der Alpe Pesciüm, der Mittelstation der Seilbahn zum Sasso della Boccia. Genau nach Westen geht es zunächst über welliges Alpgelände, unter zwei wilden Seitentälern vorbei zur kleinen Terrasse des Piano di Pescia, wo nach links ein Alpsträßchen zur Alpe Cristallina zielt. Hier verlassen wir die »Strada alta Bedretto«, um durch das weite Val Torta 550 m zur Capanna Cristallina aufzusteigen.

Am nächsten Morgen stehen wir nach knapp 1 Stunde am Passo di Cristallina, wo Klettergewandte bei schönem Wetter nur schweren Herzens auf die Cristallina verzichten werden: also die Rucksäcke deponieren, links im Kar steil hinauf und in spielerischer Kletterei zum Gipfel. Die

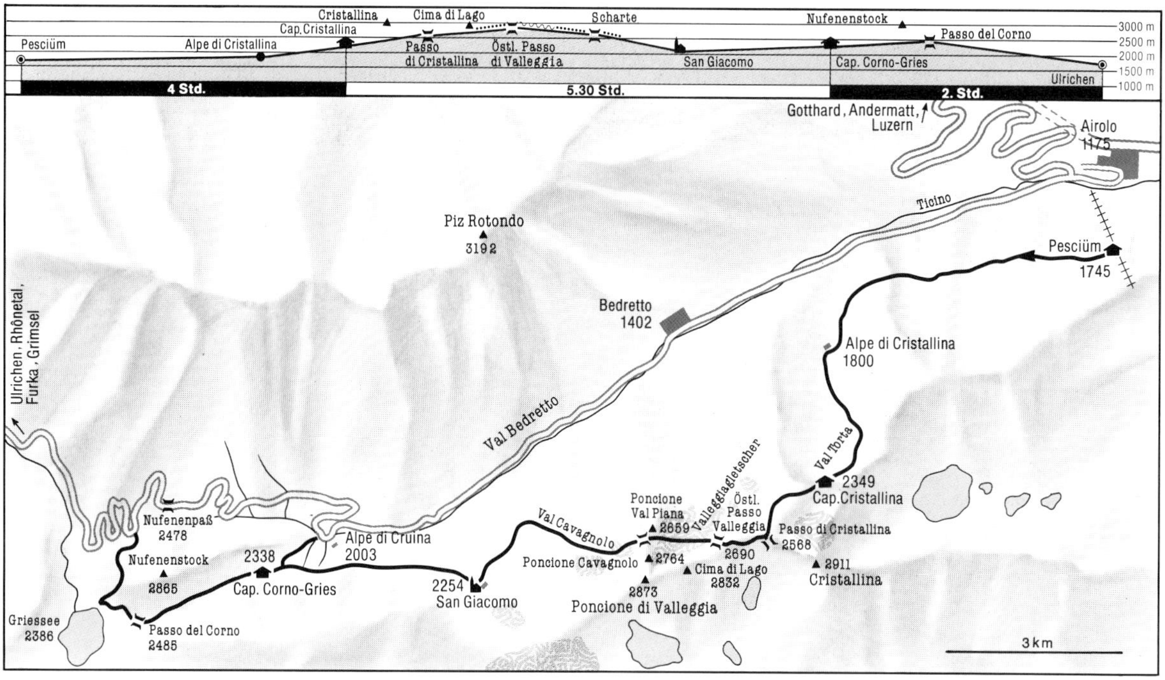

Mühe wird belohnt mit interessanten Blicken zu den nahen Tessiner Bergen im Süden, zu Leone- und Gotthard-Gruppe im Westen und Norden und – durch den Einschnitt des Nufenenpasses – zu den eleganten Gipfeln um das Finsteraarhorn in den Berner Alpen.
Zurück am Passo di Cristallina, müssen wir, aufmerksam nach Westen ansteigend, den Weg zum östlichen Passo di Valleggia suchen. Der Übergang ist leicht, ein Abstecher zur südwestlich gelegenen Cima di Lago ebenfalls. Nach kurzem Abstieg erreichen wir über den kleinen Valleggiagletscher den flachen Sattel zwischen Pizzo Val Piana und Poncione Cavagnolo. Nun steigen wir im nur oben noch vergletscherten Val Cavagnolo so tief hinunter, bis wir in etwa 2100 m Höhe nach links, also westwärts, um den Nordwestausläufer des Pizzo Grandinagia herum (als Richtpunkt dient der auf dieser Rippe stehende, riesige Gittermast einer Starkstromleitung) zu der kleinen Hochebene mit der Kapelle San Giacomo gelangen.
Jetzt wieder am Höhenweg, wandern wir durch die Nordhänge des Helgenhorns zur Capanna Corno-Gries. Wer die Tour hier, rechts zur Nufenenpaßstraße absteigend, beendet, ahnt nicht, welch beeindruckende Landschaftsbilder ihm auf der letzten Etappe über den Corno- zum Nufenenpaß entgehen: Da fließt der mächtige Griesgletscher in erstarrten Wellen in den großen Stausee hinein, abgebrochene Miniatur-Eisberge treiben in der Sonne blinkend auf dem Wasser. Nach langem Schauen ist's dann nur ein Katzensprung zu Restaurant und Bushaltestelle am Nufenenpaß.

Der breite Griesgletscher unter dem 3373 m hohen Blinnenhorn – hier vom Nufenenpaß betrachtet – vermittelt auf der letzten Etappe dieser Tour arktische Landschaftseindrücke.

6 Firnwege unter dem Nadelgrat

Von Saas Fee durch die Mischabel-Gruppe nach St. Niklaus

Schweiz
Walliser Alpen
2–3 Tage
▲▲▲▲

Talorte AP Saas Fee, 1792 m (Bus von Visp/Stalden). – EP Ried, 1662 m bzw. St. Niklaus, 1116 m (Bahn nach Stalden/Visp).

Stützpunkte (1) Mischabel-H., 3329 m, SAC, 4–5 Std. ab Saas Fee. – (2) Bordier-H., 2886 m, SAC, 4.15 Std. ab (1) über Windjoch, 3850 m, Gletscherbegehung. – Abstieg 3.30 Std. nach St. Niklaus, Gletscherquerung, dann bez. Weg.

Hüttengipfel (1) Nadelhorn, 4327 m, Normalweg am NO-Grat, 2 Std. ab Windjoch, mit Abstieg 3–4 Std., je nach Verhältnissen, insges. wenig schwierig – Ulrichshorn, 3925 m, 0.30 Std. ab Windjoch, leicht. – Balfrin, 3795 m, 0.45 Std. ab Riedjoch, leichte Kletterei am S-Grat (II).

Charakter Hochalpiner Übergang mit langer Gletscherbegehung; Unerfahrene nur mit Führer! Hochtouren-Ausrüstung erforderlich!

Führer SAC-Führer Walliser Alpen, Bd. IV. – Walliser Alpen, Königer/Weh (Rother).

Karten SLK, 284, Mischabel, und SLK, 274, Visp, jeweils 1 : 50000; oder: Wanderkarte Saastal/Saas-Fee, 1 : 25000 (Sonderdruck).

Als riesiger Keil aus Fels und Eis ragt die Mischabel-Gruppe, vom Monte-Rosa-Stock durch das Schwarzberg-Weißtor getrennt, nach Norden in Richtung Rhônetal. Im Osten zieht das Saastal, im Westen das Mattertal deutliche Grenzlinien. Der lange Kamm, der sich dem Betrachter aus dem Saastal wie eine gewaltige Mauer entgegenstellt, kulminiert im Dom, dem mit 4545 m höchsten, ganz auf Schweizer Boden stehenden Gipfel.

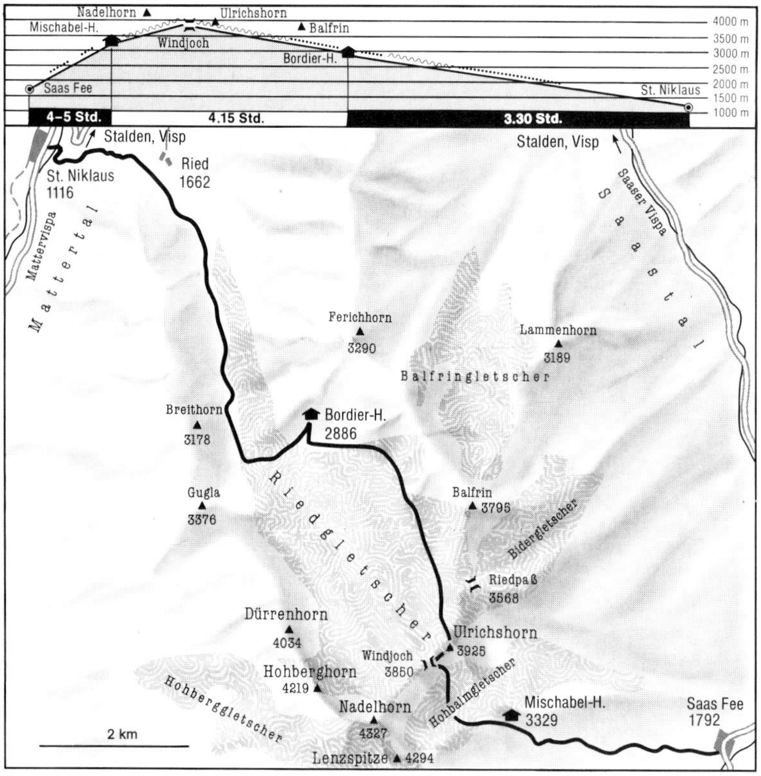

In den beiden Tälern liegen zwei der renommiertesten Schweizer Urlaubsorte: Zermatt im Westen, ganz auf seinen Berg der Berge fixiert, und Saas Fee im Osten, Ausgangspunkt unserer großen Überschreitung der Mischabel-Gruppe. Mit viel Mühe und Cleverness ist es hier den Hoteliers und Fremdenverkehrs-Managern gelungen, zumindest die Fassade eines gemütlichen Alpdörfchens zu bewahren, wenn auch meist der süße Duft der großen weiten Welt durch die Gassen weht.

Die Saison dauert in Saas Fee zwölf Monate, was nicht allein auf den Sommerskilauf zurückzuführen ist. Wer hier einen sportlichen Urlaub verbringen will, kann sich tagelang vergnügen, ohne sich auch nur einen Augenblick lang dem gefährlichen Leben in der Hochgebirgs-Region aussetzen zu müssen: Der Ort verfügt über Hallenbäder, Fitneß-Raum, Tennisplätze, Minigolfanlage, Vita-Parcours und einen kompletten Kunststoff-Rasenplatz. Da ist die großartige Gipfelrunde nicht mehr als eine eindrucksvolle Kulisse. Bergsteiger bilden unter den Gästen Saas Fees nur eine kleine Minderheit!

Wie nur Kontraste das Dasein lebenswert gestalten, das spüren wir, wenn wir aus der exklusiven Freizeit-Region

Völkerwanderung auf der Höhenpromenade zwischen Kreuzboden (Seilbahn) und Almageller-Alp – gegenüber einer der gewaltigsten Gipfelkämme der Alpen: die Mischabel-Gruppe! Die Kette im einzelnen (von links nach rechts): Mischabeljoch (ganz knapp außerhalb des Bilds), Täschhorn, Dom, Lenzspitze (mit der berühmten Eiswand »im Profil«) und Nadelhorn; rechts knapp außerhalb des Bildrands befindet sich das Nadeljoch, unser Übergang zur Bordier-Hütte. Die Dimensionen dieses Bilds lassen sich am besten mit einer nüchternen Zahl ausdrücken: Mehr als 2700 m liegen zwischen dem Gipfel des Dom und Saas Fee, das sich hinter dem von links ins Bild ziehenden, bewaldeten Rücken versteckt. Die Mischabel-Hütte selbst sitzt auf dem Felspfeiler am rechten Bildrand, wo die beiden Firnlappen von Hochbalm- und Faltgletscher sich fast berühren.

Ihren Schutzhütten-Charakter werden die Mischabel-Hütten des SAC wohl nie verlieren, denn von hier aus lassen sich nur ernste Hochtouren unternehmen. Die von vielen gefürchteten Tagesgäste hält der lange und steile Anstieg fern. Im Hintergrund, jenseits des Saaser Tals, die Gipfel um den Portjengrat.

rund 4 Stunden lang und 1530 zermürbende Höhenmeter hinauf zur Mischabel-Hütte, 3329 m, steigen, in eine Welt, wo man der Stille lauschen kann. Die Aussicht von dem luftig gelegenen Bergsteiger-Stützpunkt umfaßt den weiten Saaser Gletscherkessel mit seiner Viertausender-Parade, im Osten dominieren Fletschhorn, Lagginhorn und Weißmies.

Am nächsten Morgen, wenn wir uns im ersten Licht über den Felssporn oberhalb der Hütte zur Mulde des Hohbalmgletschers tasten, verleitet das Farbenspiel in den Firn- und Felsflanken zwischen Nadelhorn und Allalinhorn ständig zu fasziniertem Schauen: In schwachem Gold, später in glühendem Rot leuchten die Wände in der aufgehenden Sonne.

½ Stunde nach dem Aufbruch von der Hütte stehen wir auf dem Firn, den wir – in der meist vorhandenen Aufstiegstrasse – in Richtung Windjoch queren. Ein letzter, etwas steilerer Hang leitet schließlich hinauf in den Sattel, 3850 m.

Vom Windjoch können erfahrene Hochalpinisten, aber auch ausdauernde, im Umgang mit Seil, Steigeisen und Pickel vertraute Hochgebirgswanderer den unschwierigen Nordostgrat auf das Nadelhorn begehen und dessen 4327 m Höhe stolz in ihrem Selbstbewußtsein verbuchen. Nicht weniger eindrucksvoll ist es, vom Logenplatz des Ulrichshorns, 3925 m, den Nadelgrat anzuschauen: Diese berühmte Walliser Traverse führt vom Nadelhorn über vier Viertausender zum Galenjoch.

Das Ulrichshorn sollte unbedingt überschritten werden, da der direkte Abstieg vom Windjoch auf den Riedgletscher einen nicht ungefährlichen Bergschrund aufweist und häufig unangenehm vereist ist.

Unsere Route führt vom Ulrichshorn über dessen Nordabdachung hinunter auf den Riedgletscher; nächster Zielpunkt ist der Sockel des Balfrin-Südwestgrats, wo links eine wilde Séraczone den Weiterweg versperrt. Über die lockeren Felsen abkletternd oder – bei günstigen Verhältnissen – das schmale Schneeband zwischen Felsen und Spalten absteigend, geht es hinunter zur nächsten Gletschermulde und auf der rechten Seitenmoräne zur Bordier-Hütte.

Wer das Nadelhorn ausgelassen hat, der kann im Abstieg vom Windjoch bzw. Ulrichshorn den Riedpaß ansteuern und den schönen, leichten Balfrin-Südgrat (II) »mitnehmen« (genaue Beschreibung mit Abstieg durch die Südwestflanke im SAC-Führer, Mehraufwand ca. 2 Stunden).

Auf der letzten Etappe von der Bordier-Hütte ins Tal wird noch einmal der Riedgletscher gequert, dann marschieren wir am Moränensteig langsam, weil knieschonend, in die von der Sonne aufgeheizten Waldgürtel und Almwiesen oberhalb von St. Niklaus.

Genießer schließen die Tour nach einer Nächtigung in Grächen mit dem Balfrin-Höhenweg ab, der von der Hannig-Alp (2114 m, Sessellift von Grächen) in 6–7 Stunden hoch über dem Saastal auf Felsbändern und Hangschultern nach Saas Fee zurückführt. Der schwere Rucksack mit der kompletten Hochtouren-Ausrüstung wird dann nur als Ballast mitgetragen; wenn man es sportlich betrachtet, nützt es immerhin der Kondition.

7 Große Walliser Gletscherwege

Drei hochgelegene Hütten unter Dent Blanche und Dent d'Hérens

Schweiz
Walliser Alpen
3 Tage
▲▲▲▲

Talorte AP Zinal, 1675 m (Bus von Sierre/Siders im Rhônetal). – EP Arolla, 1998 m (Bus nach Sion/Sitten).

Stützpunkte (1) Cab. du Mountet, 2886 m, SAC, 5 Std. ab Zinal über Petit Mountet und Zinalgletscher. – (2) Schönbiel-H., 2964 m, SAC, 4 Std. ab (1) über Col Durand, 3451 m, Gletscherbegehung. – (3) Cab. de Bertol, 3311 m, SAC, 5 Std. ab (2) über Col de la Tête Blanche, 3596 m, Gletscherbegehung. – Abstieg 2.30 Std. nach Arolla über Plans de Bertol.

Hüttengipfel (2) Tête Blanche, 3724 m, 0.20 Std. ab Col de la Tête Blanche (lohnender, kurzer Abstecher).

Charakter Große Gletschertour, erfordert ausreichende Erfahrung im Eis; bei günstiger Verfirnung nur mittelschwierig, kann aber im Spätsommer höchste Anforderungen stellen! Niemals bei drohendem Wetterumschlag! Kartenstudium, Kompaß und Bussole!

Führer SAC-Führer Walliser Alpen, Bd. II. – Walliser Alpen, Kl. Westalpen-Führer, Königer/Weh (Rother).

Karten SLK, 283, Arolla, 1 : 50 000; oder: SLK, 5006, Zermatt, 1 : 50 000.

Hüttenwandern in 3600 m Höhe, mit mehrstündigen Gletscherpassagen, mit Steigeisen, Pickel und Seil – scheint hier nicht eine unzulässige und geradezu fahrlässige Begriffsverwirrung vorzuliegen? Sicherlich nicht, denn in diesem Band sind 52 alpine Wanderungen von Hütte zu Hütte zusammengestellt, Tourenvorschläge mit ganz unterschiedlichen Schwierigkeiten, die sich in der Regel aus dem Charakter der jeweiligen Berggruppe ableiten lassen. Hier eine Abgrenzung vorzunehmen zwischen »Wandern« und »Bergsteigen« ist unmöglich. Da scheint es richtiger zu sein, die Wanderungen den Anforderungen entsprechend zu bewerten.
In unserem System gelten für diese vorgeschlagene, großartige Walliser Hüttentour die strengsten Bewertungskriterien: Diese Wanderung stellt in jeder Hinsicht höchste Ansprüche, sowohl an die alpine Erfahrung insgesamt, speziell aber auf Gletschern, als auch an Ausdauer und Kondition, Orientierungssinn und an die Ausrüstung. Nur im Umgang mit Steigeisen, Pickel und Seil versierte Bergsteiger dürfen sich also an diese Tour heranwagen, weniger Erfahrene können das Honorar für einen Bergführer als gut angelegtes Geld betrachten.
Die Route unter Zinalrothorn, Obergabelhorn, Dent Blanche, Matterhorn und Dent d'Hérens verbindet drei hochgelegene, nur über weite Gletscherstrecken zugängliche SAC-Hütten, die alle gut bewirtschaftet sind.
Zinal, 1675 m hoch, im Val d'Anniviers gelegen, ist der Ausgangspunkt. Von den letzten Häusern bummeln wir durch den traumhaft schönen Talgrund der Navisence zur Petit Mountet-Hütte. Dann folgt der Weg dem scharfen Moränenkamm hoch über dem Zinalgletscher, umgeht den ersten Abbruch rechts im Hang, quert

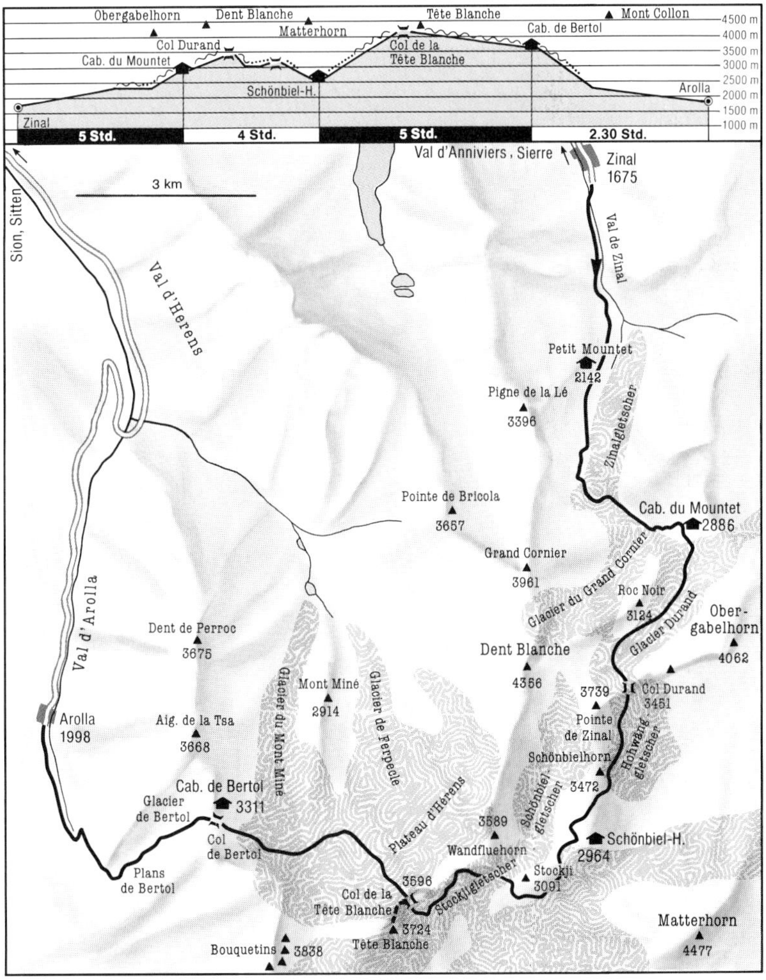

endlich die schuttbedeckte Eisfläche und steigt über Geröllfelder zur kleinen Mountet-Hütte auf. Gut gerechnet 5 Stunden ist man allein bei diesem Hüttenanstieg unterwegs!
Der zweite Tag bringt uns über den alten, bereits 1859 erstmals überschrittenen Col Durand zur Schönbiel-Hütte und damit in den Bereich Zermatts. Von der Mountet-Hütte führt ein kleiner Steig zum Zusammenfluß von Mountet- und Durandgletscher hinab, dann geht es in einem weit links ausholenden Bogen – um eine Spaltenzone herum – auf den Schneesattel oberhalb der dunklen Felsinsel Roc Noir. Nun links aufwärts direkt zum Col Durand über den Bergschrund und einen steilen Schnee- und Eishang, in dem man bei ungünstigen Verhältnissen Stufen schlagen muß.
Mit den letzten Schritten in den Schneesattel steigert sich die Spannung, bis urplötzlich der Blick zum Matterhorn frei wird. Der ungeheuren Wirkung dieses Bildes kann sich niemand entziehen. Alle (Kitsch-)Postkarten-Ansichten sind mit einem Mal vergessen, wenn man dieses Horn wie einen überirdischen Berg vor sich aufragen sieht. Alle Details von Hörnli- und Zmuttgrat sind zu erkennen; dazwischen zieht die gewaltige Nordwand in die Tiefe, 1931 von den Münchner Brüdern Franz und Toni Schmid erstmals durchstiegen. Für ihre heroische Tat wurde ihnen ein Jahr später bei den Olympischen Spielen von Los Angeles die Goldmedaille verliehen.
Wir bleiben weiter am Seil, denn auch der Abstieg zur Schönbiel-Hütte führt im ersten Teil über Gletscher: zunächst leicht hinunter auf den Hohwänggletscher, am ersten Abbruch rechts (am Fuß des Felssporns, 3312 m) vorbei, unmittelbar vor dem zweiten Abbruch, bei Punkt 3150 m, rechts hinaus in die Geröllzone, durch die ein Weg leicht ansteigend in den Sattel zwischen Schönbielhorn und Gemsspitz zieht. Über Felsbänder, Schutt und borstigen Rasen gelangen wir zur Schönbiel-Hütte unter Matterhorn und Dent d'Hérens.
Der dritte Tag wartet mit der längstens Gletscherüberquerung auf. Zunächst geht es südwestlich auf den schuttbedeckten Gletscher, den man überquert, um der Moräne am Fuß des Felssporns des Stockji zu folgen. Durch kleine Felskamine wird der frühere Biwakplatz erreicht, dann im Zickzack der Firnsattel 3041 m und damit der Stockjigletscher. Die Spur wendet sich durch die Mulde zwischen mächtigen Spalten aufwärts in Richtung Col de Valpelline – ein Übergang der berühmten Haute Route – und biegt kurz vor dem Sattel nach rechts ab auf die Firnschulter des Col de la Tête Blanche, 3596 m. Der Gipfel der Tête Blanche selbst, 3724 m, mit seiner unerhörten Aussicht kostet nur wenige Minuten Mühe.
Vom Gipfel halten wir uns an den nach Norden ziehenden Schneerükken und sehen bald schon weit links drüben die Bertol-Hütte. Wir queren den Glacier du Mont Miné nach Westen, schräg abwärts gegen Punkt 3229 m, um mit einem kurzen Anstieg zum Col de Bertol zu kommen, über dem die Hütte wie ein Adlerhorst auf hohen Felsen klebt. Fixe Ketten erleichtern die Kletterei dort hinauf.
Der Abstieg des vierten Tags ist leicht. Er führt zunächst kurz über den kleinen Bertolgletscher – bei günstigen Verhältnissen ist's ein Vergnügen, dort auf den Schuhsohlen abzufahren – in eine weite Mulde mit Urgesteinsblöcken und Geröll. Dann geht es in vielen Serpentinen über eine Steilstufe zum unteren Arollagletscher und talauswärts ins nahe Bergdorf – wenn man nicht schon vorher den ersten grünen Wiesenfleck zu seinem vorübergehenden Königreich erklärt.

Die großartige Kulisse über dem Talschluß von Zinal, gesehen vom Anstieg zur Mountet-Hütte, die verdeckt jenseits des schuttbedeckten Zinalgletschers liegt. Man schaut stundenlang gebannt zur eleganten Pyramide des Obergabelhorns und sieht drei seiner vier Grate: Links erhebt sich die Firnschneide des Nordostgrats, die an der weißen Wellenkuppe ansetzt; nach rechts senkt sich der Arbengrat zum Arbenjoch, und in der Mitte baut sich der Nordnordwestgrat auf. Rechts über dem Glacier du Grand Cornier der Roc Noir, unter der fashionablen Wolkenhaube der Mont Durand mit seiner eisgepanzerten Nordflanke.

8 Quer durch die Medelser Berge

Drei stille Hütten abseits vom Lukmanierpaß

Schweiz
Adula-Gruppe
2–3 Tage
▲▲▲△

Talorte AP Curaglia, 1332 m, an der N-Rampe der Lukmanierstraße. – EP Campo Blenio, 1220 m, bzw. Olivone, 900 m, an der S-Auffahrt des Lukmanierpasses (Bus nach Curaglia).

Stützpunkte (1) Medelser-H., 2524 m, SAC, in der Fuorcla da Lavaz, 3.30 Std. von Curaglia durch das Val Plattas. – (2) Terri-H., 2170 m, SAC, 4–5 Std. von (1) über Fuorcla sura da Lavaz, 2703 m, und Plaun la Greina, Gletscherbegehung, Abstieg von Fuorcla sura da Lavaz z. T. weglos. – (3) Motterascio-H., 2183 m, SAC (unbew.), 2 Std. von (2) über Plaun la Greina und Crap la Crusch, 2259 m. – Abstieg 1.30 Std. nach Garzott, dann auf Fahrstraße am Luzzone-Stausee entlang nach Campo Blenio bzw. Olivone.

Hüttengipfel (1) Piz Medel, 3211 m, 3 Std. über Fil Liung, 3000 m, Gletscherbegehung, nur für Geübte (Pickel und Seil!). – (2) Piz Terri, 3149 m, 4–5 Std., Gletscherbegehung, leichte Blockkletterei am W-Grat, nur für Geübte. – Pizzo Coroi, 2785 m, 2 Std., für Wanderer als Abstecher zwischen (2) und (3) lohnend.

Charakter Wilde Urlandschaft in einer wenig bekannten Gruppe mit unschwieriger Gletscherpassage, kurze Abschnitte weglos; Trittsicherheit und Orientierungssinn erforderlich.

Führer SAC-Führer Bündner Alpen, Bd. II.

Karten SLK, 256, Disentis, und SLK, 266, V. Leventina, beide 1 : 50 000.

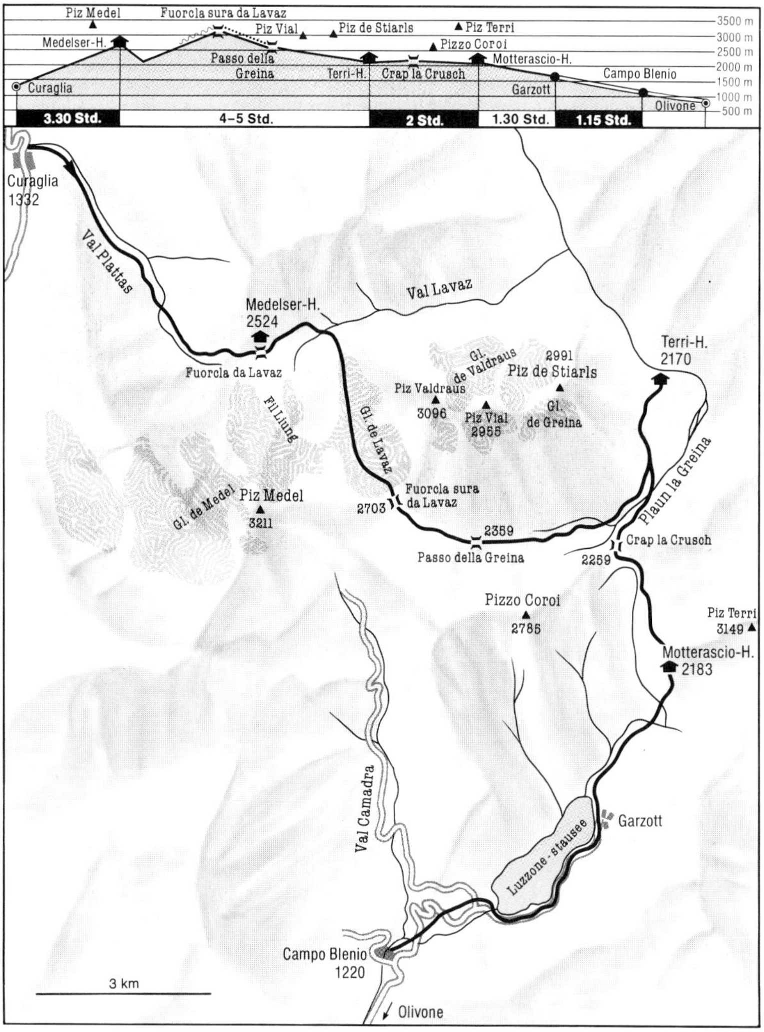

Man kann vom westlichsten Bündner Boden am Vorderrhein bei Disentis über den Lukmanierpaß hinüber ins Tessiner Val Blenio fahren. Das kostet 1 Stunde Fahrzeit und bringt von den reichlich 100 Straßenkurven müde Augen. Man kann sich aber auch zwei bis drei Tage Zeit nehmen und zu Fuß ans selbe Ziel gelangen, indem man in zwei kleinen, bescheidenen SAC-Hütten übernachtet, drei Hochgebirgspässe überschreitet und drei Täler durchwandert. Man sieht dabei mehr, als die Augen aufnehmen können.

Die Strecke ist für geübte Bergwanderer, die auch schon kleine Gletscher überschritten haben, eine herrliche Bummeltour. Sie ist aber nichts für völlig unerfahrene Bergfreunde. Von Curaglia an der Lukmanierpaßstraße marschiert man beim Hüttenanstieg schnurgerade durch das Val Plattas auf den Piz Medel zu und hat dabei fast ständig seine Nordflanke vor Augen: ein weites, gleißendes Gletscherfeld unter dem dunklen Urgesteinsgrat mit dem Gipfel. Der Weg ist gut und markiert, alles abseits ist wie unberührt und niemals betreten. Bald ist die Steilstufe unter der Alpe Sura überwunden, doch noch immer muß man 500 Höhenmeter weit zur Medelser-Hütte hinaufsteigen, die wenige Meter über dem Einschnitt der Fuorcla da Lavaz steht. Anderntags geht man zunächst rund 300 m ins Val Lavaz hinunter, bis

1600 Höhenmeter liegen zwischen dem Wasserspiegel des Luzzone-Stausees und der Gipfelpyramide des Piz Terri. Vom höchsten Punkt fällt nach links der Westgrat ab, über dessen oberen, flacheren Teil der von der Nordseite ansteigende Normalweg führt.

rechts der Lavazgletscher zu sehen ist. Ihn überschreitet man in seiner gesamten Länge zur Fuorcla sura da Lavaz, die urplötzlich den Blick nach Süden freigibt – auch ins Val Blenio, das wir in einem oder zwei Tagen erreichen werden.

Von der Scharte wenden wir uns nach links, nach Osten zu, und steigen durch riesige Trümmerfelder und Schrofenzonen oberhalb des schmalen Greinapasses zur wilden, von hundert kleinen Wassern durchflossenen Hochfläche der Greina. Am linken Rand dieses großartigen Hochplateaus entlang und vor dem Riegel des Muot la Greina links in ein Tälchen abbiegend, erreichen wir die Terri-Hütte. Stundenlang kann man von hier die stolze Parade der Glarner Riesenberge mit dem Tödi in der Mitte abnehmen!

Der eleganteste Gipfel der Gruppe, die freistehende Felspyramide des Piz Terri, kann am nächsten Tag von erfahrenen und klettergewandten Bergwanderern problemlos dem Übergang nach Olivone vorangestellt werden.

Für Gipfel-Abstinenzler führt der Weiterweg ansonsten in südlicher Richtung quer über das Hochplateau zum flachen Sattel Crap la Crusch und zu den Böden und Seen der Motterascio-Alpe, wo die unbewartete gleichnamige Hütte steht. Über treppenartige Absätze geht es dann hinunter zu den ersten Lärchen, zu Alpenrosenfeldern und zum blauschimmernden Luzzone-Stausee.

9 Vom Lötschental zur Grimsel

Eine halbe Woche in alpiner Arktis

Schweiz
Berner Alpen
3–5 Tage
▲▲▲▲

Talorte AP Blatten, 1540 m, im Lötschental (Bus von Goppenstein). – EP Grimselhospiz, 1980 m, (Bus ins Rhônetal und nach Meiringen).

Stützpunkte (1) Hollandia-H., 3238 m, SAC, 6–6.30 Std. von Fafleralp (Parkplatz/Bus von Goppenstein bzw. Blatten über Langgletscher). – (2) Konkordia-H., 2850 m, SAC, 2.30 Std. von (1) über Aletschfirn – Konkordiaplatz. – (3) Finsteraarhorn-H., 3050 m, SAC, 3 Std. ab (2) über Grünhornlücke, 3286 m – Fieschergletscher. – (4) Oberaarjoch-H., 3258 m, SAC, 2 Std. ab (3) über Gemslücke, 3342 m. – (5) Berghs. Oberaar, 2338 m, priv., 2.30 Std. ab (4) über Oberaargletscher. – Abstieg 1.30 Std. auf Straße (für Kfz meist gesperrt), oder über Trübtensee zum Grimselpaß.

Hüttengipfel (1) Ebnefluh, 3962 m, 2–2.30 Std., unschwierig. – (2) Grünhorn, 4043 m, 6–7 Std., kombinierte Fels-/Eistour. – (3) Finsteraarhorn, 4274 m, 5 Std., kombinierte Tour über den NW-Grat, unschwierig. – (4) Oberaarhorn, 3637 m, 1.15 Std., leicht. Allesamt Gletschertouren, an die sich nur erfahrene Hochalpinisten wagen dürfen. – (5) Siedelhorn, 2764 m, 1.30 Std., zuletzt nur Wegspuren.

Charakter Die hochalpinste aller Touren dieses Bandes! Setzt – wie auch die angeführten Gipfel – Gletschererfahrung voraus, vor allem aber den absolut sicheren Gebrauch von Seil, Pickel und Steigeisen!

Führer SAC-Führer, Berner Alpen, Bde. III–V. – Berner Alpen, Munter (Rother).

Karten SLK, 264, Jungfrau, und 265, Nufenenpaß; besser: SLK, 5004, Berner Oberland, alle 1 : 50000.

Mehrere Tage lang bewegen wir uns bei dieser Tour in einer arktischen Welt: auf langen, zerschrundenen Gletscherströmen, zwischen eisgepanzerten Viertausendern, am Konkordiaplatz in einer eigenen Landschaft mit ungezählten Eislöchern, Randspalten, einem wahrhaftigen See auf dem Eis und kilometerlangen, reißenden Eisbächen mit Eissümpfen und Moränen …
Dennoch wird man nur von wenigen Spalten aufgehalten. Die Route ist im Sommer in der Regel gut gespurt, was viele dazu verleitet, die Tour als »harmlose Gletscherwanderung« –

Das Finsteraarhorn, der höchste Gipfel der Berner Alpen, von der Grimsel her gesehen. Rechts anschließend Agassizhorn und Fiescherhörner, darunter ahnt man den tiefen Einschnitt des Finsteraargletschers. Der markante Felsgipfel links ist das Oberaarhorn, an dessen Nordgrat – knapp außerhalb des Bilds – die Oberaarjoch-Hütte steht.

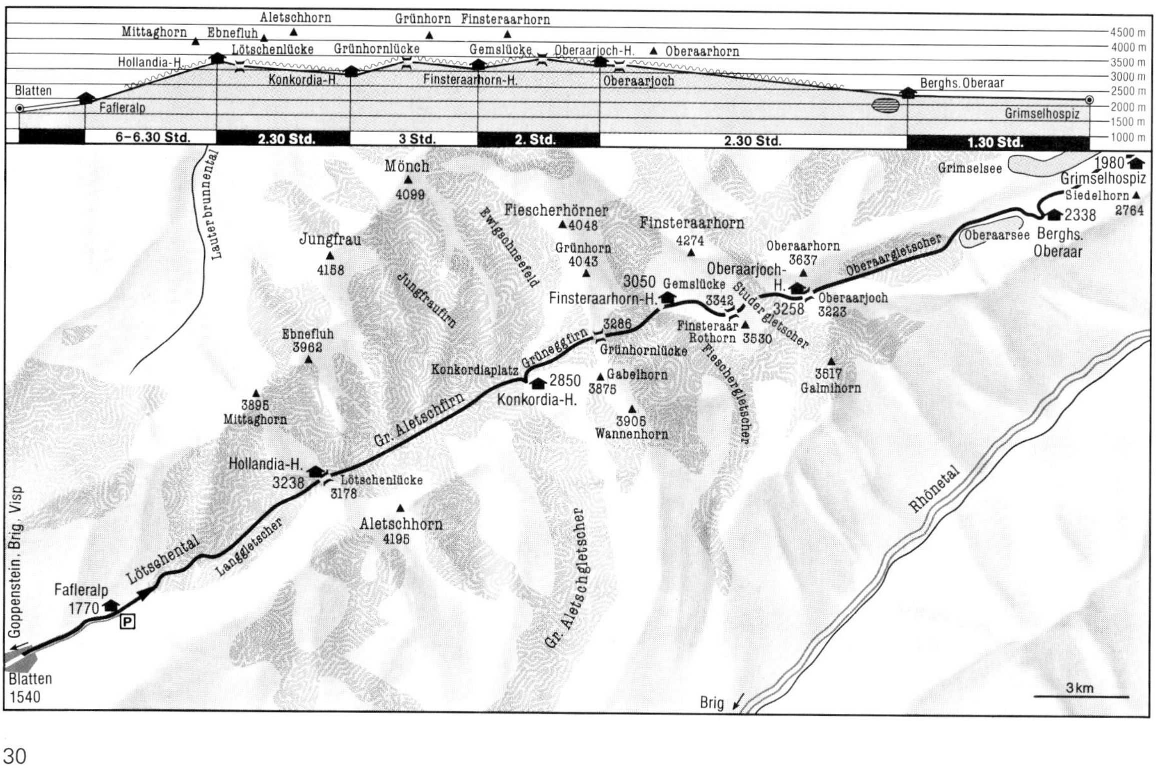

700 m tief ist der Eisstrom am Konkordiaplatz, wo vier Gletscher zusammenfließen. Von der Lötschenlücke, die am Horizont knapp außerhalb des rechten Bildrands liegt, führt unsere Route auf dem großen Aletschfirn in respektvoller Entfernung unter den Hängegletschern des mächtigen Aletschhorns entlang. Links davon das Dreieckhorn.

eine grob fahrlässige Begriffskombination! – zu unterschätzen.
Sind auch die weiteren Etappen nicht übermäßig lang und strapaziös, so hat es der erste Tag doch in sich: Ganze 1450 Höhenmeter sind auf einer Strecke von 12 km zu bewältigen. Vom Riesenparkplatz bei der Fafleralp geht es durch das stille Lötschental, dann auf dem Langgletscher in die Lötschenlücke und zur Hollandia-Hütte, die wenige Meter oberhalb des weiten Sattels in den Felsen klebt.

Die nächste Etappe führt – selbstverständlich am Seil! – hinunter über den Aletschfirn zum Konkordiaplatz, dessen gefährlicher Sumpf nördlich oder südlich umgangen wird. Über ein System von Leitern klettern wir zu den 100 m über dem Gletscherzusammenfluß gelegenen Konkordia-Hütten – mit ihrer überraschenden Durchsicht nach Süden zu den Walliser Alpen.
Ausnahmslos Gletscherpassagen bietet auch der nächste Übergang: zuerst hinauf zur Grünhornlücke, dann hinunter zum Fieschergletscher und diesen querend zur Finsteraarhorn-Hütte. Der Normalanstieg von hier auf den höchsten Gipfel der Berner Alpen, auf das schlanke Finsteraarhorn, 4274 m, gilt als nicht besonders schwierig, erfordert allerdings einen weiteren Tag.
Ansonsten bringt der vierte Tag mit der Gemslücke und dem Studergletscher die kürzeste Etappe – zur höchsten Hütte, aber auch zu den niedrigsten Gipfelhöhen im verfirnten Berner Hauptkamm. Als Hüttengipfel reizen hier das nahe Oberaarhorn, 3637 m, oder das gleichhohe Studerhorn mit seiner instruktiven Nahsicht in die Ostabstürze des »finsteren« Aarhorns.
Nach soviel arktischer Wildnis zieht es uns dann über den meist gut gespurten Oberaargletscher hinunter zum Nordufer des eisig-grünen Oberaarsees und an ihm entlang zur Staumauer und zum Berghaus Oberaar.
Zum Ausklang gibt es zwei Abstiegswege: entweder die hoch über dem Grimselsee hinüberführende Fahrstraße oder den Pfad zum idyllisch gelegenen Trübtensee. Von ihm aus kann man noch geschwind die Granitblöcke des Siedelhorns erklettern, um Tiefblicke ins Oberwallis und zum Rhônegletscher zu erheischen. Alles trifft sich schließlich am alten Römerpaß, der ach so wolkengeplagten Grimsel.

10 Vom Oeschinensee ins Lauterbrunnental

Unter den Eisströmen der Blümlisalp

Schweiz
Berner Alpen
2 Tage
▲▲▲▲

Talorte AP Kandersteg, 1176 m, an der Lötschberg-Bahn. – EP Mürren, 1645 m, bzw. Gimmelwald, 1393 m, von hier Bahnen ins Lauterbrunnental.

Stützpunkte (1) Blümlisalp-H., 2837 m, SAC, 4.30 Std. von Kandersteg, 3.20 Std. vom Sessellift zum Oeschinensee, über Unter und Ober Bergli. – (2) Gspaltenhorn-H., 2458 m, SAC, 2.45 Std. von (1) über den Gamchigletscher, im Moränenbereich und auf dem Gletscher weglos. – (3) Rotstock-H., 2039 m, SC Mürren, auf Alp Boganggen, 3.30 Std. von (2) über Trogegg und Sefinenfurke, 2612 m, bez. Weg mit kurzer ges. Passage. – Abstieg 1.30 Std. nach Mürren bzw. Gimmelwald.

Hüttengipfel (1) Schwarzhorn, 2786 m, und Bundstock, 2758 m, im Schrofenkamm des Oeschinengrats, westl. des Hohtürli, 1–2 Std., Steigspuren. – Die Touren im Blümlisalpstock sind erfahrenen Hochtourengehern vorbehalten!

Charakter Großartige, aber unschwierige Übergänge in hochalpiner Landschaft. – Kälte- und Wetterschutz für Hochgebirge unentbehrlich. Pickel und Seil für Gletscherquerung!

Führer Berner Alpen, Munter (Rother). – SAC-Führer Berner Alpen, Bd. II.

Karten SLK, 5004, Berner Oberland, 1 : 50 000. – SLK, 264, Jungfrau, 1 : 50 000. – SLK, 1248, Mürren, 1 : 25 000.

Der zentrale Hauptkamm der Berner Alpen, zwischen Kandertal und Grimselpaß, bildet die größte geschlossene Gipfelmauer der Alpen. Auf etwa 30 km Länge gibt es keinen Nord-Süd-Übergang für Bergwanderer, sondern nur hochalpine Touren über zerrissene Gletscher und schwierige Fels- oder Eisklettereien in den Nordabstürzen dieser Bergkolosse.

Während sich der Massentourismus zu Füßen des berühmten Dreigestirns Eiger–Mönch–Jungfrau konzentriert – und allmählich pervertiert –, führt unsere Zwei-Tage-Tour durch den stilleren, aber nicht minder eindrucksvollen Westen dieser Landschaft. Vom malerischen Oeschinensee geht es atemberaubend nahe unter den gleißenden Gletschern und dunklen Felsburgen der Blümlisalp-Gruppe entlang, um schließlich in den idyllischen Almmatten bei Mürren auszuklingen.

Von Kandersteg fahren wir entweder mit dem Sessellift die ersten 500 Höhenmeter hinauf, um kurz zum Gasthaus am Oeschinensee abzusteigen. Oder wir gehen die Tour »by fair means« an – was bei den Extremen der Schluck aus der Sauerstoffflasche oder der Griff in den Haken sind, das sind für den Wanderer Lifte und Bahnen – und steigen zu Fuß durch den Oeschinenwald hinauf.

Gäbe es da nicht das blitzsaubere Schweizer Gasthaus mit flatternder Fahne und die oft großen Menschenmengen, man könnte sich in einen abgelegenen Winkel der kanadischen Rocky Mountains versetzt fühlen: der türkisfarbene See, an seinen Ufern schlanke Pfeilfichten, überragt von nackten, gebänderten Felswänden und zerrissenen Gletschern. Dieser Glanzpunkt des Kandertals entstand in prähistorischer Zeit durch einen gewaltigen Bergsturz vom Doldenhorn. Sein Wasser läuft unterirdisch ab und tritt erst 500 m westlich an die Oberfläche.

Dem nördlichen Seeufer folgend, schon bald hoch über dem Wasser ansteigend, erreichen wir unter ausgebauchten gelbroten Felsbalmen hindurch die grüne Almmulde von Unter- und Ober-Bergli, mit hundert Möglichkeiten für Abstecher zu stillen Rast- und Logenplätzen. Nun wendet sich der Steig der orographisch rechten Randmoräne des Blümlisalpgletschers zu, gelangt über grasdurchsetztes Geröll auf ein breites Band zwischen Felsbänken, das auf die obersten Schutthänge führt und am Hohtürli vorbei zur Blümlisalp-Hütte.

Tief unten schimmert der Oeschinensee, und über das dunkle Kandertal hinweg reicht der Blick an Wildstrubel und Wildhorn vorbei bis zu den Diablerets. Über dem Einschnitt des

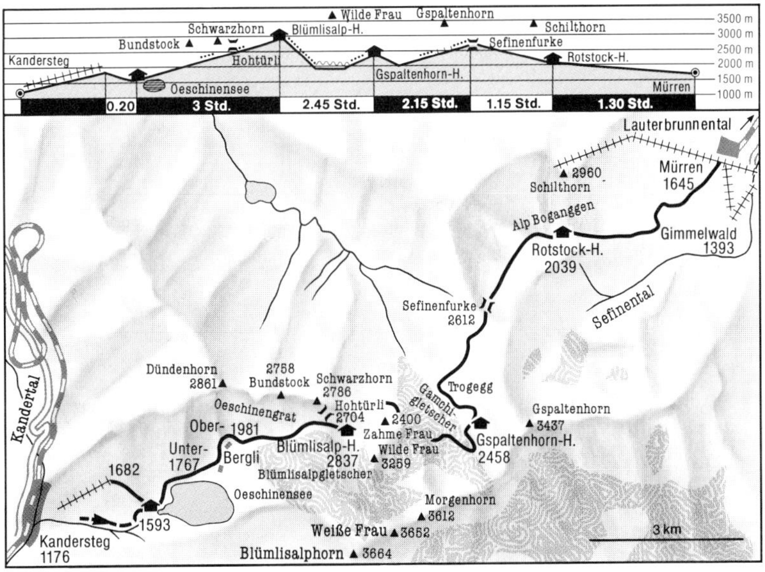

Hohtürli schauen wir nordwärts ins Kiental hinab, ahnen unter dem Dunst den Thunersee und in der Ferne die sanften Höhen des Schweizer Jura. Unmittelbar südlich der Hütte brandet der wildzerrissene Blümlisalpgletscher gegen die Felsinsel des Stock, der das Eis nur kurz in zwei Ströme zu teilen vermag. Darüber ragen die berühmten geschwungenen Firngrate von Morgenhorn, Weißer Frau und Blümlisalphorn (die hochalpine Blümlisalp-Überschreitung!) auf: eine gigantische Unordnung, die wir Bergsteiger – und da scheint in jedem von uns ein kleiner Anarchist zu stecken – schön nennen.

Am zweiten Tag folgen wir dem bezeichneten Abstiegsweg in Richtung Kiental, der schon vor(!) dem Hohtürli nach Norden, einen Kamm entlang, hinunterführt. Bevor der Steig diesen Rücken nach links überschreitet, steigen wir nach rechts ab und queren die mit Schneefeldern gespickten felsigen Nordhänge der Zahmen Frau in etwa 2400 m Höhe auf undeutlichen Steigspuren. Um deren Sockel herum und weiter durch die Ostflanke absteigend, gelangen wir zum orographisch linken Ufer des Gamchigletschers, über dem sich die schattendunkle Felsburg des Gspaltenhorns aufbaut. Genau unter dem Gipfel, auf einem Felskopf in einer eiserfüllten weiten Mulde erkennen wir unser nächstes Ziel, die Gspaltenhorn-Hütte und weiter links den weiten Sattel der Sefinenfurke.

Die nun folgende Querung des Gamchigletschers wird in der Regel als »unschwierig« bewertet, eine Bezeichnung, die für Bergwanderer irreführend und gefährlich sein kann. Richtiges Verhalten auf Gletschern ist ein sehr komplexer Bestandteil der Bergsteigerei, der nicht von heute auf morgen erlernt werden kann; Erfahrung kann gerade hier durch nichts ersetzt werden. Wir überschreiten den Gamchigletscher in etwa 2200 m Höhe und steigen die Moränenhänge an seinem rechten Rand hinauf, bis wir auf dem Pfad von der Gamchilücke nahezu eben zur Gspaltenhorn-Hütte, 2458 m, gelangen.

Nach kurzer Rast – zum zweiten Frühstück? – bleiben wir erneut nur ein kleines Stück am Talweg, dann biegen wir rechts ab, wo ein Weg um den Fuß des Trogegg-Westgrats herum in dessen trichterförmige Nordwestflanke führt. Weiter nordöstlich ansteigend, erreichen wir den vom Vorderen Büttlassen herabziehenden Rükken. Nun kurz absteigend in ein meist schneegefülltes Kar, das wir queren, später über Geröll zu einer mit Eisenstiften gesicherten Felsplatte, die zum Nordwestgrat des Vorderen Büttlassen leitet. Nach wenigen Minuten Abstieg stehen wir dann an der Weggabelung über der Sefinenfurke, 2612 m, zwischen Kien- und Lauterbrunnental. Aus dem Schatten der düsteren Felswände treten wir nun ins Licht: Hier halten wir die schönste Rast.

Der Rest ist ein gemütliches Bergabschlendern, von Stufe zu Stufe, durch Steinkessel, durch die ersten grünen Almfluren zur Rotstock-Hütte, 2039 m, auf der Alp Boganggen. Dabei haben wir ständig den Jungfraustock vor Augen mit den eleganten Silberhörnern, dann von Eiger über Mönch bis zur Ebnefluh den ganzen strahlenden Kern der Berner Alpen. Für den letzten Abschnitt gibt es verschiedene Möglichkeiten. Entweder man geht gemütlich am aussichtsreichen Weg über Brünli und Gimmeln in 1.15 Stunden nach Mürren, oder, etwas steiler, in den Almboden von Firten und durch das Sefinental ins stillere Gimmelwald.

Mit den nötigen und mit den unnötigen, aber für das Auge schönen Rasten sind wir an diesem zweiten Tag 8–10 Stunden unterwegs: eine Tour also, die auch Kondition erfordert!

Die eine Blickrichtung vom Anstieg zur Blümlisalp-Hütte, über die Alphütten von Unterbergli hinweg: eine Schweizer Heidi-Landschaft. Über dem malerischen, waldumsäumten Oeschinensee im Profil einige Gratausläufer des Doldenhorns. Jenseits des Kandertals die Groß-Lohner-Gruppe, links die kecken Schiefertürme des Tschingelochtighorns, schließlich die breite Eis- und Urgesteinsbastion des Wildstrubel-Massivs.

Wer sich die Querung des Gamchigletschers nicht zutraut, muß noch lange nicht auf diese Wanderung verzichten. Einige Schweißtropfen mehr kostet die eisfreie Variante allerdings schon.
Man steigt dabei vom Hohtürli gleich wieder ab (und entlastet so die Blümlisalp-Hütte), 1300 Höhenmeter hinunter ins schattendunkle Kiental, wo man auf der Gries-Alp, in respektvoller Distanz zu den gewaltigen Gletschern, zwischen sattgrünen Almkulissen nächtigt.
Der nächste Tag beginnt dann freilich mit einem mehrstündigen Aufstieg, denn die Sefinenfurke liegt nicht einmal 100 m niedriger als das Hohtürli. So geht es Meter für Meter wieder hinauf, und so mancher wird sich mit einem Blick zum Gamchigletscher schwören, doch noch einmal in einem Eiskurs das richtige Verhalten auf Gletschern zu lernen.

Hier die andere Blickrichtung, von einem um mehrere hundert Meter höheren Standort: das hochalpine Gletscherchaos der Blümlisalp. Links oben, über dem besonnten Firndreieck, die Weiße Frau, rechts das rahmweiße, mit einem halben Dutzend Hängegletschern beladene Blümlisalphorn, daran anschließend das Rothorn. Der dritte Gipfel des Blümlisalpkamms, das Morgenhorn, befindet sich links außerhalb des Bilds. Der wuchtige Felszahn des Stock spaltet die vieltausendfach zerrissenen Eismassen des Blümlisalpgletschers.

11 Vom Bannalpsee in die Urirotstock-Gruppe

Ruhige Wanderwege über dem Engelberger Tal

Schweiz
Urner Alpen
2–3 Tage
▲▲▲△

Talort AP/EP Oberrickenbach, 895 m (Bus von Luzern/Stans); ab hier 2 Bergbahnen zum Bannalpsee, 1587 m.

Stützpunkte (1) Brunni-H., 1860 m, SAC, südl. unter den Rigidalstöcken, 3 Std. ab Bannalpsee über Walegg, Bergpfade, nicht bez. – (2) Rugghubel-H., 2294 m, SAC, südl. unter dem Ruchstock, 2 Std. ab (1). – Übergang und Abstieg 3 Std. zum Bannalpsee über Rot Grätli, 2559 m, und Bannalper Schonegg, 2250 m, mit kurzem Firnfeld und weglosem Abschnitt bis Schonegg. – An den Bergstationen der Seilbahnen zur Bannalp verschiedene priv. Ghs.

Hüttengipfel (2) Engelberger Rotstock, 2818 m, 2 Std. – Wissigstock, 2887 m, 2.20 Std. – Urirotstock, 2928 m, und Brunnistock, 2952 m, von der Engelberger Lücke, jeweils 2 Std.

Charakter Stille, in kurzen Abschnitten weglose bzw. nicht bez. Wanderroute; insges. harmlos, aber Orientierungssinn nötig (Karte studieren!).

Führer SAC-Führer Urner Alpen West. – Schweizer Wanderbuch 31, Engelberg (Kümmerly + Frey).

Karten SLK, 245, Stans, 1 : 50 000; oder: SLK, 1191, Engelberg, 1 : 25 000.

Wer je den Vierwaldstättersee oder die Axenstraße entlangfuhr, der hat sicher erstaunt hinaufgeblickt zum anscheinend unnahbaren, himmelhohen Urgesteinsblock des Urirotstock. Die Verblüffung wäre geringer gewesen, hätte er sich daran erinnert, daß der Seespiegel nur so hoch liegt wie München. In Oberrickenbach, unserem Ausgangspunkt, steht man aber bereits in 900 m Höhe und an der Bergstation der Bannalp-Seilbahn, wo die eigentliche Wanderung beginnt, gar auf 1600 m. Gleich sieht alles leichter aus!

In wenigen Minuten ist der Bannalpsee halb umrundet, erspähen wir den steilen Ziehweg nach Oberfeld und aufs Walegg, ein wirkliches Aussichts-Eck. Gut 1000 m über dem Engelberger Tal, doch noch immer mehr als 600 m unter den zerrissenen und für Bergwanderer unzugänglichen Walenstöcken queren wir zur Brunni-Hütte und hoch über dem alten Klosterdorf Engelberg weiter zur Rugghubel-Hütte. Schon bald schauen über dem Titlis, der einmal für den höchsten Berg der Welt gehalten wurde, die Berner Alpen mit der Wetterhorn-Gruppe herüber. Doch jeder weitere Höhenmeter hinter dem Haus läßt in der Ferne neue Eisgipfel erkennen.

Der Weg am nächsten Morgen führt hinauf zur Engelberger Lücke bzw. auf Engelberger Rotstock und Wissigstock, die sozusagen zum »Pflichtprogramm« dieser Wanderung gehören. Für Gletscher-Neulinge interessant sind die ein wenig längeren Unternehmungen zum Urirotstock oder auf den Brunnistock. Auf dem spaltenarmen Blümlisalpfirn sind allerdings Seil und Pickel unentbehrlich!

Von der Engelberger Lücke wechseln wir in wenigen Minuten über den Rot Grätli genannten Sattel ins menschenleere Schöntal, halten uns hier leicht links, überschreiten den Schuttrücken des Bannalper Schonegg und lassen uns von dem immer bequemeren Steiglein hinunterführen zum Bannalpsee.

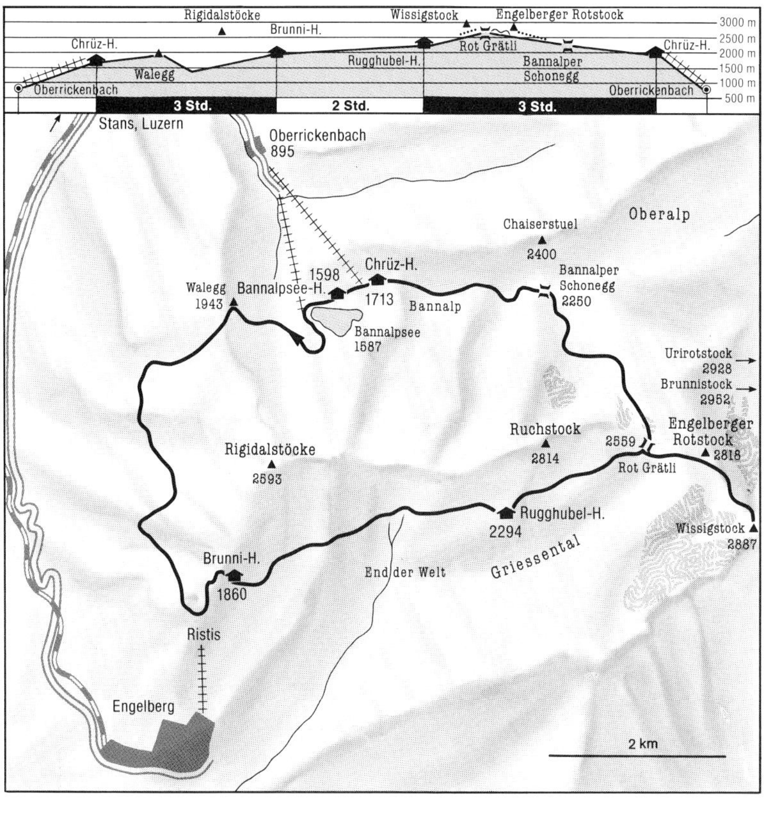

Ein Ausflug von der Rugghubel-Hütte zum Wissigstock belohnt den Tüchtigen mit einer großzügigen Fernsicht und mit diesem Nahblick zum Ruchstock im Zentrum unserer Rundtour. Am äußersten rechten Bildrand ist das Rotgrätli zu erkennen, unser Übergang zur Bannalper Schonegg. Im Bildmittelgrund die Terrasse des Rugghubel.

12 Unter der Eiskappe des Tödi

Vom Claridenfirn zum Bifertenfirn

Schweiz
Glarner Alpen
3 Tage
▲▲▲▲

Talort AP/EP Tierfed, bei Linthal, 805 m (Bus von Glarus).

Stützpunkte (1) Clariden-H., 2543 m, SAC, 4.30 Std. ab Tierfed über Altenoren. – (2) Planura-H., 2947 m, SAC, 3 Std. ab (1) über Claridenpaß, 2962 m, Gletscher. – (3) Fridolins-H., 2111 m, SAC, 3 Std. ab (2) über Obersand/Röti. – (4) Grünhorn-H., 2448 m, SAC, 1 Std. ab (3). – Abstieg ab (3) 3 Std. nach Tierfed.

Hüttengipfel (1) Gemsfairenstock, 2972 m, 1.45 Std., Gletscher. – (1/2) Claridenstock, 3268 m, 1.30–2.30 Std., Gletscher. – (2) Piz Cazarauls, 3063 m, 0.30 Std. – (3/4) Tödi, 3614 m, 5 Std., reine Gletschertour, spaltenreich, nur für erfahrene Hochalpinisten!

Charakter Eindrucksvolle, hochalpine Tour mit großartigen Ausblicken! Gletschererfahrung notwendig!

Besondere Hinweise Die Tour kann ohne Gletscherberührung durchgeführt werden, indem man die Planura-H. ausläßt, von der Clariden-H. ins Beckenkar absteigt und weiter nach Obersand und zu den Fridolins-H. wandert. – Eine weitere Variante bildet der Nordaufstieg vom Klausenpaß über den Tierälpligrat und das Iswandli, einen steilen Firnhang, zum Chammlijoch, 3031 m, und direkt zur Planura-H., 4.30 Std.

Führer SAC-Führer Glarner Alpen.

Karten SLK, 1193, Tödi, 1 : 25 000; oder: SLK, 246, Klausenpaß, 1 : 50 000.

Wer vom Walensee her ins Glarner Land hineinfährt, der gelangt – wenn man vom Fluchtweg des nur vier bis fünf Monate offenen Klausenpasses absieht – in eine der schönsten Sackgassen der Schweiz. Der Blick taleinwärts zum wuchtigen Tödi mit seiner blinkenden Eiskappe braucht keinen Vergleich zu scheuen. Er ist der Inbegriff alpiner Majestät, wie der Montblanc über Chamonix, die Jungfrau über Wengen oder die Meije über La Berarde. Um 300 m überragt dieser Bergriese alle Gipfel der Glarner Alpen zwischen Gotthardstraße, Vorderrhein und Walensee.

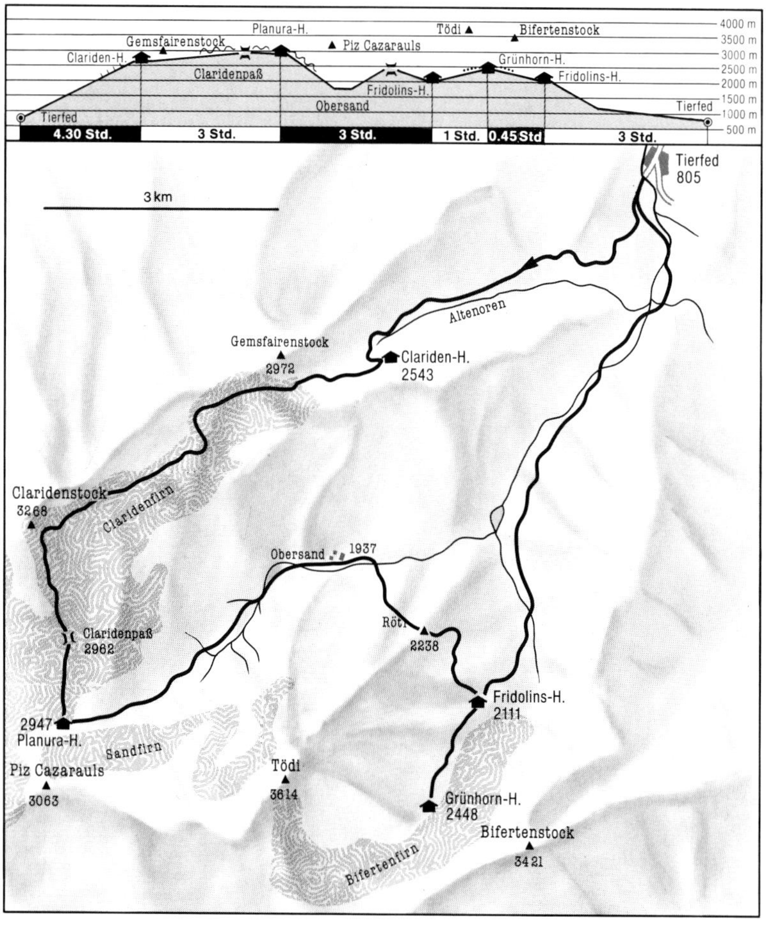

Eine Folge dieser geographischen und verkehrstechnischen Gegebenheiten ist die beneidenswerte Tatsache, daß so manches, was die große, weite Welt in Erregung versetzt, am Glarner Land spurlos vorüberzieht – mit zwei bemerkenswerten Ausnahmen: Da hat zum einen die Gleichstellung der Frau einen Triumph gefeiert, als nämlich die Glarnerinnen 1972 das Recht erkämpften, an der Landsgemeinde, dieser schweizerischen Form unmittelbarer Demokratie, teilzuhaben. Zum andern haben die Schweizer Wasserkraftwerks-Betreiber die günstigen Voraussetzungen des Tals zur billigen Energiegewinnung nicht übersehen – mit der Konsequenz, daß von vielen, früher rauschenden Gebirgsbächen heute nur Rinnsale übrig geblieben sind.

Bei dieser Tour zum und um den Nordsockel des Tödi steigt und wandert man in »Schweizer Verhältnissen«, das heißt ständig über der 2000-Meter-Grenze, auf streckenweise steilen und langen, aber durchwegs gut markierten Wegen, weit ab vom alpinen Rummel, der anderswo um ähnliche Berggestalten gemacht wird. Und auf den drei Hütten, in denen man nächtigt, herrscht die traditionell strenge bergsteigerische Disziplin des SAC. Apropos Hütten: Mit

dem Bau der Grünhorn-Hütte, deren einzigartiger Standort einen Abstecher wert ist, begann im Jahr 1863 der noch junge SAC diesen Abschnitt seiner Erschließungstätigkeit in den Schweizer Bergen.

Vom Tierfed steigt man über eine 600 m hohe Steilstufe durch den Riebenwald zur geneigten Terrasse der Alp Wangen auf, wo der langgezogene Balkon von Altenoren ins Tal des Walenbachs schwenkt. Dort führt der Weg aus den letzten grünen Wiesen auf der Nordseite des Bachs in den hintersten Talwinkel hinauf, am Felssporn des Gletscherschopfs vorbei, dann scharf links zu einem ausgesprengten und gesicherten Pfad auf den Felsrücken des Altenorenstocks, wo die Clariden-Hütte steht.

Wer nicht nur von der Ausrüstung, sondern auch von der Erfahrung her für Gletscherunternehmungen gerüstet ist, sollte von der Hütte unbedingt über den ersten Aufschwung des Claridenfirns, weiter rechts hinauf zum Gemsfairenjoch und zum Gemsfairenstock ansteigen. Der Gipfel bietet einen phantastischen Ausblick in die Ostschweizer Bergwelt, natürlich auf den Tödi und im Norden zum Asphaltband der Klausenpaßstraße.

Zurückgestiegen zum Claridenfirn, kann man in der meist vorhandenen Trasse zum Claridenpaß und zur süd-

Ein Blick auf den Tödi, der die dominierende Stellung des Glarner Eisriesen nur andeuten kann. Der Standpunkt der Fotografin befand sich wenig oberhalb des Tierfed. Links baut sich mächtig der Selbsanft auf, den Horizont beherrschen Piz Urlaun und Tödi, der allerdings – was man nicht sieht – ersteren um 400 Meter überragt. Rechts schließt sich der Gemsistock an mit dem zum Bildrand ziehenden Felsgrat des Altenorenstocks. Unser erster Anstieg zur Clariden-Hütte überwindet die bewaldete Steilstufe in der Bildmitte und führt dann nach rechts ins Altenorental hinauf.

Die Planura-Hütte zwischen Hüfifirn (rechts) und Sandfirn. Rechts oben das Schärhorn, darunter die breite Chammlilücke. Am rechten Bildrand sieht man den kleinen Ausschnitt eines riesigen, zur Hohlkehle ausgefrästen Windlochs.

lich auf einer Felsinsel thronenden Planura-Hütte bummeln. Gipfelstürmer werden von diesem günstigen Ausgangspunkt bei sicheren Verhältnissen kaum auf den Claridenstock verzichten, eine unschwierige Tour, wenn die Randkluft keine Probleme bereitet. Die Rundtour kann von der Clariden-Hütte – mit verändertem Charakter – auch ohne Gletscherbegehung fortgesetzt werden, indem man die Planura-Hütte ausläßt und vom Altenorenkamm am markierten Weg durch das Beckenkar nach Obersand absteigt, wo man die Normalroute erreicht.

Nach Obersand gelangt man von der Planura-Hütte in einem 1000-Meter-Abstieg über Firn und Geröll, unter den Abbrüchen des Claridenfirns vorbei. An dem riesigen grauen Trümmerfeld des 1964 ausgebrochenen Bergsturzes entlang geht es dann auf einem guten Pfad wieder bergauf in das Kar der Röti und links hinüber zu einer Schulter im Bifertengrätli. Dort steht man wie in einer vorzüglichen Loge 1000 m hoch über dem Talgrund von Hinter Sand, aber noch immer 1300 m unter dem Gipfelplateau des Tödi, das auf dieser Seite mit breiten Eisbalkonen abbricht. Besonders eindrucksvoll ist der Blick nach Süden in den Kessel zwischen Bifertenstock und Tödi mit den wilden Brüchen des Bifertenfirns.
Man kann hier lange rasten, denn zur Fridolins-Hütte ist es nicht mehr weit. Oder man kann dort Quartier bestellen und Gepäck deponieren, um noch einen kurzen Abstecher zur unbewirtschafteten Grünhorn-Hütte anzuschließen. Diese kleine alte Bergsteiger-Unterkunft steht inmitten des urzeitlichen Chaos aus Fels und Eis.
An den weiteren Tödi-Aufstieg dürfen sich nur erfahrene Hochalpinisten heranwagen. Gipfelhungrige Bergwanderer mit den konditionellen und bergsteigerischen Voraussetzungen vertrauen sich bei einem derartigen Abenteuer einem Bergführer an.
Der Abstieg von der Fridolins-Hütte ins Tal erreicht beim grünen Alpboden von Hinter Sand den Talschluß, dann folgt man einem Sträßchen zur wilden Linthschlucht und zur Pantenbrücke. Schließlich weitet sich die Enge zum Talkessel des Tierfed, wo man schnurstracks ins altehrwürdige Hotel Tödi läuft und sich eine Riesenportion Rösti bestellt ...

13 Unter dem Piz Kesch

Drei Hütten zwischen Albula- und Flüelapaß

Schweiz
Bündner Alpen/
Albula-Gruppe 3–4 Tage
▲▲▲▲

Talorte AP Madulain, 1697 m, im Engadin (Rhätische Bahn). – EP Flüelapaßstraße, 1945 m, Postbus-Haltestelle 8 km von Süs (Susch), 1945 m, im Unterengadin (Rhätische Bahn).

Stützpunkte (1) Es-cha-H., 2594 m, SAC, 2.30 Std. von Madulain. – (2) Kesch-H., 2632 m, SAC, 2.15 Std. von (1) über Porta d'Es-cha, 3008 m, Gletscherüberschreitung! – (3) Grialetsch-H., 2542 m, SAC, 5 Std. von (2) über Scalettapaß, 2606 m – Scalettahorn, 3068 m – Fuorcla da Vallorgia, 2969 m. – Abstieg 2 Std. zur Flüelapaßstraße durch das Val Grialetsch.

Hüttengipfel (1) Piz Kesch, 3417 m, 3 Std., ohne technische Schwierigkeiten, dennoch nur für gletschererfahrene Geher mit Pickel und Seil! – (2) Piz Porchabella, 3079 m, 1.30 Std., Abstecher von der Route; lohnend, wenn Piz Kesch nicht erstiegen wird. – (2/3) Piz Grialetsch, 3131 m, 0.30 Std. ab Fuorcla da Vallorgia über Schutt und Schrofen oder als kleine Variante direkt vom Scalettahorn in leichter Blockkletterei über den W-Grat. – (3) Piz Sarsura, 3174 m, 3 Std. mit Gletscherüberschreitung! – Flüela-Schwarzhorn, 3146 m, 3 Std., über Rothorn Fürggli, 2884 m – Schwarzhorn Furgga, 2883 m, mit direkter Abstiegsmöglichkeit zum Flüelapaß und -hospiz.

Charakter Alpine Erfahrung erfordernde, insgesamt unschwierige Übergänge. Trittsicherheit unerläßlich! Pickel und Seil/Reepschnur!

Führer SAC-Führer Bündner Alpen, Bd. VI. – BV-Tourenblätter, Mappe 10, Bernina–Bergell–Ober/Unterengadin (Rother).

Karte SLK, 258, Bergün, 1 : 50 000.

Der Piz Kesch über dem Engadin ist von allen hohen Gipfeln der Ötztaler, Lechtaler und natürlich Bündner Alpen auszumachen als eine breite, dunkle Felsenkrone über weiß leuchtenden Gletscherfeldern. Dieser »Berg von hoher Majestät«, wie ihn der ansonsten nüchtern beschreibende alte SAC-Führer (1934) bezeichnet, beherrscht das rautenförmige Gebiet zwischen Landwassertal, Unterengadin, Flüela- und Albulapaß trotz rund 40 weiterer eigenständiger Dreitausender unangefochten. Zweiter Glanzpunkt der Berggruppe ist wenig östlich des Piz Kesch der Piz Vadret mit seinem scharfgezackten Granitgrat, wie man ihn in dieser Wildheit selten sieht.

Der Hüttenwanderer findet hier drei SAC-Hütten, welche die Durchquerung des Gebiets in geradezu idealen Etappen ermöglichen – und die interessanten Gipfel liegen direkt am Weg! Vor allem aber – und das ist dem hochalpinen Bergwanderer mindestens so wichtig wie ein hoher Gipfel – erläuft man sich die Gruppe in aller Ruhe, entdeckt die vielen, verschiedenartigen Formen der Berge, blickt in einsame Täler und findet an verträumten Seeaugen stille Rastplätze.

Wir starten in Madulain, lassen den Talboden des Inn unter uns und steigen 900 Höhenmeter durch die letzten Lärchen und die obersten Alp-

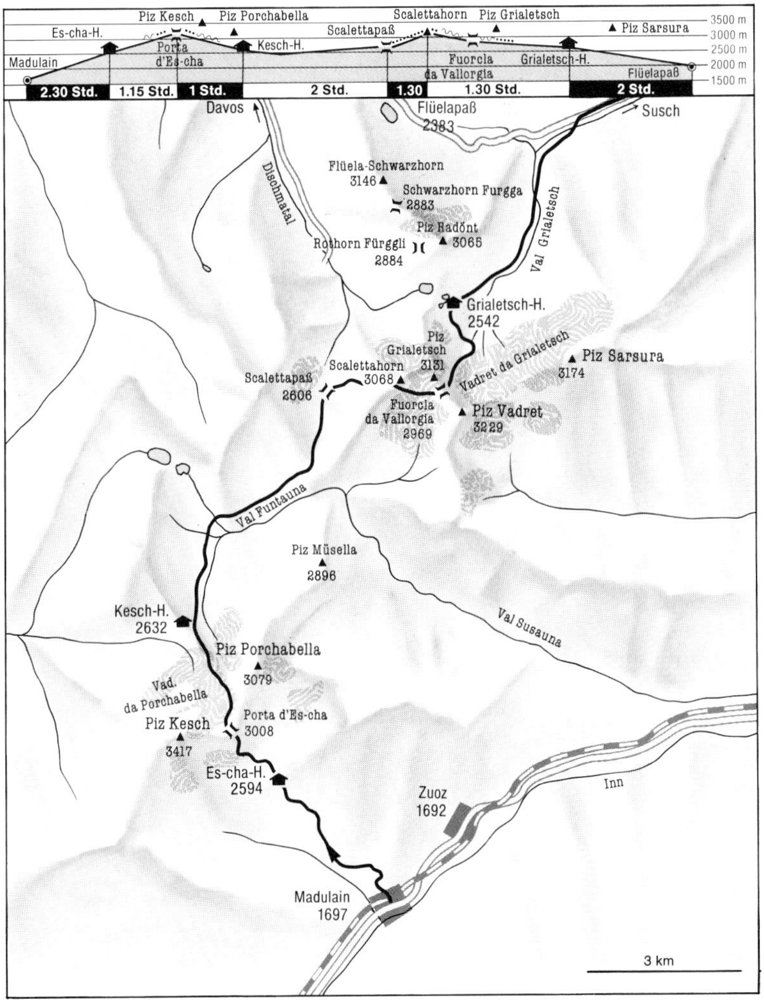

Die Grialetsch-Hütte ist trotz zentraler Lage ohne allzu lange Anstiege zu erreichen. Ein halbes Dutzend Dreitausender lassen sich von ihr auf unschwierigen, jedoch zum Teil über Gletscher führenden Anstiegen erreichen. Dazu zählt auch der im Hintergrund sichtbare Piz Sarsura.

Der Gipfelaufbau des Piz Kesch von Osten. In der Mitte die Keschnadel, die sich auf dieser Seite als wuchtiger Granitpfeiler darbietet, rechts ahnt man hinter den Wolkenfetzen den Hauptgipfel. Links im Vordergrund der Moränenrücken, an dem entlang wir zur Porta d'Es-cha aufsteigen, die sich rechts knapp außerhalb des Bildrands befindet. Hinter dem von ihr nach links ziehenden, scharfgezackten Felskamm der Porchabellagletscher, den man beim Gipfelanstieg diagonal zum hinter Wolkenfetzen erkennbaren Steilaufschwung des Gipfelgrats quert. ▷

wiesen hinauf zum grünen Moränenrücken zwischen Val d'Es-cha und Val Müra, wo die blitzsaubere Es-cha-Hütte steht.

Der Weiterweg zur Kesch-Hütte zielt zunächst am Moränenwall entlang auf die Felsnadeln links der Porta d'Es-cha und quert dann – je nach Verhältnissen höher oder tiefer – nach rechts in die Gletschermulde unter der Scharte, die man schließlich über einen kurzen felsigen Steilhang erreicht. Von der Porta d'Es-cha überblickt man die verschiedenen Möglichkeiten zur Fortsetzung des Wegs ganz genau. So auch den Gipfelabstecher für geübte und klettergewandte Bergwanderer, der links durch das Gletscherbecken zur Nordschulter des Piz Kesch und durch die Ostflanke des letzten Felsaufschwungs auf den Gipfel führt. Der Rundblick reicht im Westen bis zu den Viertausendern von Wallis und Berner Alpen, im Süden schaut man übers Engadin in die Bernina-Gruppe, im Südosten zum Ortler, im Osten zu den Ötztalern …

Als leichterer Gipfel lockt nordöstlich der Porta d'Es-cha der Piz Porchabella an, der zwar nicht den Ausblick des Piz Kesch bietet, aber dessen schönsten Anblick. Man steigt dazu in der zur Kesch-Hütte führenden Spur – natürlich angeseilt! – über den Porchabellagletscher ab, bis man rechts um den von Punkt 3149 herabziehenden Felssporn herum auf das östliche Gletscherfeld gelangt. Dort geht es hinauf in die Fuorcla Viluoch und über den Schuttgrat zum Gipfel.

Bleibt schließlich noch der Übergang, der alle Gipfel ausläßt. Dabei hält man sich an der rechten Gletscherseite, wechselt weiter unten auf die angrenzende Moräne über und bummelt schnurgerade zur Kesch-Hütte. Übrigens ist dies nun die zweite Kesch-Hütte dieser Tour, denn »es-cha« ist nichts anderes als der rätoromanische Name des Kesch.

Der Übergang des nächsten Tags ist lang, wartet aber mit interessanten Abschnitten auf. Wir steigen zunächst nach Norden ins Val da Tschüvel ab, lassen dessen Wasser bald rechts unten und kurz darauf den Saumpfad zum Sertigpaß und nach Davos links oben liegen. Danach queren wir durch die steilen Süd- und Osthänge des Chüealphorns über dem Val Funtauna, zum Schluß noch einmal steiler ansteigend, zum Scalettapaß.

Nun folgt weglos der etwas mühsame Aufstieg am geröllbedeckten Westgrat des Scalettahorns. Nach spätestens $1^1/_2$ Stunden stehen wir aber auch auf dessen Gipfel. Danach gehen wir wenige Schritte am südlichen Kamm hinunter, bis wir über Geröllhänge nach links auf den oberen Vallorgiagletscher steigen können und über diesen die Fuorcla da Vallorgia erreichen.

Der im Südosten ansetzende Felskamm des Piz Vadret ist auch für versierte Bergwanderer zu schwierig, aber der Piz Grialetsch bietet keine Probleme. Also »nimmt« man den Gipfel halt auch noch »mit«, schaut das letzte Mal hinüber zum Piz Kesch, zu Palü und Bernina.

Vorausgesetzt, man leistet sich von der Grialetsch-Hütte aus nicht weitere Gipfel-Eskapaden, führt der restliche Weg von der Fuorcla da Vallorgia bis zur Flüelapaßstraße nur noch bergab. Dabei sollte niemand den kleinen westlichen Lappen des Grialetschgletschers unterschätzen: Das Seil darf man erst auf der garantiert spaltenfreien Moräne ablegen!

An der Grialetsch-Hütte treffen wir zwischen Urgesteinsplatten auf die ersten Rasenflecken und entdecken am Steig durch die Osthänge unter dem Piz Radönt die ersten Blumenpolster. Die hier fälligen Rasten dürfen nur nicht endlos dauern, denn die Rhätische Bahn, die uns von Susch zurück nach Madulain bringt, fährt schweizerisch präzis nach Fahrplan!

14 Felsen und Blumen über dem Comer See

Wo Mailänder das Klettern lernen

Italien
Bergamasker Alpen
3 Tage
▲▲△△

Talort AP/EP Piani Resinelli, 1278 m (Straße von Lecco, ab Ballabio mautpflichtig).

Stützpunkte (1) Rif. Rosalba, 1730 m, CAI, 3 Std. ab Piani Resinelli über den Direttissimaweg, ges. Steiganlage. – (2) Rif. L. Brioschi, 2403, CAI, 4–5 Std. von (1) über Bocchetta del Giardino, 2004 m, und Traversata alta, kurze Felspassagen mit Stiften, Leitern und Drahtseilen ges. – (3) Rif. M. Tedeschi al Pialeral, 1428 m, SEM, 2 Std. von (2) über Bocchetta della Bassa, 2144 m. – Abstieg 2.15 Std. nach Piani Resinelli über die Traversata bassa.

Hüttengipfel (1) Grigna Meridionale (Grignetta), 2177 m, 0.30 Std. von der Bocchetta del Giardino, ges. Steig (lohnender Abstecher). – Weitere Gipfel werden im Rahmen der Tour erstiegen.

Charakter Überschreitung mit klettersteigähnlichen Abschnitten, die Trittsicherheit und Schwindelfreiheit voraussetzen; alle Felspassagen mit Drahtseilen, Eisenstiften oder Leitern gut ges.

Besondere Hinweise Genügend Wasser mitnehmen, keine Wasserstelle auf den ersten beiden Etappen; Hütten verfügen nur über Zisternenwasser! Im Frühsommer, also zur schönsten Blumenzeit, Biwakausrüstung erforderlich, da Hütten noch geschlossen.

Führer Nur in italienischer Sprache: Wanderführer Escursioni nelle Grigne, Giancarlo Mauri (Tamari, Bologna). – Ausreichend: Wanderbroschüre Le Grigne, Fremdenverkehrsverband Lecco (A. A. S. T.), erhältlich in Lecco und Piani Resinelli.

Karte Gruppo delle Grigne, hrsg. vom Touring Club Italiano, 1 : 20000 (unentbehrlich, sehr saubere Darstellung des gesamten Massivs).

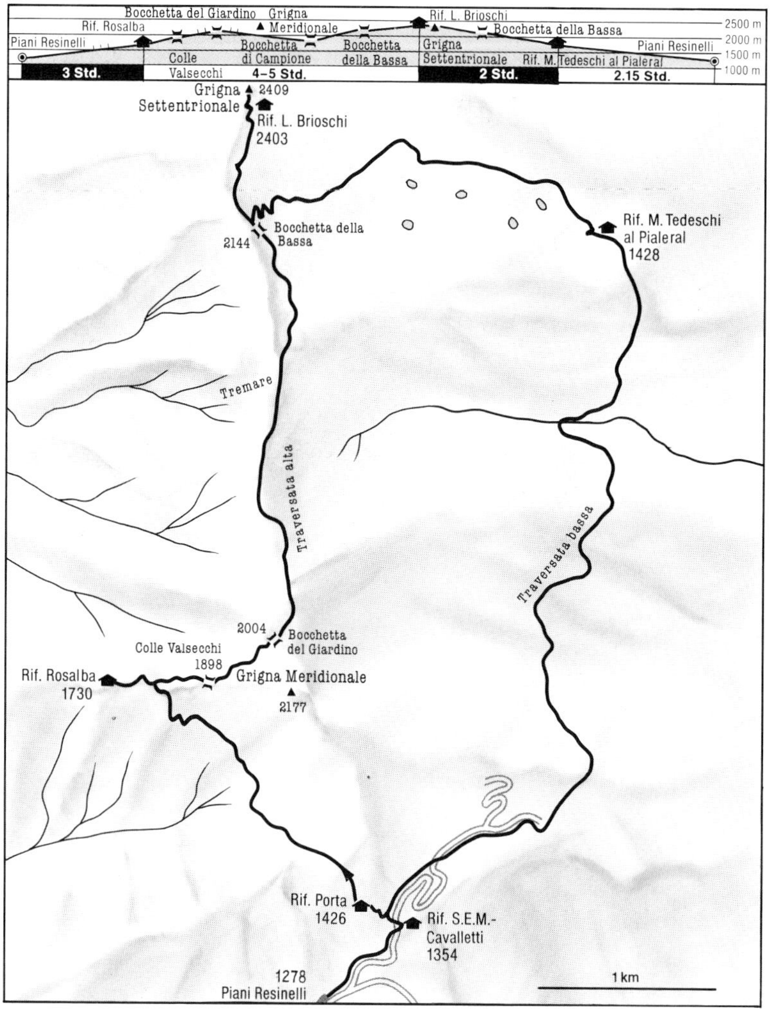

Was dem Münchner Kletterer der Wilde Kaiser, das ist dem Mailänder Felsakrobaten die Gruppe der Grigne, ein wildes, türmereiches Kalkgebirge unmittelbar östlich des Comer Sees, am westlichen Rand der Bergamasker Alpen. Aber nicht nur das ernste Spiel im Fels läßt sich hier vorzüglich treiben, auch der trittsichere Wanderer, der sich auf leichte Klettersteige wagen darf, findet hier höchstes Vergnügen. Besonders unterhaltsam – wenn es auch nicht jedermanns Sache ist – geht es am Wochenende in der Grigne zu, wenn mit italienischer Heiterkeit und Lebensfreude ein Tag in den Bergen zum »Feier«-Tag wird.

Startpunkt der Grigne-Durchquerung ist das kleine Hochplateau Piani Resinelli, 1000 m über dem Comer See gelegen und von Lecco mit dem Auto schnell zu erreichen. Zunächst steigen wir zur Wegverzweigung beim Rifugio Porta, 1426 m, an und folgen dann dem Direttissima-Weg (Nr. 8), der in stetem Auf und Ab die wilden Gräben in der Südwestflanke der Grigna Meridionale, kurz Grignetta genannt, quert. Sämtliche felsigen oder ausgesetzten Abschnitte sind mit Drahtseilen gesichert, der reizende Caminetto wird mit Hilfe zweier Leitern »bezwungen«. Die ungewöhnlichste der bizarren Felsgestalten am Weg ist der Fungho, der mit seinem breit ausladenden Hut tatsächlich wie ein Pilz aussieht.

Am Colle Garibaldi erreichen wir die Cresta Segantini, den Westgrat der Grignetta, der als lange Kette von Felstürmen zum Gipfel zieht. Nach links führt der kurze Abstieg zum Rifugio Rosalba, den man sich schenken kann, wenn man dort nicht übernachten will. Die Route folgt nun bis zum Colle Valsecchi dem Cecilia-Weg (Nr. 10), zweigt hier links ab und gelangt entlang den Markierungen Nr. 11 zur Bocchetta del Giardino, 2004 m. Von hier läßt sich ohne großen Zeitaufwand der Gipfel der Grignetta, 2177 m, besteigen.
Von der Scharte geht es weiter auf der Traversata alta (Nr. 7), dem großartigen Höhenweg, der die Grignetta mit dem Grignone, der Grigna Settentrionale, im Norden verbindet. Ein Steig mit ständig wechselnden Szenen, eine Folge von Blumenwiesen, luftigen, aber bestens gesicherten Kletterstellen und freien Gratstücken. Über die weiten Gipfelhänge erreichen wir schließlich den Grignone, der – so behaupten Kenner – einen der umfassendsten Rundblicke im gesamten Alpenraum bietet, vom Monviso jenseits der Poebene bis zum Monte Disgrazia in den Bergeller Bergen.
Wer in dem knapp unter dem Gipfel gelegenen Rifugio L. Brioschi ein Lager findet, dem sind stimmungsvolle Augenblicke bei Sonnenunter- und -aufgang garantiert: Kitschig? Vielleicht – aber auch Wirklichkeit ... Der Rückweg führt vom Grignone über die Bocchetta della Bassa und die ostseitigen Hänge zum Rifugio M. Tedeschi al Pialeral, schließlich auf der Traversata bassa (Nr. 6) durch Gräben, lichten Wald und offene Alpflächen zurück nach Piani Resinelli.

Durch eine bizarre Landschaft – ein Labyrinth von Felstürmen und -nadeln – führen die Steiganlagen im südlichen Teil der Grigne-Gruppe. Trotz ausreichender Sicherungen an ausgesetzten Stellen werden nur trittsichere und schwindelfreie Bergwanderer diese Tour wirklich genießen.

15 Granitkessel im Bergell

Faszinierende Kontraste südlich des Malojapasses

Schweiz
Bergeller Berge
3–4 Tage
▲▲▲▲

Talorte AP Bondo, 823 m, bei Promontogno im Bergeller Tal. – EP Malojapaß, 1815 m (Bus nach Promontogno).

Stützpunkte (1) Sciora-H., 2118 m, SAC, im Val Bondasca, 3.30 Std. von Promontogno/Bondo (2.30 Std. ab Laret, 1368 m, bis dorthin Mautstraße). – (2) Albigna-H., 2336 m, SAC, über dem Albigna-Stausee, 4.30 Std. von (1) über Paß Cacciabella-Sud, 2897 m. – (3) Forno-H., 2574 m, SAC, 3.30 Std. von (2) über Paß da Casnil Sud, 2941 m. – Abstieg 3 Std. zum Malojapaß.

Hüttengipfel (2) Piz Casnil, 3189 m, 1 Std. ab Paß da Casnil Sud in leichter Kletterei über den S-Grat. – (3) Monte del Forno, 3214 m, 2.30 Std. über den S-Grat mit kurzer Kletterstelle; reizvolle Überschreitung möglich bei Abstieg über O-Grat und Murettopaß zum Malojapaß.

Charakter Hochalpine Übergänge in einer der faszinierendsten Gruppen der Alpen; erfahrenen Bergwanderern bietet auch die kurze Gletscherpassage im Fornobecken kaum Probleme – dennoch komplette Gletscherausrüstung! Trittsicherheit und Orientierungssinn erforderlich!

Führer SAC-Führer Bündner Alpen, Bd. IV. – Kl. Bergellführer, Nigg (Rother).

Karten SLK, 268, Julierpaß, und 278, M. Disgrazia, jeweils 1 : 50 000; oder: SLK, 1276, Val Bregaglia, und 1296, Sciora, jeweils 1 : 25 000.

Wer auf dieser Tour die hochalpinen Regionen des Bergell durchsteigt, sollte diesem ernsten Unternehmen einen heiteren Bummel am Panoramica-Höhenweg durch die Südhänge über dem Tal der Maira voranstellen. Dazu reicht ein früh begonnener Vormittag aus, so daß für den Anstieg zur Sciora-Hütte – nach telefonischer Platzreservierung! – ausreichend Zeit bleibt. Ein kurzer Abschnitt des Höhenwegs, beispielsweise von Stampa hinauf nach Soglio, strapaziert die Beine nur wenig, Augen und Geist um so intensiver.

Von Soglio schaut man in das Bondascatal, in den ersten von drei Kesseln, die unsere Tour berührt. Das Tal gehört zu den Traumzielen aller guten und extremen Kletterer. Hier schießen die elegantesten Granitkanten der Alpen in den Himmel, hier steht die marmorglatt aufsteigende Piz Badile-Nordostwand, die auch für hartgesottene Sportkletterer noch eine Herausforderung darstellt. Nicht vergessen seien die Türme und Nadeln der Sciora-Gruppe im Osten.

Diese Felskolosse mit den wildzerklüfteten Gletschern und steilen Eiscouloirs bewundert man aus der Nähe von der Terrasse der kleinen Sciora-Hütte. Gut 3 Stunden steigt man von Bondo herauf; 1 Stunde weniger, wenn man mit dem Auto zur Alp Laret hinauffährt. Das nützt jedoch wenig, endet die Tour doch am Malojapaß (trotzdem: Die Genehmigung für die Auffahrt gibt's im »Negozio« in Bondo).

Anderntags, wenn die Kletterer längst die Einstiege erreicht haben, steigen wir direkt hinter der Hütte über die steilen Rasen- und Geröllhänge hinauf, vom Sockel der Felsflanken dann durch eine Rinne (auf Steinschlag achten!) in die Scharte der Cacciabella Sud. Hier tut sich plötzlich der Albignakessel auf, jetzt kann man Vergleiche ziehen: Drängen hier die glatten Wandfluchten alles andere in den

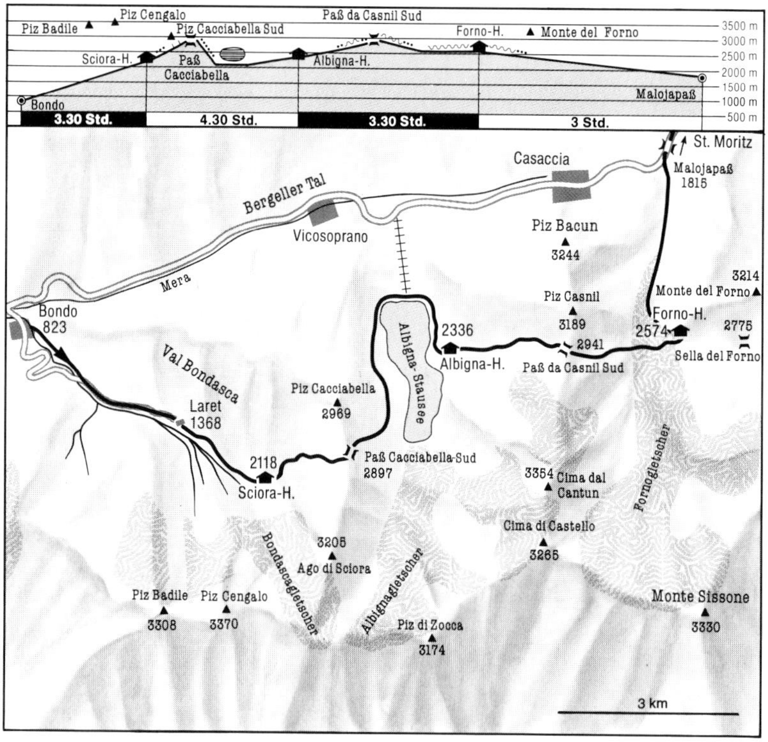

Wie eine Kathedrale mit mächtigen Pfeilern baut sich der Piz Cengalo über die Sciora-Hütte auf. Am Horizont, vom schneebedeckten Gipfel in den Schatten tauchend, die Nordwestkante. Über sie verläuft eine klassische, extrem schwierige Kletterroute, ebenso über die Gemelli-Kante, deren untersten Teil man am linken Bildrand erkennen kann.

Blick vom Piz Casnil nach Südosten in einen Teil des gletscherüberzogenen Fornobeckens. Im Mittelgrund Cima di Vazzeda und Cima di Rosso, schwer beladen mit Hängegletschern. Dahinter ist – von einer Wolke halb verdeckt – der Gipfel des Monte Disgrazia zu erkennen, die höchste Erhebung der Bergeller Berge. Rechts über dem spaltenreichen Gletscher steht der Monte Sissone, ein großartiger Skitourengipfel.

Hintergrund, so scheint dort insgesamt ein Gleichgewicht zu herrschen zwischen den Gletscherzonen und dunklen Felspartien. Am Grund der Albignawanne hängt die Zunge des großen Gletschers in den grün schimmernden Stausee, über dessen gegenüberliegendem Ufer man schon die Albigna-Hütte sieht. Den Umweg über die Staumauer samt kurzem Aufstieg nimmt man gern in Kauf, denn der Steig ist markiert und gut gangbar. Bei einem Wettersturz kann man von der gemütlichen Albigna-Hütte übrigens mit der kleinen Seilbahn der E-Werke Zürich von der Staumauer problemlos ins Bergeller Tal flüchten.

Beschränkten sich die bergsteigerischen Schwierigkeiten beim Übergang von der Sciora-Hütte auf Trittsicherheit und Schwindelfreiheit, so erfordert der Weiterweg in den Fornokessel etwas Erfahrung auf Gletschern. Wir steigen zunächst von der Albigna-Hütte auf einem guten Weg südlich am Piz dal Päl entlang zu einem kleinen Absatz auf, von dem aus ein ausgeprägter Felskamm nach Osten zieht, genau zwischen die beiden Paßeinschnitte des Casnil. Der Weg, der Prachtblicke in die steile Eiswand der Cima dal Cantun bietet, hält sich an die rechte, apere Flanke des Rückens und quert dann über Geröll- und Schneefelder nach rechts zum südlichen Casnilpaß. Nur wer den Piz Casnil erklettern will, benützt den nördlichen Übergang und ersteigt den hier ansetzenden Südgrat. Einen ähnlich großartigen Ausblick wie vom Piz Casnil genießt man von dem kleinen Felskopf östlich unseres Übergangs.

Nach dem unschwierigen Abstieg über Firn und Geröll auf dem Fornogletscher stehend, fühlt man sich wie in einen riesigen Eisschrank verbannt. Aus dem hintersten Becken zwischen Cima di Rosso und Cima dal Cantun schiebt sich die Zunge des Gletschers heraus, wird dort von einem schier unerschöpflichen Reservoir an Hängegletschern, Eisrinnen und Firnfeldern genährt. Die massigen Felspfeiler, die rechts und links zu den Gipfelkämmen hinaufziehen, wirken wie Streben, die der wuchtig dahinfließenden Masse Halt geben.

Über den Gletscher und den kurzen Gegenanstieg erreicht man die Forno-Hütte, die allerdings nur der ansteuern sollte, der für den nächsten Tag noch den Monte del Forno eingeplant hat. Ansonsten sucht man sich in den Trümmern der orographisch rechten Seitenmoräne den Pfad, der durch den engen Schlauch des Fornotals hinausführt zum verträumt daliegenden Cavlocsee. Hier verlassen wir dann die »Oasen der Ordnungswidrigkeit« und es gilt nun, sich im grauen Alltag an die romantische Vorstellungswelt der Phantasie zu klammern, bis die sich wieder ein paar Tage aufladen kann …

16 Unter Piz Palü und Piz Bernina

Vom Morteratschgletscher nach St. Moritz

Schweiz
Bernina-Gruppe
3–4 Tage
▲▲▲▲

Talorte AP Morteratsch, 1896 m (Bahnstation und Hotel). – EP St. Moritz, 1822 m.

Stützpunkte (1) Boval-H., 2495 m, SAC, 2 Std. von Morteratsch. – (2) Tschierva-H., 2573 m, SAC, 4 Std. von (1) über Fuorcla da Boval, 3347 m, und Tschiervagletscher, mit kurzer, aber leichter Kletterei (I). – (3) Hotel Roseg, 1999 m, priv., im Rosegtal, 1.30 Std. von (2), nur Abstieg. – (4) Berghs. Fuorcla Surlej, 2755 m, priv., 2 Std. von (3) über Alp Surovel – Abstieg 2.15 Std. über Hahnensee nach St. Moritz.

Hüttengipfel (1) Piz Morteratsch, 3751 m, 1.30 Std. ab Fuorcla da Boval, Hochtour nur für Geübte! – Piz Tschierva, 3545 m, 1 Std. ab Fuorcla da Boval, unschwierig, lohnender Abstecher vom Hüttenübergang.

Charakter Hochalpiner Übergang zwischen (1) und (2), nur für erfahrene, trittsichere Geher mit kompletter Ausrüstung!

Führer SAC-Führer Bündner Alpen, Bd. V. – Auswahlführer Bernina, Flaig (Rother).

Karten SLK, 268, Julierpaß, 1 : 50000. – SLK, 1277, Piz Bernina, 1 : 25000.

In der genauen Mitte des Alpenbogens, eingefaßt von den großartigen Talschaften des Engadin und Veltlin, erhebt sich die Bernina-Gruppe. Den Winter über treffen sich an ihrem Nordrand im mondänen, doch immer sportlichen St. Moritz vor allem High Society, Jet-set und jene Leute, die sich gerne dazu zählen. Den Sommer über kommt der Ort gut ohne diese exklusive Note aus, entdeckt man hier die wirklichen Schätze des Oberengadin – seine grandiose Bergwelt.
Die Bernina-Gruppe ist ein paradiesischer Spielplatz für alle Exemplare von Bergsteigern: für den genießerischen Spaziergänger, den gemütlichen wie auch anspruchsvollen Bergwanderer und für den erfahrenen Hochalpinisten. Da gibt es die langen, zu den Gletscherzungen führenden Täler mit duftenden Arven- und Lärchenwäldern, die leichten Höhenwege und Übergänge mit großartigen Ausblicken zu Gletscherbrüchen, Firn- und Felswänden, die hochalpinen Wege von Hütte zu Hütte. Und dann natürlich die berühmten Gipfel und ihre eindrucksvollen Berggestalten: der Piz Palü mit den drei mächtigen Pfeilern, der Piz Roseg mit seinen Eisbalkonen, der Piz Scerscen mit der »Eisnase« und im Zentrum der Piz Bernina, zu dessen Gipfel die vielbewunderte, feine Firnschneide des Biancograts hinaufzieht.
Die mit Ausnahme der dunkelfelsigen Gipfelkämme fast vollständig vergletscherten Hochregionen und die weit in die Talschlüsse vorstoßenden Eiszungen vermitteln westalpine Bilder, obgleich die Bernina-Gruppe noch eindeutig zu den Ostalpen gerechnet wird, die hier ihren einzigen Viertausender besitzen. Diese harmonische Architektur von Eis und Granit, die man, einmal gesehen, nie wieder vergißt, haben wir auf unserer Wanderung von Hütte zu Hütte ständig vor Augen.
Die Tour beginnt mit einem Paukenschlag: Man ist gerade 20 Minuten lang durch schütteren Wald aufgestiegen, da taucht plötzlich das Mor-

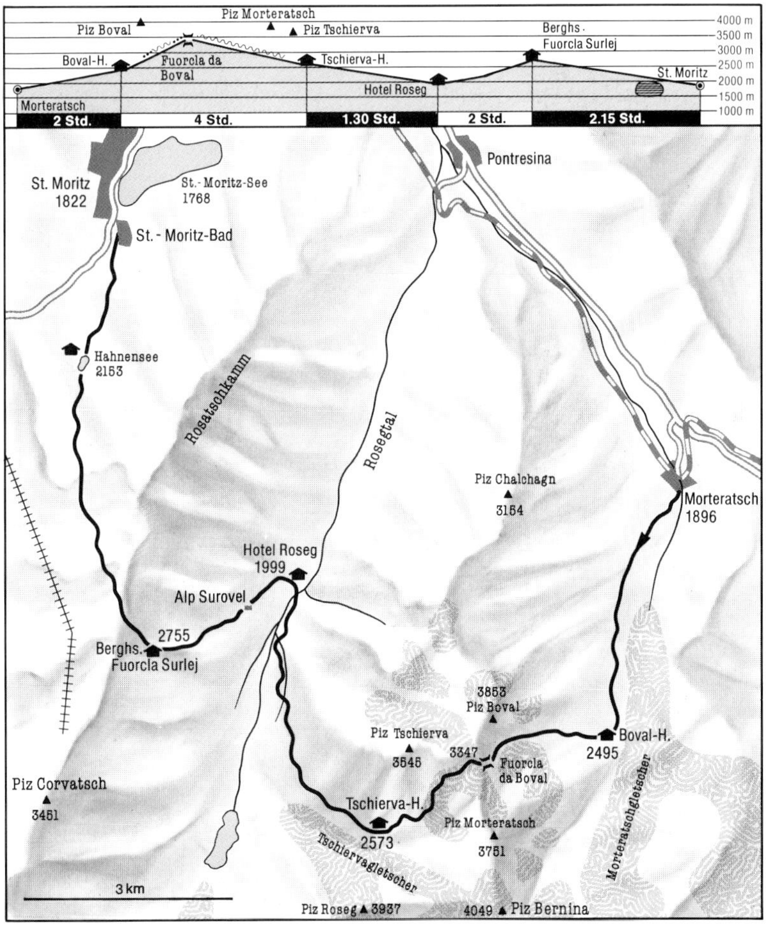

Die Firnkuppe des Piz Morteratsch, von der Fuorcla da Boval gesehen. Deutlich sind Aufstiegsspur und Randkluft zu erkennen.

Der Blick vom Weg zur Boval-Hütte ins Morteratschbecken mit Piz Palü, Bellavista-Terrasse und Piz Bernina (rechts dessen Sockel).

teratschbecken mit seiner glanzvollen Umrahmung auf. Natürlich findet man an einem solch schnell erreichbaren Aussichtspunkt nicht die große Einsamkeit vor; je mehr wir uns dann jedoch auf dem Moränensteig der Boval-Hütte nähern, desto weniger Leute sind am Weg.

Der Übergang des nächsten Tags, über die Fuorcla da Boval zur Tschierva-Hütte, ist als ernste Hochtour zu werten, da zum einen die Scharte auf respektablen 3347 m Höhe liegt und zum andern im Abstieg ein sogenannter »harmloser« Gletscher gequert werden muß. Dies ist eine gefährliche Untertreibung, denn auch auf solchen Gletschern können versteckte Spalten lauern, und wehe dem, dessen Gefährten bei einem Spaltensturz von der Bergung keine Ahnung haben!

Zunächst folgt man dem Steig, der von der Boval-Hütte genau nach Westen in das Hochkar unter dem Piz Boval führt. Vom Fuß der Steilrinne, die von der Scharte herunterzieht, weichen die Steigspuren rechts in schrofiges Gelände aus, das kurz leichte Kletterei erfordert, bis man links zurückqueren kann und in die Scharte gelangt.

Von diesem hohen Ausgangspunkt sollte man bei sicheren Verhältnissen zumindest einen der beiden nahegelegenen Gipfel ersteigen: den etwas schwierigeren, mit einer Spaltenzone Respekt erheischenden Piz Morteratsch, von dem man direkt zum Biancograt schauen kann; oder den leichteren Piz Tschierva, eine weit vorgeschobene Loge über dem riesigen Tschiervakessel.

Beim Abstieg von der Fuorcla da Boval folgt man der meist vorhandenen Trasse zum rechten Gletscherrand, wechselt vor dem steilen Schlußabbruch nach rechts auf die schuttbedeckte »Terrassa«, von der ausgeprägte Steigspuren durch Geröll und Schrofen zur Tschierva-Hütte abwärts führen. Da die Hütte in der Regel mit Biancograt-Aspiranten belegt ist, empfiehlt es sich, noch am gleichen Tag hinunter zum Hotel Roseg zu laufen.

War der erste Abschnitt der Hüttentour tatsächlich nur von erfahrenen Bergsteigern zu bewältigen, so könn-

te der zweite Teil bequem in Begleitung der Familie erfolgen: Gletscher gibt's in Hülle und Fülle, aber aus der Distanz; knorrige Arven, weite Alpenrosenfelder, bunte Blumenwiesen und reichbevölkerte Murmeltierkolonien liegen dagegen direkt am Weg – gelöste Heiterkeit nach dem strengen Ernst des Vortags.
Die Aufstiegsmühen in den Sonnenhängen der Alp Surovel halten sich in Grenzen; schon am späten Vormittag lagert man auf riesigen Granitplatten in der Fuorcla Surlej oder auf der Terrasse des geschützt gelegenen gleichnamigen Berghauses. Als einen »Glanzpunkt der Alpen« bezeichnete der bekannte Alpinist und Führer-Autor Walther Flaig schnörkellos und alles sagend den Ausblick.
Auf drei schönen Abstiegswegen lassen sich die großen Bergtage in der Bernina-Gruppe beschließen: über dem Silvaplanasee langsam an Höhe verlierend in 3 Stunden nach Sils, direkt in rund 2 Stunden hinunter nach Silvaplana oder an den Westhängen des Rosatschkamms entlang zum Hahnensee und ins betriebsame St. Moritz.

Die große Bernina-Szene, wie wir sie am zweiten Scheitelpunkt unserer Tour von der Fuorcla Surlej sehen. Links oben der Firnsaum des Biancograts und der felsige Gipfel des Piz Bernina, der einzige Viertausender der Ostalpen, anschließend das Massiv des Piz Scerscen (sprich: Scherschen), dessen »Eisnase« genau auf den Betrachter gerichtet ist. Rechts der tiefeingeschnittenen Scerscenscharte folgt der Doppelgipfel des Piz Roseg, dessen Hängegletscher in der schattigen Nordostwand zu erkennen sind. Unten die zerklüfteten Eisströme von Tschierva- und Roseggletscher.

17 Auf die Schesaplana

An den Riesenwänden des Rätikon entlang

Österreich/Schweiz
Rätikon
4–5 Tage
▲▲▲△

Talorte AP Tschagguns, 687 m, im Montafon. – EP Vandans, 648 m, 4 km von Tschagguns (Montafoner Bahn).

Stützpunkte (1) Tilisuna-H., 2208 m, ÖAV, 2 Std. von Grabs, 1365 m (Sessellift von Tschagguns), auf dem Tobelseeweg über den Schwarzhornsattel, 2166 m. – (2) Garschina-H., 2221 m, SAC, 2 Std. von (1) über Tilisunafürkli, 2230 m, und die »Gruben«. – (3) Schesaplana-H., 1908 m, priv., 4.30 Std. von (2) unter den S-Wänden von Drei Türmen, Drusenfluh und Kirchlispitzen entlang über Golrosa, 2128 m. – (4) Totalp-H., 2318 m, ÖAV, 4 Std. von (3) über den Schweizer Weg, ges. Steig (Trittsicherheit!), durch die Alpsteinwände auf die Schesaplana, 2965 m, und über die Tote Alpe. – (5) Douglass H., 1979 m, ÖAV, am Lünersee (Bergstation der Lünersee-Bahn aus dem Brandner Tal), 0.45 Std. von (4). – Abstieg 4.30 Std. auf dem Lünerweg über die Lüner Krinne, 2155 m, und durch das Rellstal nach Vandans (ab Ghf. Rellstal, 1490 m, Straße, evtl. Taxi/Kleinbus nach Vandans).

Hüttengipfel (1) Sulzfluh, 2818 m, 1.30 Std. über das Karrenfeld, mit Abstieg durch Gemstobel lohnende Übergangsvariante von (1) nach (2). – (2) Schafberg, 2456 m, 0.30 Std. – (3) Schesaplana s. o.

Charakter Eine der großartigsten Höhenwanderungen der Ostalpen, die Ausdauer und Trittsicherheit erfordert! Gesamte Tour gletscherfrei. – Achtung, Grenzübertritt: Ausweise mitführen!

Führer AV-Führer Rätikon, Flaig (Rother).

Karten FB, 371, Bludenz–Klostertal–Montafon, 1 : 50000. – FB, 37, Rätikon–Silvretta–Ferwall, 1 : 100000. – SLK, 238, Montafon, 1 : 50000.

Der Rätikon – am Gipfel der Schesaplana das nahe Rheintal bei Landquart um volle 2400 m überragend – besteht aus einem 40 km langen, gewaltigen Felskamm, der glatte Mauern nach dem Schweizer Süden und sieben sanfter auslaufende Seitenkämme nach dem Vorarlberger Norden entsendet. Der Lage nach rechnet man den Rätikon zu den Zentralalpen, den geologischen Gegebenheiten nach zu den Nördlichen Kalkalpen. Denn: der Schesaplanastock besteht aus Dolomitgestein, die grünen Vorberge auf Prättigauer Seite sind aus Bündner Schiefern, und dicht am Kletterkalk der Drusenfluh stößt man auf Silvrettagneis. So erhält man bei einer Wanderung um und über das Massiv freiwilligen Unterricht über die Entstehung der Alpen. Der zunächst verwirrende geologische Reichtum ist auf alle Erscheinungsformen des Grenzgebirgs auszudehnen: auf die Flora und auch auf die Architektur der Berge!

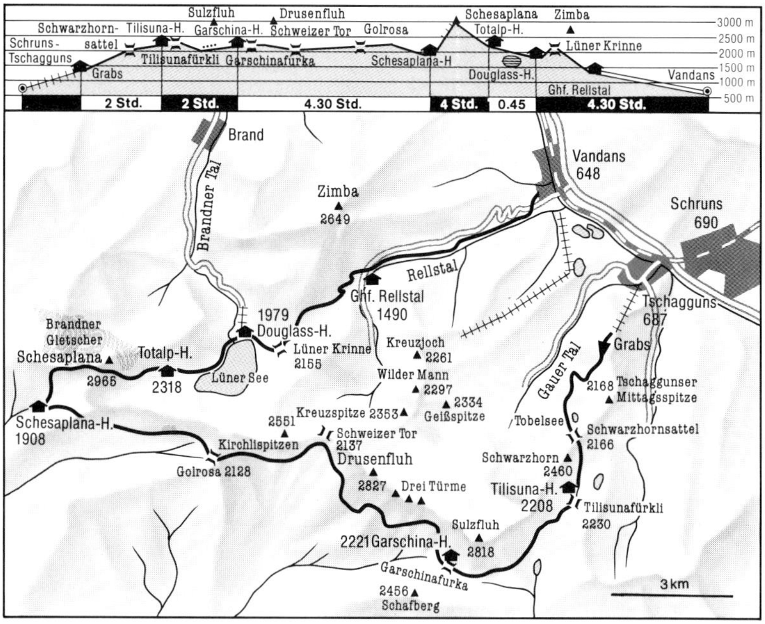

Wir ersparen uns den ersten Teil des Hüttenanstiegs, indem wir von Tschagguns stolze 630 Höhenmeter mit dem Sessellift zum Gasthof Grabs hinaufschweben und erst dort unsere Beine in Bewegung setzen. Der Tobelseeweg über den Schwarzhornsattel zur Tilisuna-Hütte ist geradezu ideal geeignet, um sich einzustimmen und warmzulaufen, bietet er doch einerseits herrliche Blicke in den Talschluß des Gauertals und zu den Drei Türmen, andererseits keine strapaziösen Steigungen.

Man kann von der Tilisuna-Hütte in wenigen Minuten übers Tilisunafürkli in die Schweiz wechseln, durch den eindrucksvollen Kessel der Gruben kurz absteigen und hoch über dem Partnunsee unter den glatten Sulzfluh-Südwänden zur Garschina-Hütte queren. Wesentlich reizvoller ist es jedoch, in diesen Übergang die Sulzfluh selbst mit einzubeziehen, das heißt, das riesige, geneigte Karrenfeld hinauf- und durch den grünen Gemstobel auf Schweizer Seite abzusteigen.

Von der Garschina-Hütte geht's auf dem südlichen Teil des Rätikon-Höhenwegs – »wohl die schönste Rätikonwanderung überhaupt« (Flaig) – weit, weit hinüber zur Schesaplana-Hütte. Man steigt dabei nie unter 1900 m ab, nie über 2250 m hinauf, quert in weiten Bögen eine Reihe von stillen Hochkaren und ignoriert konse-

quent vier Übergänge nach Norden, schaut rechts gebannt zu den gewaltigen Südwänden des Hauptkamms auf, links weit hinein in die Bündner Berge. Die 4 1/2 Stunden reine Gehzeit hält nur ein Dummkopf ein, vernünftige Menschen verbringen einen ganzen Tag auf dieser Strecke. Nach dieser so erholsamen Etappe wendet sich die Route wieder in Richtung Montafon, und die zweite Hälfte beginnt gleich mit dem spektakulärsten Abschnitt: dem kühn angelegten Schweizer Weg. Er leitet – das System von Bändern, Rinnen und Felsspornen geschickt ausnutzend – durch die Alpsteinwand in den Schesaplanasattel und zum knapp 3000 m hohen Gipfel hinauf. Die Prüfungen für Angst und Nerven in der immerhin 600 m hohen Wand lassen sich von trittsicheren Gehern leicht bewältigen, sind doch die ausgesetzten Stellen entschärft, weil bestens gesichert. Die Gipfelrast über dem Brandner Gletscher – die halbe Schweiz und das ganze Vorarlberg vor Augen – kann bei Wetterglück eine Sternstunde bedeuten.

Der Abstieg am Schesaplanasteig erfordert im oberen Teil noch einmal die ganze Aufmerksamkeit. Entlang der Steinwüste der Toten Alpe und von der Mulde des Totalpsees hinunter zum aufgestauten Lüner See kann man es dann »laufen lassen«. Auf der Uferstraße oder spätestens an der Douglass-Hütte treffen wir nun auf geballte Menschenmassen: die schafft die Bergbahn zur Hütte. Aber diese Begegnung beweist uns nur um so nachdrücklicher, wie relativ einsam wir an allen anderen Orten und Wegen dieser Wanderung sind.

Landschaftsgerechtes Bauen im Gebirge: Hier hat sich der SAC hohe Verdienste erworben, zum Beispiel auch mit der 1968 errichteten Garschina-Hütte unterhalb der mächtigen Sulzfluh-Südwestwand. Während durch diese Riesenmauer natürlich nur extrem schwierige Kletterrouten führen, ist die Sulzfluh über die flach geneigte Nordseite auch von Wanderern leicht zu ersteigen.

Für den beschaulichen Ausklang sorgt die letzte Etappe am Lüner Weg über die gleichnamige Krinne, also Scharte, ins Rellstal mit grünen Alpwiesen, schattigem Wald, einem malerischen Talschluß mitsamt freundlichem Gasthof. – Da hoffen dann nicht nur Fußkranke auf eine Fahrgelegenheit ins Illtal.

18 Sechs Joche um Litzner und Seehorn

Aus dem Schweizer Prättigau in die Silvretta

Schweiz/Österreich
Silvretta
3–4 Tage
▲▲▲▲

Talorte AP/EP Klosters-Platz, 1206 m, im Prättigau, bzw. Monbiel, 1291 m, ab hier Pkw-Fahrverbot, aber Busverbindung zur Alpe Sardasca, 1648 m.

Stützpunkte (1) Silvretta-H., 2341 m, SAC, 2 Std. von Alpe Sardasca, 1648 m. – (2) Saarbrücker H., 2538 m, DAV, 4 Std. ab (1) über Rote Furka, 2688 m – Klosterpaß, 2751 m – Winterlücke, 2832 m – Litzner Sattel, 2737 m, dreimaliger Grenzübertritt, kurze Gletscher- bzw. Firnstrecken mit Spalten! – (3) Seetal-H., 2065 m, SAC, unbew. Selbstversorgerhütte, 2.30 Std. ab (2) über Kromerlücke, 2729 m – Schweizer Lücke, 2745 m, mit kurzen Gletscherquerungen. – Abstieg 0.45 Std. zur Alpe Sardasca.

Hüttengipfel (1) Tällispitz, 2843 m, 0.45 Std. von der Roten Furka über unschwierigen Gratrücken. – Sonntagsspitze, 2881 m, von der Winterlücke 10 Min. in leichter Blockkletterei zum Gipfel. – (2) Östl. Kromerspitze, 2843 m, 0.30 Std. ab Kromerlücke, unschwierige Kletterei. – Westl. Plattenspitze, 2883 m, 1 Std. ab Schweizer Lücke – Plattenjoch, 2728 m. – Alle vier Gipfel sind problemlose Abstecher von den Hüttenübergängen.

Charakter Hochalpine, bei sicherem Wetter allerdings unschwierige Rundtour im noch wenig überlaufenen Teil der Silvretta. Gletschererfahrung und Trittsicherheit erforderlich! Seil und Pickel, evtl. Steigeisen!

Führer AV-Führer Silvretta, Flaig (Rother). – Kl. Silvretta- und Höhenweg-Führer, Flaig (Rother).

Karten SLK, 249, Tarasp. – FB, 373, Silvretta Hochalpenstraße–Piz Buin, jeweils 1 : 50 000. – FB, 37, Rätikon–Silvretta–Ferwall, 1 : 100 000.

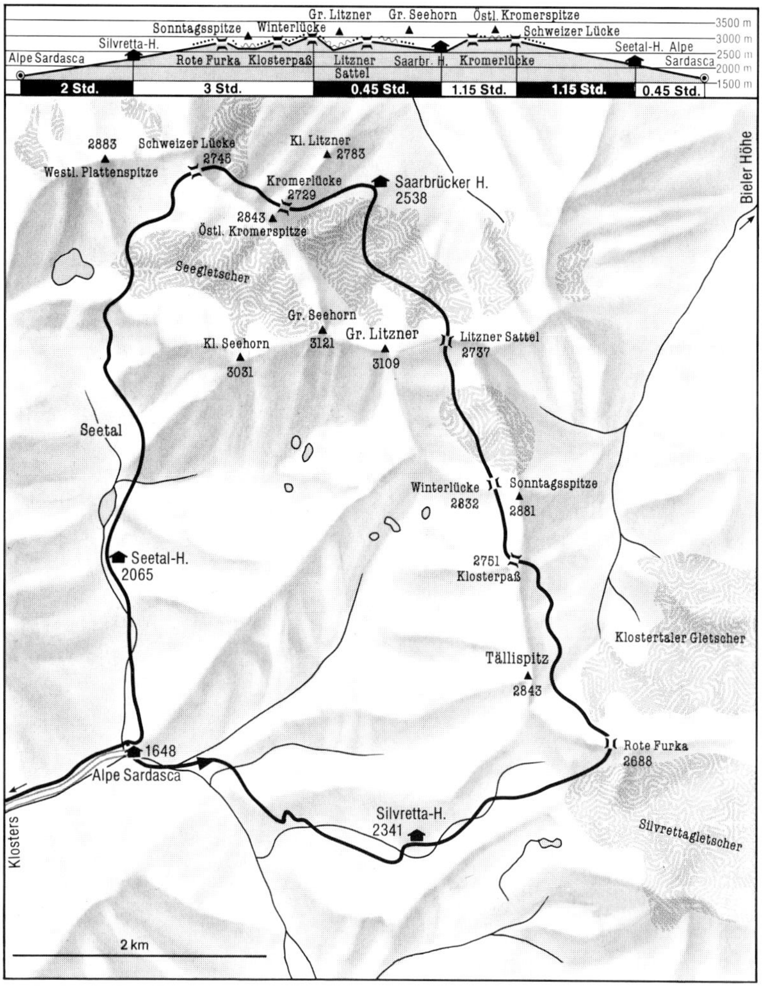

Großlitzner und Großseehorn, das markanteste Gipfelpaar im Grenzkamm der Silvretta, sind beileibe nicht nur von Norden her bewundernswert, weil dort jeden Sommer Zehntausende von »Sitzbergsteigern« mit einem leichten Antippen des Gaspedals zur Bielerhöhe kommen. Im Schweizer Prättigau geht es um vieles stiller zu, und aus dieser Stille heraus wird der Anblick der kühnen Felsgestalten zu einem um vieles stärkeren Erlebnis. Diese relativ wenig begangene, hochalpine Rundtour bietet bei normalen Verhältnissen Bergwanderern, die sich auch einfache Gletscherbegehungen zutrauen dürfen, die mit Seil und Pickel umgehen und einen Wetterumschlag parieren können, keine besonderen Schwierigkeiten.

Unsere Tour beginnt und endet im bekannten Skidorf Klosters, bzw. 100 m höher in Monbiel. Ab hier geht es zu Fuß oder mit einem Kleinbus-

Großlitzner (links) und Großseehorn, das eleganteste Gipfelpaar der Silvretta von Norden gesehen. Der tiefe Standpunkt des Fotografen läßt die Gipfelaufbauten flacher erscheinen, als es der Wirklichkeit entspricht. Knapp außerhalb des linken Bildrands befindet sich der Litzner Sattel, von dem wir über den Litznergletscher zur rechts gut erkennbaren Saarbrücker Hütte queren.

Ein Hüttenplatz mit Geschichte: An dieser Stelle baute der Schweizer Alpen-Club 1865 seine dritte Hütte. Bald kam ein Neubau, und 1910 übernahm die Sektion St. Gallen das inzwischen daneben von privater Seite errichtete Silvretta-Haus, das heute den bewirtschafteten Teil beherbergt.

Taxi die junge Landquart entlang zur Alpe Novai und bald links durch Wald hinein in das Sardascatal. 400 m über dem grünen Boden der Alpe Sardasca, bei deren Hütten die Fahrstraße endet, liegt übrigens in dem weiten Kar unter Sonntagsspitze und Winterberg die kleine Alpe, die der berühmten Berggruppe ihren Namen gegeben hat.

Nach 2stündigem Aufstieg von der Alpe Sardasca steht man vor den Silvretta-Hütten. Bereits 1865 – also in dem Jahr, als Weilenmann als erster den Piz Buin bestieg – errichtete der noch junge SAC hier seine dritte Hütte, die schon nach wenigen Jahrzehnten erneuert und erweitert wurde.

Der Übergang über vier Jöcher zur Saarbrücker Hütte beginnt mit dem Aufstieg zur Roten Furka. Der Weg führt dabei ein kurzes Stück auf der Moräne am Silvrettagletscher entlang, bis er links abbiegt und durch schwarz-rote Urgesteinsschrofen in die Scharte gelangt, wo wir den Grenzkamm das erste Mal überschreiten.

Von hier zieht nach links der breite Gratrücken zur Tällispitz – ein einsamer Abstecher für Gipfelsammler. Unser Weg führt aus der Roten Furka kurz bergab, quert mit geringem Höhenverlust nach links in Richtung Zollhütte (die man rechts liegen läßt) und erreicht mit einem steilen Schlußanstieg den Klosterpaß. Nun nicht absteigen, sondern waagrecht auf deutlichem Weg in die schrofige Westflanke der Sonntagsspitze und die letzten Meter etwas mühsam empor in die Winterlücke. Die Sonntagsspitze, von der Scharte in 45 Minuten leicht zu ersteigen, lohnt sich nun nicht nur für Gipfelsammler, denn von den am Weg gelegenen leichten Gipfeln dieses Tags hat sie die schönste Aussicht zu bieten – ein vielleicht nicht einsamer, aber doch idealer Rastplatz! Von der Winterlücke traversieren wir vorsichtig das Gletscherchen »Im Glötter« zum Litzner Sattel und sehen nur 200 m tiefer die Saarbrücker Hütte, die wie ein Schwalbennest auf einer Schulter im Ostgrat des Kleinlitzner klebt.

Aus unmittelbarer Nähe können wir hier den Gipfelaufbau des Großlitzner inspizieren, vielleicht einigen verspäteten Kletterern zuschauen, bis wir über den Litznergletscher zur Hütte hinunterlaufen.

Anderntags erlaubt das langsame, gleichmäßige Steigen auf dem steilen Weg zur Kromerlücke auch Langschläfern ein sanftes Erwachen. Dann geht es mit um so größerer Aufmerksamkeit in weitem Bogen über den kleinen Kromerfirn, durch einen Schutthang auf den Schweizerfirn und an dessen oberem Rand fast eben zum Blockgrat mit der Schweizer Lücke.

Wer der Jöcher und Gipfel noch nicht genug hat, spaziere in wenigen Minuten am markierten Weg zum nahen Plattenjoch und auf dem AV-Steig zum Vorgipfel der westlichen Plattenspitze, schließlich in leichter Kletterei auf den Gipfelblock. Wer am Vortag die Sonntagsspitze »mitgenommen« hat, der blickt nun genau aus entgegengesetzter Richtung zu Großseehorn und Großlitzner.

Von der Schweizer Lücke, dem insgesamt fünften Wechsel über den Grat- und Grenzkamm, steigen wir leicht linkshaltend durch weite Trümmerhänge in die Mulde des Schottensees, an ihm links vorbei und über eine Steilstufe ins Seetal mit der unbewirtschafteten SAC-Hütte. Knapp 1 Stunde später auf der Alpe Sardasca ist die Runde um Großlitzner und Großseehorn dann wirklich endgültig geschafft.

19 Der östliche Lechtaler Höhenweg

Zwischen Parseierspitze und Muttekopf

Österreich
Lechtaler Alpen
5–7 Tage
▲▲▲△

Talorte AP Grins, 1015 m, bei Landeck (Arlberg-Bahn/-straße). – EP Imst, 828 m (Arlberg-Bahn/-straße).

Stützpunkte (1) Augsburger H., 2340 m, DAV, 3.30 Std. von Grins. – (2) Memminger H., 2242 m, DAV, 4.30 Std. von (1) auf dem Spiehler-Weg über Gatschkopf, 2945 m – Patrolscharte, 2844 m – Wegscharte, 2585 m (stellenweise Sicherungen). – (3) Württemberger Hs., 2220 m, DAV, 4.30 Std. von (2) über Seescharte, 2664 m – Großbergjoch, 2493 m – Großbergkopf, 2657 m. – (4) Steinsee-H., 2040 m, ÖAV, 4 Std. von (3) über Gebäudjöchl, 2452 m – Roßkarscharte, 2400 m – Steinkarscharte, 2320 m. – (5) Muttekopf-H., 1934 m, ÖAV, 6 Std. von (4) über Östl. Dremelscharte, 2426 m – Galtseitejoch, 2423 m – Muttekopfscharte, 2630 m (Unterbrechung/Abstieg zur Hanauer H., 1920 m, möglich).

Hüttengipfel (1) Parseier Spitze, 3036 m, 3 Std. über den Grinner Ferner (Vorsicht: Steinschlag! Nur für Geübte!). – (2) Oberlahmsspitze, 2658 m, 1.30 Std. – Seekopf, 2718 m, 1.30 Std. – (4) Dremelspitze, 2741 m, 2.30 Std., leichte Kletterei (II) am bez. Purtscheller-Weg. – Muttekopf, 2673 m, wenige Min. von der Muttekopfscharte.

Charakter Hochalpine Übergänge, nur für erfahrene und konditionsstarke Bergwanderer! Pickel und Reepschnur/Seil erforderlich! Im Frühsommer erhöhte Vorsicht auf nordseitigen Firnfeldern!

Führer AV-Führer Lechtaler Alpen, Groth (Rother). – Kl. Führer Lechtaler Alpen, Groth (Rother).

Karte FB, 35, Lechtaler und Allgäuer Alpen, 1 : 100000.

Zwischen Lech und Inn, zwischen den Allgäuer Kalkalpen und dem Urgestein des Ferwall, am Arlberg beginnend, am Wetterstein endend, liegt der längste geschlossene Gebirgszug der Nördlichen Kalkalpen: die Lechtaler Alpen. Ihnen fehlen die berühmten Berge und die Ausstrahlung benachbarter Gruppen, obwohl hier der einzige Dreitausender der Nördlichen Kalkalpen steht, obwohl ein ausgezeichnetes Wanderwegenetz vorhanden ist und obwohl ihre Landschaft zauberhafte Kostbarkeiten enthält: etwas mürbe, schräg bis senkrecht geschichtete Kalkplatten, steilste Grünflanken, karge und einsame Kare, verträumte Seeaugen ... Von den Bergsteiger-Massen, die sich – auf der Suche nach Abenteuer, Einsamkeit, Selbstbestätigung, Zu-sich-Finden oder tatsächlich Erholung – alljährlich in die Berge stürzen, bleibt ein Teil natürlich an den Lechtalern »hängen«, aber er verteilt sich wie überall sonst. Die Mehrheit konzentriert sich in den Gebieten mit leichteren Wegen und Gipfelanstiegen, die Minderheit nimmt sich die anstrengenderen und schwierigeren Routen zum Ziel.

Unser Weg vom Kernstück der Lechtaler aus nördlich und südlich am Hauptkamm entlang nach Nordosten bleibt ständig über der 2000-Meter-Grenze, also in absolut hochalpinen Regionen. Man muß auch im Hochsommer in den schattseitigen Nordflanken mit Firnfeldern rechnen, auch im August mit Neuschnee. Die zahlreichen steilen Geröllflanken und kurze, meist gesicherte Felspassagen erfordern absolute Trittsicherheit.

Zu den stilleren Bereichen gehört im Zentrum des Lechtaler Kamms das Massiv der Parseier Spitze, die dem Bergsteiger neben ihrer außergewöhnlichen Höhe vor allem viel – zu viel! – brüchigen Fels bietet. Die Augsburger Hütte dient daher nicht nur als Ausgangspunkt für den höchsten Lechtaler Gipfel; mindestens ebenso wichtig ist sie als Stützpunkt am Ende bzw. Anfang des Augsbur-

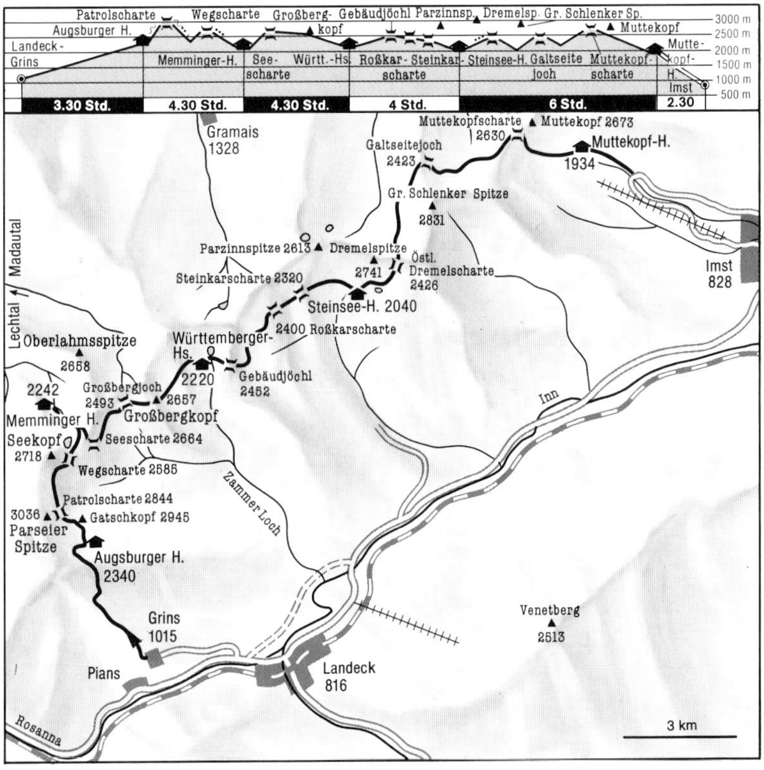

ger Wegs, dem weitaus schwierigsten Höhensteig der Gruppe. Wir ersparen unseren Nerven diesen Abschnitt und testen zunächst nur die Kondition beim 3stündigen, steilen Hüttenanstieg von Grins herauf. Für Leib und Seele der Geschundenen sorgen der junge Hüttenwirt und die grandiose Aussicht zum dunklen Urgestein von Kaunergrat und Ferwall.

Anderntags geht es etwas mühsam auf den Gatschkopf, den »Ersatzgipfel« für die stolze, aber halt für Wanderer zu schwierige Parseier Spitze nebenan. Mit der Überschreitung des Gatschkopfs zur nahen, häufig vereisten Patrolscharte umgeht man zugleich die heikle Gasillschlucht und den Grinnerferner. An der Scharte beginnt der interessante Felsensteig des Spiehler Wegs zu Wegscharte und Memminger Hütte. Man steigt zunächst 300 m durch schrofiges Gelände – teilweise gesichert – zu den Resten des Patrolferners auf, quert das Schuttfeld zu einer ebenfalls mit einem Drahtseil gesicherten Felsrippe und erreicht jenseits leicht ansteigend durch steile Fels- und Schuttflanken die Wegscharte. Erleichtert läuft man nach dem alle Aufmerksamkeit erfordernden Wegstück hinunter zu den reizenden Seewiseen und zur Memminger Hütte, wo sich strenge alpine Formen und idyllische Almkuppen so anregend mischen.

Die Variante für rastlose Bergläufer verzichtet auf diesen Abstieg und quert von der Wegscharte nordseitig direkt zur Seescharte, die der bummelnde Wanderer erst am nächsten Morgen als ersten Rastplatz auf der Etappe zwischen Memminger und Württemberger Haus erreicht. Von der Scharte folgen wir dem Weg in der Südostflanke der Kleinbergspitze zum Großbergjoch und über den Gipfel des Großbergkopfs in den Kessel des obersten Medriol und zur Hütte.

Aus dem see- und quellenreichen Medriolkar wandern wir übers Gebäudjöchl ins nächste Riesenbecken des Starkenkessels, bleiben hier stets oben an den Südhängen und steigen an einem Drahtseil durch eine heikle Rinne in die Roßkarscharte im Südostsporn der Hinteren Gufelspitze auf. Unter dem Gufelgrasjoch vorbei laufen wir zur engen Steinkarscharte, schließlich durch grüne Hänge und lichte Latschenbestände zur Steinsee-Hütte.

Da die anspruchsvollsten Abschnitte nun hinter uns liegen, fällt es in der Folge schwer, den vielen Versuchungen zum Rasten, Schauen und Träumen zu widerstehen. So am Steinsee gleich hinter der Hütte, an den Parzinnseen und (als großartigem Abstecher!) am Gufelsee – tiefgrüne Seeaugen zwischen Fels, Schutt und Firn, unter Lechtaler Riesenkulissen.

Im Parzinnbecken, das man über eine der Dremelscharten erreicht und in dem die freundliche Hanauer Hütte steht, fühlt man sich bei aller Wildheit des Felskamms doch geborgen. Aufregende Momente gibt's dann erst wieder am Weiterweg zur Muttekopf-Hütte über Galtseitejoch, Kübelwände und Muttekopfscharte, von der man in ½ Stunde zum aussichtsreichen Muttekopf steigt. Und noch der gesicherte Steilabstieg am Drahtseil ins Kar hinab salbt die Nerven.

Als interessanter Abschluß der Tour – für den, der noch einen Tag anhängen kann – bietet sich statt des direkten Abstiegs ins Tal der Imster Höhenweg an, der über den nach Südosten gerichteten Felskamm des Larsenngrats zum Laggersberg und 1500 m hinunter in die alte Tiroler Stadt führt.

An der Vorderseite einer grüngesäumten Terrasse steht die große Memminger Hütte zwischen Parseier Tal und Kleinbergspitze.

Die Parseierspitze, von der Seescharte gesehen. Wir können ausgezeichnet den schwierigsten Abschnitt, die »Schlüsselstelle« des »Spiehlerwegs« einsehen: Man kommt von der Augsburger Hütte über die verfirnte Patrolscharte (links oben), steigt das – teilweise bis aufs Blankeis ausgeaperte – steile Schneefeld und in der felsigen Zone bis zu der Trasse ab, die die große Firnfläche unter der Gipfelwand zum kleinen Zackenkamm des Parseierjochs und weiter im Schutt zur nicht mehr sichtbaren Wegscharte quert. Das Bild veranschaulicht, aus welch mürbem Gestein dieser einzige Dreitausender der Nördlichen Kalkalpen gebaut ist. ▷

20 Der östliche Ferwall-Höhenweg

Im dunklen Gneis zwischen Silvretta und Arlberg

Österreich
Ferwall-Gruppe
5–7 Tage
▲▲▲△

Talorte AP Pettneu, 1223 m (Arlberg-Bahn). – EP St. Anton, 1284 m (Arlberg-Bahn).

Stützpunkte (1) Edmund-Graf-Hs., 2408 m, ÖAV, 3 Std. ab Pettneu. – (2) Niederelbe-H., 2300 m, DAV, 4 Std. ab (1) über Rifflerweg – Schmalzgrubenscharte, 2650 m – Kieler Weg. – (3) Darmstädter-H., 2384 m, DAV, 6 Std. ab (2) über Hoppe-Seyler-Weg/Östl. Fatlarscharte, 2809 m (dort Kieler Wetter-H., offener Notunterstand). – (4) Friedrichshafener-H., 2138 m, DAV, 5.30 Std. ab (3) über Ludwig-Dürr-Weg/Rautejöchl, 2755 m. – (5) Konstanzer Hütte, 1765 m, DAV, 4 Std. ab (4) über Schafbüheljoch, 2636 m, bez. – Abstieg 1.30 Std. durch die Rosannaschlucht nach St. Anton.

Hüttengipfel (1) Hoher Riffler, 3162 m, 2.30 Std., bez. Steiganlage, nicht ganz leicht! – (2) Fatlarspitze, 2986 m, 2.45 Std., leichte Kletterei. – (3) Scheibler, 2978 m, 1.45 Std. – (4) Gaisspitze, 2779 m, 1.45 Std. – (5) Scheibler, 2978 m, 3.30 Std., leicht.

Charakter Hochalpine, gute Kondition erfordernde Wanderung mit kurzen Firnpassagen. Kleiner Pickel und Seil/Reepschnur empfehlenswert. Im Frühsommer nur für absolut sichere Geher!

Besonderer Hinweis Wenn am Hoppe-Seyler-Weg im Frühsommer noch harte Schneefelder, dann Übergang besser über Seßladjoch, 2749 m.

Führer AV-Führer Ferwall-Gruppe, Malcher/Luzian (Rother).

Karten FB, 37, Rätikon–Silvretta–Ferwall-Gruppe, 1 : 100 000. – Besser: FB, 372, Arlberg–Paznaun–Ferwall, 1 : 50 000.

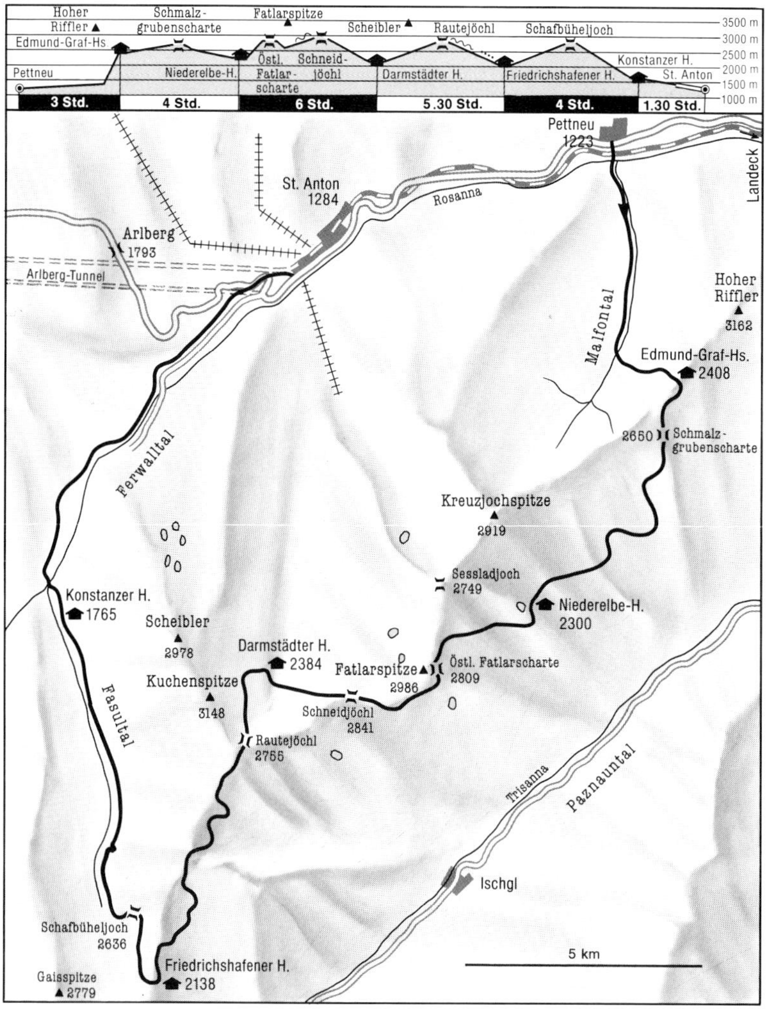

Das Ferwall ist ein als mächtiges Dreieck ausgebildeter Urgesteinswall zwischen Arlberg, Montafon und Paznaun, drei Gebieten also, die in weiten Bereichen mit Seilbahn- und Liftanlagen erschlossen sind. Was diese die Landschaft verschandelnden Errungenschaften betrifft, so hat das Ferwall fast nichts zu bieten. Dennoch steht es auch im Sommer im Schatten einer benachbarten, berühmteren Gruppe – der Silvretta. Die höchsten, dunklen Granitkolosse des Ferwall – Patteriol, Kuchenspitze und Hoher Riffler, allesamt stolze Dreitausender – werden von den geologisch gleichgearteten, aber ungleich mächtiger vergletscherten, größeren und glänzenderen Silvrettagipfeln übertrumpft.

Diese Umstände wirken sich deutlich auf die Anziehungskraft aus, und so durchwandert man das Ferwall – außer vielleicht im August – nicht auf überlaufenen, sondern meist einsamen Höhenwegen. Da diese Konstellation auch auf die Hütten zutrifft, kommt der Bergwanderer hier auch auf Jöchern und Scharten bis auf die Gipfel seiner Erwartungen – komplette Ausrüstung, alpine Erfahrung und gute Kondition vorausgesetzt!
Bald nach dem Aufbruch in Pettneu sind mit dem Lärm der Arlbergstraße alle Zivilisationsqualen vergessen. Man steigt auf der Almstraße ins Malfontal hinein, bis der Weg kurz vor der

Hinteren Malfon-Alm links steil zum Edmund-Graf-Haus hinaufführt. Für den Hüttenberg, den Hohen Riffler, rechnet man mit 2 1/2 Stunden für den Aufstieg und 1 1/2 Stunden für den Abstieg. Man sollte diesen aussichtsreichen Gipfel nicht auslassen, denn bei frühem Aufbruch und guten Verhältnissen kann man noch am selben Tag am Rifflerweg in die Schmalzgrubenscharte aufsteigen, und am Kieler Weg, über den grünen Böden der Dias-Alpe zwei weite Karkessel ausgehend, die Niederelbe-Hütte am Seßsee erreichen.

Anderntags leitet der Hoppe-Seyler-Weg mitten hinein ins Herz des Ferwall und in die größeren Abenteuer: Die Überschreitung der östlichen Fatlarscharte enthält kurze, gut gesicherte Fels- und Schrofenabschnitte, die Trittsicherheit und Mut erfordern. Die Rast im Schneidjöchl fasziniert mit dem Prachtblick auf das schwarze und weiße Massiv von Kuchen- und Küchelspitze. Anschließend geht es steil über Schneereste, Schutt und Schrofen hinunter ins oberste Moostal zur Darmstädter Hütte. Statt am Hoppe-Seyler-Weg kann dieser Übergang auch über das Seßladjoch erfolgen.

Am nächsten Tag geht es am Ludwig-Dürr-Weg über den Küchelferner (Achtung: Spalten und Randkluft!) zum Rautejöchl, dann ständig in oder unter dunklem Granit auf der Ostseite des abknickenden Hauptkamms durch drei Karmulden, die zum Teil noch kleine Firnfelder bergen, weit hinüber zur Friedrichshafener Hütte. Freundlicher ist am folgenden Tag der Rückweg nach St. Anton. Zwar beginnt er mit einem 1 1/2stündigen Aufstieg zum Schafbüheljoch, aber hier gibt's als Lohn doppelt schöne Aussichten: einmal für die Augen – zur Silvretta und zum Patteriol; außerdem fürs Gemüt – weil es ab hier nur mehr bergab geht. Durch das Fasultal unter den Felskaskaden des Patteriol wandern wir zur Konstanzer Hütte und weiter durch die düstere Rosannaschlucht, bis uns das im Sommer gar nicht so exklusive St. Anton empfängt. Hier lauert das mutmaßlich gefährlichste Wegstück auf uns: die Überquerung der Arlbergstraße!

Blick in das oberste Seßladtal mit Fatlarspitze (links oben) und Rugglespitze (Mitte), an die sich rechts das Seßladjoch anschließt. Links über dem Talschluß steht auf einem Absatz die Niederelbe-Hütte. Der Kieler Weg zieht durch die rechten Talflanken zur Hütte, der Hoppe-Seyler-Weg steigt steil hinauf zur Östlichen Fatlarscharte, die sich oben links, knapp außerhalb des Bildes, befindet.

21 Über die Braunarlspitze

Im Westen von Lech und Zürs

Österreich
Lechquellengebirge
3–4 Tage
▲▲▲△

Talort AP/EP Buchboden, 910 m, im Gr. Walsertal.

Stützpunkte (1) Biberacher H., 1846 m, DAV, 3.30 Std. von Buchboden über die Ischkarnei-A. – (2) Göppinger H., 2245 m, DAV, 5 Std. von (1) über Fürggele, 2145 m – Braunarlspitze, 2649 m, (Weimarer Steig z. T. ges., nur für Geübte). – (3) Freiburger H., 1918 m, DAV, über dem Formarinsee, 3 Std. von (2) über Johannes- und Formarinjoch. – Abstieg 5 Std. über Lange Furka, 2014 m – Laguzer Sättele, 1737 m – Klesenza-A., 1589 m, nach Buchboden.

Hüttengipfel (1) Hochkünzelspitze, 2397 m, 1.30 Std. über AV-Steig. – (2) Hochlichtspitze, 2600 m, 1.15 Std. über AV-Steig. – (3) Rote Wand, 2704 m, 3.30 Std. auf AV-Steig, z. T. ges., Trittsicherheit und Schwindelfreiheit erforderlich.

Charakter Mit Überschreitung der Braunarlspitze anspruchsvoller, hochalpiner Übergang, der dem weniger geübten Bergwanderer jedoch eine zahmere Variante bietet. Freiburger H. wegen des kurzen Zustiegs an Wochenenden überlaufen!

Führer AV-Führer Lechquellengebirge, Flaig (Rother).

Karten FB, 36, Bregenzerwald, 1 : 100 000. – FB, 362, 363 und 372, jeweils 1 : 50 000 (leider ungünstige Kartenausschnitte).

Diese Tour verlief noch vor wenigen Jahren in den »Klostertaler Alpen«, heute führt sie durch das »Lechquellengebirge«. Diese »neue« Bezeichnung löst im Gegensatz zur alten nun keine fragenden Blicke mehr aus, gibt sie doch eindeutig Auskunft über die Lage der Gruppe: Wie ein Hufeisen fassen nämlich ihre Berge die Quellen des Lech ein. Zwischen Voralpen und Hochgebirge findet man hier neben einigen berühmten Kletterbergen viele stumpfe Kuppen aus Kalkstein, zahlreiche Bergseen, herrlich grüne Kämme und weltferne Ödkessel über winkelig versteckten Talböden.

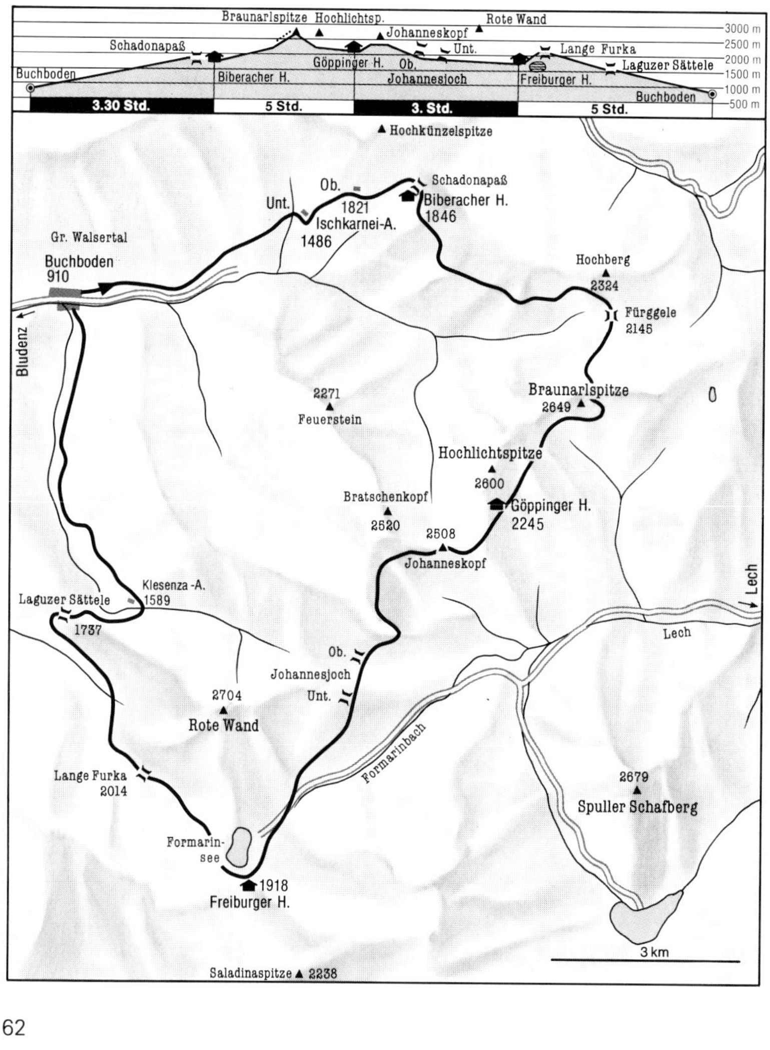

Die Wanderung beginnt im innersten Winkel des großen Walsertals bei Buchboden, indem wir gemütlich zu den grünen Alpböden des Schadonapasses aufsteigen, an dem die Biberacher Hütte steht. $3^1/_2$ Stunden Aufstiegsmühe halten viele Faule ab, und so genießt man die Stille am weiten Kamm, spaziert man noch ein wenig durchs Gelände und steht dann »zufällig« vielleicht noch auf der Wasserkluppe oder gar auf der Hochkünzelspitze.

Anderntags können wir auf dem anregenden, stellenweise gesicherten Weimarer Steig über den Gipfel der Braunarlspitze oder weniger schwierig, jedoch mit geringem Höhenverlust durch den hintersten Metzgertobel und die Alpschellen zur Göppinger Hütte am Gamsboden gelangen. Der erste, alpin gewürzte Weg ist aufregend schön, verlangt allerdings bei einigen Felsstufen leichte Kletterei (I). Zudem kann man in der Nordseite auch im Hochsommer noch auf Firn- bzw. Eisfelder treffen, wo dann ein kleiner Pickel recht hilfreich ist. Die Überschreitung setzt sich fort am Braunarl-Steig und am Höhenweg

unter dem Hochlicht zur Hütte. Die leichtere Variante ist eine alpine Promenade in abgeschlossenen Hochkesseln, unter Felszinnen und winzigen Firnzungen.
Vom Gamsbodenjoch wird am nächsten Tag am vielgerühmten Höhenweg zur Freiburger Hütte erst die totenstille Senke der Johanneswanne ausgelaufen, dann nach einem kurzen Zwischenanstieg auf die aussichtsreiche Johanneskanzel – Steilhänge und Rinnen querend – zum Johannesjoch abgestiegen. Sanfter geht es schließlich um den Ostsockel der Roten Wand herum zum Formarinjoch und fast eben hoch über dem Topf des Formarinsees zur Hütte.
Ein abwechslungsreicher Bummel über zwei Jöcher und durch ein einsames Steinwildrevier setzt zum Schluß der Wanderung ein paar ruhigere Akzente: Über die Lange Furka und das Laguzer Sättele erreichen wir die kleine Sommersiedlung auf der Klesenza-Alpe, wo es frische Milch gibt. Dann traben wir durch das Hutlatal hinaus nach Buchboden.

Das Massiv der Braunarlspitze vom Körbersee über dem Hochtannbergpaß, also genau von Nordosten her gesehen. Links oben die Karrenfelder der »Butzen«, anschließend die Gipfel von Butzenspitze, Kleinspitze und der Braunarlspitze selbst; zwischen den Felsabbrüchen eingelagert das einsame Kar der Hochgletscherwanne. Gut zu erkennen ist der Verlauf des Weimarer Steigs, der vom Fürggele (rechts von der Baumgruppe verdeckt) über den Nordgrat den Gipfel erreicht.

22 Durch die Allgäuer Hornbachkette

Stille Hochkare über dem jungen Lech

Österreich/Deutschland
Allgäuer Alpen
3–4 Tage
▲▲▲△

Talorte AP Holzgau, 1095 m, im österreichischen Lechtal; oder Oberstdorf, bzw. Spielmannsau, 983 m, auf deutscher Seite. – EP Hinterhornbach, 1084 m (Straße/Bus nach Vorderhornbach im Lechtal).

Stützpunkte (1) Kempter H., 1844 m, DAV, 3.30 Std. von Holzgau durch das Höhenbachtal und über das Westl. Mädelejoch, 1968 m, 5 Std. von Oberstdorf, bzw. 3 Std. von Spielmannsau. – (2) Hermann-von-Barth-H., 2131 m, DAV, 4.45 Std. von (1) über Östl. Mädelejoch, 2033 m – Krottenkopfscharte, 2350 m – Schafscharte, 2320 m, stellenweise ges. Steiganlage. – (3) Kaufbeurer Hs., 2007 m, DAV, 6 Std. von (2) auf dem Enzensperger-Weg über Balschtesattel, 2262 m – Luxnacher Sattel, 2094 m – Griesscharte, 2418 m – Schwärzersattel, 2433 m; im Schrofengelände zwischen Griesscharte und Schwärzersattel Sicherungen, Vorsicht bei Nässe oder Schnee! Kinder an Reepschnur! – Abstieg 2 Std. nach Hinterhornbach.

Hüttengipfel (1) Gr. Krottenkopf, 2657 m, 0.45 Std. aus der Krottenkopfscharte am bez. Normalanstieg. (2) Östl. Plattenspitze, 2486 m, 1 Std. auf bez. Steig über die Wolfebnerscharte, unschwierig. – (2) Bretterspitze, 2609 m, 0.20 Std. von der Route oberhalb des Schwärzersattels. – Weitere Gipfel sind Kletterern vorbehalten.

Charakter Ausdauer, Orientierungssinn und Trittsicherheit erfordernde Übergänge, am Enzensperger-Weg nicht immer ganz leicht.

Besonderer Hinweis Das Kaufbeurer Hs. ist eine Selbstversorgerhütte, die an Sommerwochenenden beaufsichtigt wird; u. U. im Tal nach Schlüssel erkundigen.

Führer AV-Führer Allgäuer Alpen, Zettler/Groth (Rother). – Kl. Führer Heilbronner Weg mit anschl. Höhenwegen, Groth (Rother). – Ringbuchführer Allgäu, Waltenberger/Groth (Rother).

Karten BLVA, Allgäuer Alpen, 1 : 50 000. – FB, 35, Lechtaler und Allgäuer Alpen, 1 : 100 000.

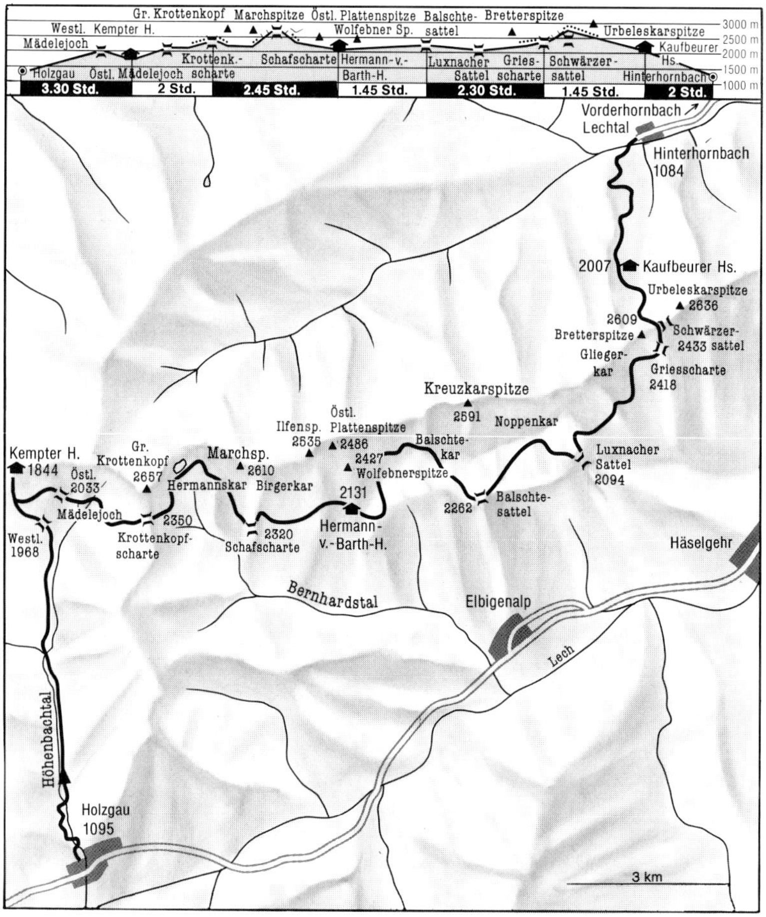

Wer beim Bergwandern vor allem der Einsamkeit auf der Spur ist, kann getrost zu dieser Tour in die Allgäuer Berge aufbrechen, denn nicht der Hauptkamm oder die nach Norden vorstoßenden Seitenäste sind das Ziel, sondern die nach Süden, dem Lechtal zustrebende Hornbachkette. Man steigt am Enzensperger-Weg sozusagen im Windschatten der berühmten, in Mode gekommenen Höhenwege fort in die Stille.

An der Kempter Hütte verlassen wir die Heerstraßen der Allgäuer Alpen. Wo es rechts zum Heilbronner Weg, links zum Hochvogel geht und übers Westliche Mädelejoch europäisch ferngewandert wird, steigen wir geradeaus übers Östliche Mädelejoch zu den obersten Böden des Roßgumpentals. Nach Überschreitung der Krottenkopfscharte – evtl. mit Abstecher zum höchsten Allgäuer Gipfel – sind wir schon im Hermannskar, dem »Musterkar« für alle folgenden.

Drahtseilgesichert führt der Steig weiter zur Schafscharte südlich des wuchtigen Hermannskarturms und hinab ins Birgerkar. Von hier aus gelangt man weniger dramatisch ins Wolfebnerkar zur Hermann-von-Barth-Hütte – vor eine reizende Bergsteiger-Hütte, die von einem Hufeisen aus Felsen umgeben ist.

Der folgende Enzensperger-Weg führt durch fünf Kare: durchs gewaltige Balschtekar am oberen Rand entlang, durchs Noppenkar auf der mittleren Terrasse, dann nach dem Luxnacher Sattel unter Sattel- und Wolleckleskar dahin ins Gliegerkar. Durch eine steile Felsrinne kommen wir ins Griesschartl, queren am gesicherten Steig die Ostflanke der Bretterspitze (Vorsicht bei Schnee!) und erreichen deren breiten Nordostrücken bei einem Wegweiser oberhalb der Schwärzerscharte. Das Urbeleskar am Weg nach Hinterhornbach – vorbei am unbewirtschafteten Kaufbeurer Haus – mischt dann schroffste hochalpine Felslandschaft mit den ersten Reizen der Vegetation. Für den Riesenabstieg über 1400 Höhenmeter sollte man sich Zeit lassen, den Kniegelenken und dem Gemüt zuliebe. In Hinterhornbach haben dann alle gesunden Entbehrungen ein Ende.

An der Grenze zwischen Vegetation und Schuttwüste steht das einsame Kaufbeurer Haus im »stein-reichen« Urbeleskar. Der etwas mürbe Kalkgipfel ist die Urbeleskarspitze, der markante Einschnitt rechts oben die Schwärzerscharte. Unsere Route berührte den Paß selbst nicht, sondern führt an den Schutt- und Schrofenflanken rechts oberhalb vorbei ins Urbeleskar.

23 Am Allgäuer Hauptkamm

Vom Biberkopf bei Warth zum Haldensee bei Tannheim

Österreich/Deutschland
Allgäuer Alpen
4–6 Tage
▲▲▲△

Talorte AP Warth, 1494 m, bzw. Lechleiten, 1512 m, im obersten Lechtal. – EP Haldensee, 1123 m, im Tannheimer Tal.

Stützpunkte (1) Rappensee-H., 2091 m, DAV, 2.30 Std. von Lechleiten über Salzbüheljoch, 1875 m. – (2) Kempter H., 1844 m, DAV, 6 Std. von (1) über Heilbronner Weg (Trittsicherheit!). – (3) Prinz-Luitpold-Hs., 1846 m, DAV, 6.30 Std. von (2) über Fürschießersattel, 2207 m – Rauheck, 2384 m – Wildenfeld-H., 1692 m (Notunterstand) – Himmelecksattel, 2007 m. – (4) Landsberger H., 1810 m, DAV, 6 Std. von (3) über Jubiläumsweg und Saalfelder Weg. – Abstieg 3 Std. zum Haldensee bei Tannheim über Strindenscharte, 1870 m.

Hüttengipfel (1) Biberkopf, 2602 m, 2.30 Std., z. T. ges. Steig; kann beim Hüttenanstieg überschritten werden. – Hohes Licht, 2651 m, 1 Std. als Abstecher vom Heilbronner Weg. – Mädelegabel, 2645 m, 1.30 Std. als Abstecher vom Heilbronner Weg, nur für Geübte! – (2) Muttlerkopf, 2366 m, 1.30 Std. – (3) Hochvogel, 2594 m, 2.30 Std. – (4) Schochenspitze, 2068 m, lohnender Abstecher beim Abstieg ins Tannheimer Tal, 0.30 Std. ab Hütte.

Charakter Trotz starkem Andrang im Hochsommer große, ernste Überschreitung nur für ausdauernde und erfahrene Bergwanderer! Trittsicherheit und Schwindelfreiheit unerläßlich! Nur mit kompletter Ausrüstung!

Führer AV-Führer Allgäuer Alpen, Zettler/Groth (Rother). – Kl. Führer Allgäuer Alpen, Groth (Rother). – Kl. Führer Heilbronner Weg mit anschl. Höhenwegen und Klettersteigen, Groth (Rother).

Karten BLVA, Allgäuer Alpen, 1 : 50000. – FB, 35, Lechtaler und Allgäuer Alpen, 1 : 100000.

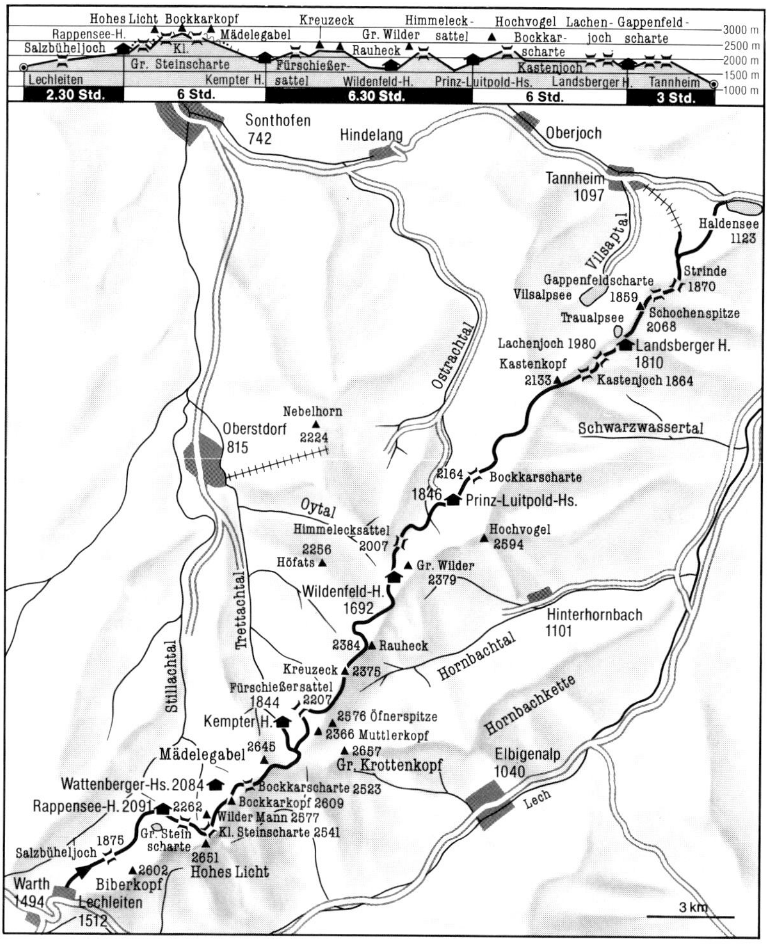

Die Allgäuer Alpen gelten als Musterbeispiel geschlossenen Kettengebirges: Der lange Hauptkamm riegelt die obersten Bereiche des Illertals geradezu hermetisch ab. Viele, die aus dem schwäbischen Voralpenraum die Berge stürmen, bleiben zunächst an diesem Bollwerk hängen. Manchmal hat man den Eindruck, der gesamte alemannische Stamm befinde sich hier auf einer alpinen Völkerwanderung. Wenn es bei der Tour in der Hornbachkette leicht fällt, relative Einsamkeit zu versprechen, so muß man bei dieser Überschreitung des gesamten Allgäuer Hauptkamms andere Maßstäbe anlegen. Zu berühmt sind die Glanzpunkte dieser Tour: die »Grasberge« mit ihrer Vielfalt an seltenen – und geschützten! – Pflanzen, drei anregende Höhenwege und schroffe, aber unschwierig ersteigbare Felsgipfel wie Hohes Licht, Mädelegabel und Hochvogel.

Nicht verschwiegen werden soll die Situation auf den Hütten im Allgäuer Hauptkamm: Übernachtungen können dort zu einem Erlebnis höchst zweifelhafter Art werden. Wer beispielsweise geglaubt hat, daß 300 (!) Schlafplätze auf einer Alpenvereinshütte zur Unterbringung der Bergwanderer ausreichen sollten, der wird hier an schönen Sommerwochenenden leicht vom Gegenteil überzeugt.

Von Hüttenromantik kann man da bestenfalls nur noch träumen. Andererseits lassen sich die Ansprüche von Heerscharen wohl nur in streng betriebswirtschaftlich organisierten Restaurations- und Beherbergungsbetrieben bewältigen. Der Übernachtungsrekord liegt bei 600–700 Gästen! Die Wanderung vom obersten Lechtal ins Tannheimer Tal gliedert sich in zwei vollkommen unterschiedliche Teile: einen dramatischen ersten Teil mit dem bergsteigerischen Höhepunkt am Heilbronner Weg und einen vergleichsweise epischen zweiten Teil mit dem Hochvogel als einzigem hochalpinen Knalleffekt. Die durchgehend gut markierten Wege sind teilweise raffiniert ausgesprengt und – wo notwendig – mit Drahtseilen und Leitern gesichert. Zu beachten ist die große Höhe, in der man auch im August von Schneefällen überrascht werden kann!

Blick vom Biberkopf den Allgäuer Hauptkamm entlang. In Bildmitte das Wiesteskar (»wüstes« Kar), das rechts vom Hohen Licht begrenzt wird. Links darüber baut sich die Kette mit Wildem Mann, Bockkarkopf, Hochfrottspitze und Mädelegabel sowie dem etwas abgesetzten Horn der Trettachspitze auf. Genau über dem Wiesteskar erkennt man den höchsten Allgäuer Gipfel, den Großen Krottenkopf. Die Rappensee-Hütte steht in dem schattigen Kessel, der links am Bildrand zu ahnen ist.

Blick vom Himmelecksattel zur wildesten Seite des Höfats, dem markantesten Grasberg der Allgäuer Alpen. Links im Hintergrund hebt sich das Horn der Trettachspitze einmal mehr deutlich vom Hauptkamm ab (vgl. Seite 67).

Für den Weg von Warth bzw. Lechleiten zur Rappensee-Hütte kommen zwei Möglichkeiten in Frage: der kurze, leichte, stets im grünen Alpgelände verlaufende Wanderweg über das Salzbüheljoch oder die Überschreitung des Biberkopfs, des südlichsten deutschen Gipfels. Letztere Variante ist anstrengend und verlangt leichte Kletterei (I), stellt für den Geübten allerdings den interessantesten Auftakt der Tour dar.

In der romantischen seichten Wanne des Rappensees beginnt der Heilbronner Weg. Man steigt durch die Große Steinscharte ins oberste Wiesleskar, dann in vielen Kehren hinauf zur Kleinen Steinscharte. Kurz davor verleitet rechts das Hohe Licht zu einem lohnenden Abstecher. Am künstlich angelegten Weg geht's nun von der Kleinen Steinscharte über die charakteristischen, gut gesicherten Felsbänder in der Südseite zur Eisenleiter am Steinschartenkopf und in der Ostflanke unter dem Gipfel des Wilden Mann vorbei zur Socktalscharte. Hier besteht bei einem Wettersturz eine Fluchtmöglichkeit zum Waltenberger-Haus. Über den – beim Abstieg vom Wilden Mann bereits genau inspizierten – teilweise breiten und plattigen Grat gelangen wir auf den Bockkarkopf und wieder hinunter zur Östlichen und Westlichen Bockkarscharte, dem Ende des eigentlichen Klettersteigs. Der Weg zur Kempter Hütte quert unter Hochfrottspitze und Mädelegabel den kleinen Schwarzmilzferner, dann auf der Südseite des Kamms unter dem Kratzer hindurch zum oberen Mädelejoch und in die grünen Böden um die Kempter Hütte.

Die nächste Etappe zum Prinz-Luitpold-Haus setzt deutlich andere Akzente: Zunächst einmal ist es spürbar ruhiger zwischen Fürschießersattel und Himmeleck; die Landschaft wird nun nicht mehr von schroffen Felsgipfeln, sondern von den typischen Allgäuer »Grasbergen« geprägt, deren Glanzstück, die Höfats, uns stundenlang gegenübersteht. Das Einzigartige an diesen grünen Steilflanken jedoch ist die alpine Flora, die sich hier in einer Vielfalt wie sonst nirgends in den Nördlichen Kalkalpen entwickeln konnte.

Man steigt also von der Kempter Hütte etwa 1 Stunde lang zum Fürschießersattel auf, quert durch das Hochkar »Im Märzle« unter den Krottenspitzen zur Schneide des Hauptkamms, dem man wie auf einem hohen Laufsteg bis zum grünen Gipfel des Rauhecks folgt. An dessen Nordgrat geht es ein kurzes Stück bergab, genau auf das grüne Pfeilerbündel der eleganten Höfats zu, dann bald rechts hinunter zum kleinen Eissee und durch die steile Westflanke der drei »Wilden« – hoch über dem Boden der Käser-Alpe – zum Himmelecksattel hinüber. Lang erscheinende 1 1/2 Stunden wandert man schließlich durch das Bachgriekar zum großen Prinz-Luitpold-Haus. Der wegen seiner Aussicht vielgerühmte Hochvogel, eine etwas brüchige Felspyramide, die ihre Nachbargipfel weit überragt, kann auf dem stellenweise gesicherten Normalweg ohne große Mühe erstiegen werden. Dann aber beginnt der lange, beschauliche Auslauf dieser Tour über Jubiläums- und Saalfelder Weg, nur mehr in 1500–2200 m Höhe, auf anregenden Wegen, die nur da und dort mit Geröllhalden, Schrofenrinnen oder Blockkaren gespickt sind. Man geht noch einmal viel auf und ab zur kleinen Landsberger Hütte über dem Traualpsee und steigt zögernd mit mehreren Rasten zum Haldensee bei Tannheim ab – oder am Höhenweg zur Bergstation des Neunerkopf-Sessellifts.

24 Zwei Höhenwege unter dem Kaunergrat

Eis und Urgestein unter der Wildspitze

Österreich
Ötztaler Alpen
3–4 Tage
▲▲▲△

Talorte AP Feichten, 1289 m, im Kaunertal (Straße/Bus von Landeck bzw. Prutz im Inntal). – EP Gepatsch-Hs., 1928 m, DAV, im Talschluß des Kaunertals, an der Gletscherstraße zum Weißseeferner.

Stützpunkte (1) Verpeil-H., 2025 m, DAV, 1.45 Std. von Feichten. – (2) Kaunergrat-H., 2811 m, ÖAV, 3.30 Std. von (1) über Madatschjoch, 3010 m, u. U. kurze Gletscherpassage, Spalten! – (3) Riffelsee-H., 2293 m, DAV, 3 Std. von (2) über Cottbuser Höhenweg, kurzer Abschnitt mit Sicherungen, aber leicht. – (4) Taschach-Hs., 2434 m, DAV, 2.30 Std. über Fuldaer Höhenweg. – Abstieg 4 Std. über Sexegertenferner – Ölgrubenjoch, 3050 m, zum Gepatsch-Hs.

Hüttengipfel (2) Parstleswand, 3091 m, 1 Std. über Geröll und Blockwerk, leicht. – (4) Bliggspitze, 3454 m, 3.30 Std., am Normalweg unschwierig, aber Gletscher und Blockwerk, nur für erfahrene Geher! – Wildspitze, 3772 m, 4–5 Std., große Gletschertour, nur für erfahrene Bergsteiger mit Steigeisen, Pickel und Seil!

Charakter Hochalpine Übergänge mit Firn- und Gletscherabschnitten; bei günstigen Firnverhältnissen und gutem Wetter nicht schwierig. Komplette Hochtourenausrüstung mit Pickel und Wetterschutz!

Besondere Hinweise Beim Wirt der Verpeil-H. erkundigen, ob Schneeiges oder Aperes Madatschjoch zu überschreiten ist; auf der Pitztaler Seite Spalten! – Paradeberg unter den Hüttengipfeln ist natürlich die Wildspitze; wer sich jedoch nicht absolut sicher auf Gletschern bewegen kann, sollte sich auch nicht von der Völkerwanderung auf den Berg zu dieser Tour verführen lassen. Führerhonorare sind hier gut angelegtes Geld!

Führer AV-Führer Ötztaler Alpen, Klier (Rother). – Kl. Führer Ötztaler Alpen, Klier (Rother).

Karten AV, 30/3, Kaunergrat–Geigenkamm, und AV, 30/2, Weißkugel, jeweils 1 : 25000. – FB, 251, Ötztal–Pitztal–Kaunertal, 1 : 50000.

Wer die im österreichischen Alpenanteil betriebenen Erschließungsmaßnahmen in den vergangenen 15 Jahren verfolgt hat, weiß, was es bedeutet, daß die Ötztaler und Stubaier Alpen im »heiligen Land« Tirol liegen: die rücksichtslose Vergewaltigung der Berge durch eine unheilvolle Allianz von verantwortungslosen Politikern und rücksichtslosen Geschäftemachern. Tuxertal und Stubaital mußten zuerst dran glauben, danach war die Zerstörung der Ötztaler Alpen nur noch Formsache. Der Rettenbachferner wurde dem Spleen der Sommerskifahrer geopfert, so daß sich die Söldner Bergbauernfamilien nun überhaupt nicht mehr von der Touristen-Invasion erholen können. Bald begann auch im Kaunertal die – bis zum endgültigen Baubeginn geheimgehaltene! – Planung für die Gletscherstraße und das skifahrerisch uninteressante Sommerskigebiet. Für dieses Vorhaben wurde der schönste Zirbenwald Tirols barbarisch zerstört! Schließlich durfte der vermeintliche Segen des Sommerskilaufs auch den Bauern des Pitztals, eines der ärmsten Täler Tirols, nicht verwehrt werden. Geflissentlich wurde dabei übersehen, daß Lebenstandard nicht immer identisch ist mit Lebensqualität. Das Absurde an diesen Erschließun-

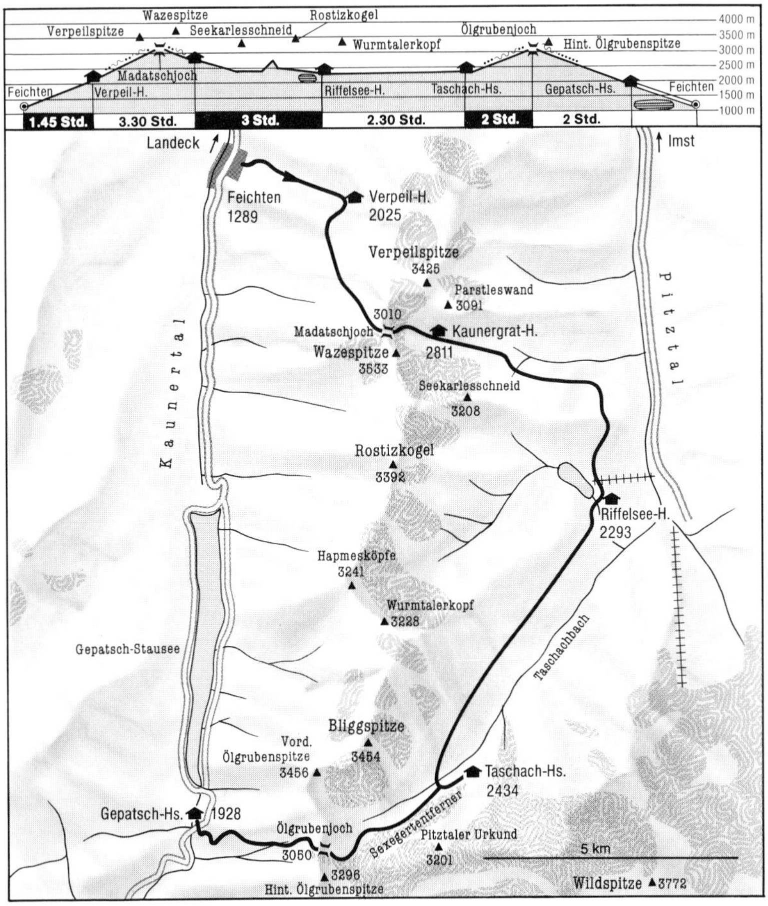

Das Herzstück des Kaunergrats mit dem höchsten Gipfel der Gruppe, der Wazespitze, und dem kühnsten, dem Seekogel, aus dem Flugzeug von Südosten fotografiert. Außerdem sind links der überfirnte Rostizkogel und unmittelbar vor dem Gletscherabbruch der Wazespitze die Seekarlesschneid zu erkennen. Im Vordergrund liegt der türkisfarbene Riffelsee in der ehemaligen Gletschermulde. An dem grünen Begrenzungsrücken stehen die kleine Alpenvereinshütte und rechts die Bergstation des aus dem Pitztal kommenden Sessellifts. Von der Hütte zieht waagrecht nach links der Fuldaer Höhenweg zum Taschach-Haus.

gen ist ihre Einseitigkeit, denn weder im Kaunertal und noch viel weniger im Pitztal war – und ist – die notwendige Infrastruktur für solche Projekte vorhanden. Sämtliche Folgeerscheinungen wurden konsequent ignoriert: die abrupte Veränderung der gewachsenen Strukturen, wenn die Bergbauern fast geschlossen in den Dienstleistungsbereich überwechseln; die totale Abhängigkeit vom Tourismus; die Beeinflussung durch die ständig anwesenden Fremden; die Jahre und Jahrzehnte drückenden Schuldenlasten nach übereilten Baumaßnahmen ... So kann das Freizeitparadies Alpen nur zu schnell zur Hölle für die dort lebenden Menschen werden.

Der für den Bergwanderer interessante Bereich der Ötztaler Alpen wird durch diese Tiroler Bauwut natürlich ständig verkleinert. Man muß ausweichen: im Hauptkamm ins Venter Tal oder in die drei nordwärts streichenden Kämme, von denen der Kaunergrat der eindrucksvollste ist. Als auffallend wilder, in den höchsten Zonen von Eisflanken geprägter Urgesteinskamm strebt er hinaus ins Inntal. Diesen aus den Talböden abweisend erscheinenden Kaunergrat in seinem Zentrum zu überschreiten, in seiner Ostflanke auf guten Höhenwegen zur Verbindungsscharte am eisigen Sokkel der Wildspitze zu wandern und schließlich über die Nahtstelle zum Hauptkamm wieder ins Ausgangstal zu gelangen, das ist eines der schönsten sommerlichen Bergwanderabenteuer zwischen Inntal und Vintschgau. Bei Regen, Sommerschnee, Nebel und dazugehörigen Kältegraden multipliziere man Anstrengung und Gefahren mit drei. Wirklich alpin gewürzt ist allerdings nur die erste Etappe, bei der das 3000 m hohe Madatschjoch zu überschreiten ist.

Die ersten – lange vor dem Sommerskigebiet erfolgten – Eingriffe im Kaunertal sehen wir beim Hüttenanstieg von Feichten zur Verpeil-Hütte: Eine häßliche Straße durchschneidet die bewaldete Steilstufe in das stille Hochtal und die Wasserfälle des Mühlbachs gibt es nur noch auf alten Ortsansichten zu bewundern, seine Wasser werden für die Energiegewinnung abgeleitet. Aber zunächst wollen wir ja die heile Welt erleben, und sie beginnt endlich bei der großartig gelegenen Verpeil-Hütte. In den einsamen Hochkaren des Tals hat man sogar ein bißchen nachgeholfen – dort wurden nämlich wieder Steinböcke angesiedelt.

Von der Verpeil-Hütte steigen wir nach Süden ins Kühkarle zwischen den Nadeln der Madatschtürme und dem Schwabenkopf, und weiter über den Madatschferner ins Madatschjoch unter dem wuchtigen Nordpfeiler der Wazespitze. In der Regel ist das – meist apere! – »Schneeige Madatschjoch« dem »Aperen« vorzuziehen (siehe »Besonderer Hinweis«). Der folgende Abstieg über den Plangeroßferner kann übrigens seine Tücken haben, also Vorsicht!

Ab der alten, mit strenger Disziplin regierten Kaunergrat-Hütte heilt man den Schock aus dem hochalpinen Erlebnis am Madatschjoch im interessanten Auf und Ab an trockenen Höhensteigen. Deren erster heißt Cottbuser Weg, zieht hoch und einsam überm Pitztalboden nach Süden und wartet mit märchenhaften Ausblicken und einer kurzen, gut gesicherten Felsrinne auf.

Bald hat man die schön gelegene Riffelsee-Hütte erreicht, auf der man Tage zubringen könnte, reizte es nicht, die sicher schönste Etappe auf dem »Fuldaer Weg« hinter sich zu bringen. Man bummelt hier von Augenweide zu Augenweide – das neue Sommerskigebiet bleibt hinter den Brunnenkögeln verborgen. Schließlich landet man dann hochzufrieden über der zerklüfteten Zunge des Taschachferners am Taschach-Haus der Sektion Frankfurt.

Am nächsten Tag am Ölrubenjoch – zwar einige Meter höher, doch wesentlich zahmer als das Madatschjoch – sollten wir nach gehöriger Rast die kurze Besteigung der hinteren Ölgrubenspitze wagen, denn hier überschauen wir wie von einem Feldherrnhügel die mächtige Gletscherwelt des Ötztaler Weißkamms. Am Gepatsch-Haus verlassen wir die heile Welt wieder: denn diese älteste Alpenvereins-Hütte, 1872 erbaut, ist heute zur Haltestelle der Buslinie zwischen Feichten und Sommerskigebiet degradiert: Hüttenschicksal?

Waze- und Verpeilspitze im Kaunergrat, dazwischen das Madatschjoch, vom Gipfel der Hohen Geige übers tiefe Pitztal hinweg fotografiert. Links der Hängegletscher des Planggerossferners, über den der »Eis-« und damit der Normalweg auf die Wazespitze führt. Die Kaunergrat-Hütte ist nur zu ahnen: auf dem Moränenkamm, der die Firnfläche unterm Madatschjoch rechts begrenzt. Unser Weg kommt aus dem Kaunertal über diesen Einschnitt und quert beim Erreichen des ersten Grün nach links in Richtung Riffelsee-Hütte. In der Ferne blinken die Firngipfel der Silvretta.

25 Unter den Kalkkögeln

Hoch über Stubai- und Inntal

Österreich
Stubaier Alpen
2–3 Tage
▲▲△△

Talorte AP Fulpmes, 937 m (Bahn/Bus von Innsbruck). – EP Mutters, 830 m, (Bahn/Bus nach Innsbruck bzw. Fulpmes).

Stützpunkte (1) Starkenburger-H., 2237 m, DAV, 2.45 Std. von Frohneben über Galt-A. – Knappen-H. – Kaserstatt-A. – (2) Adolf-Pichler-H., 1977 m, AAK Innsbruck, 3.30 Std. von (1) über Hoher Burgstall, 2611 m – Schlickerscharte, 2456 m – Seejöchl, 2518 m (direkter Weg ohne Hoher Burgstall 2.15 Std.). – (3) Mutterer A., 1608 m, priv., 5.30 Std. von (2) über Widdersbergsattel, 2262 m – Halsl, 1992 m – Saile, 2403 m – Pfriemeswand, 2103 m; Trittsicherheit erforderlich (einfachere Variante 4.30 Std., dabei ohne Saile-Besteigung vom Halsl über Birgitzköpfl-Hs., 2098 m, direkt zur Mutterer A.). – Abstieg 1.30 Std. nach Mutters (evtl. Gondelbahn), oder 2.30 Std. über Raitiser A. – Kreither A. nach Telfs/Fulpmes.

Hüttengipfel (1) Hoher Burgstall, 2611 m, wird von (1) nach (2) überschritten, Trittsicherheit erforderlich. – Schlickerseespitze, 2804 m, 1 Std. ab Seejöchl, mühsam. – (2) Saile, 2403 m, wird von (2) nach (3) überschritten, Trittsicherheit!

Charakter Ohne Gipfel einfacher Hüttenbummel unter schroffen Kalkzinnen. Burgstall- und Saile-Überschreitung sind unschwierig, erfordern jedoch Trittsicherheit und Schwindelfreiheit! Wegen der Nähe Innsbrucks und zahlreicher Anstiegshilfen viel begangen.

Führer AV-Führer Stubaier Alpen, Klier (Rother). – Kl. Führer Stubaier Alpen, Klier (Rother).

Karten FB, 241, Innsbruck–Stubai–Sellrain–Brenner, 1 : 50000. – AV, 31/5, Innsbruck und Umgebung, 1 : 50000.

Es gibt wenige Höhenwanderungen nahe einer großen Stadt wie Innsbruck, die so starke Eindrücke bieten wie diese Hüttentour rings um die Kalkkögel. Ein Blick auf die Landkarte zeigt, daß diese Kalktürme als nordöstlichste Bastion vom Urgesteinszug der Stubaier Alpen bis zur Olympiastadt hinausziehen: ein mächtiger, von scharfen Scharten eingerissener Felskamm, der im Süden – zusammen mit dem Sennesjoch – den Skikessel der »Schlick« umfaßt.

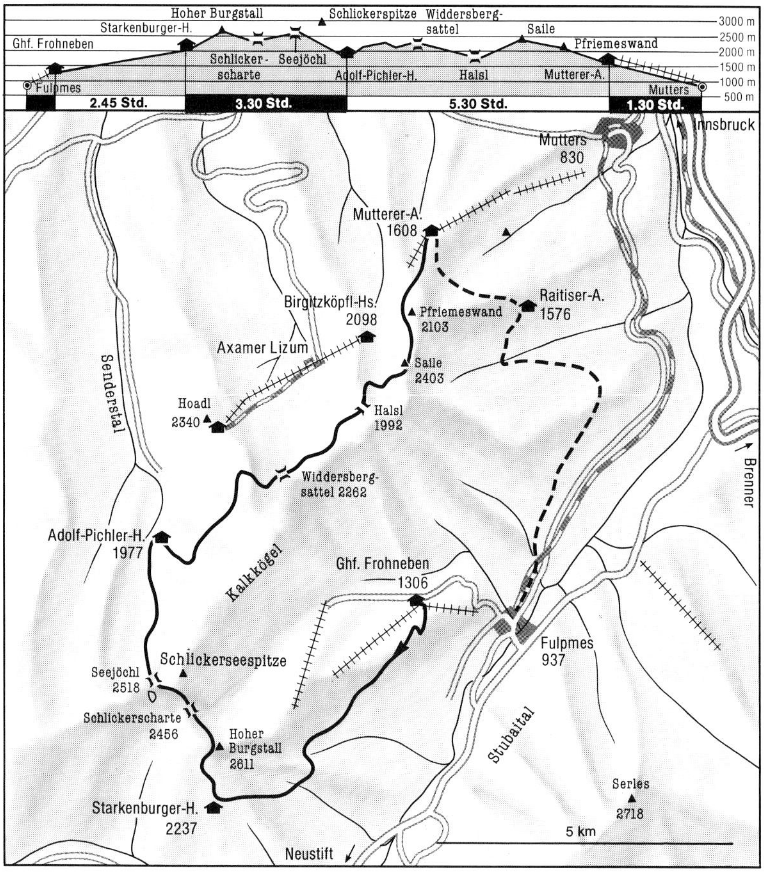

Wir benutzen nur die unterste Sektion des Liftesystems der »Schlick« bis nach Frohneben und folgen dann dem gesperrten Fahrweg in Richtung Starkenburger-Hütte, zunächst durch liebliche Lärchenwälder, bald am Höhenweg mit *der* Aussicht übers Stubai: gegenüber der wilde Kamm der Serles, daneben der Habicht mit dem steilen Mischbachferner unterm Gipfel, der Eiskamm um Freiger und Zukkerhütl, der faszinierende Einblick in den Aufbau des Oberbergtals bis zum breiten Alpeiner Ferner hinauf und nicht zuletzt der Stubaitalboden, der in seinem unteren Bereich als Musterbeispiel einer hemmungslos zersiedelten Landschaft Reize ganz anderer Art bietet. Wer diese Tour vernünftigerweise in drei statt zwei Tagen abläuft, übernachtet auf der Starkenburger-Hütte, die an einem der schönsten Aussichtsplätze der Stubaier Alpen steht – und an einem der informativsten obendrein. Der Weiterweg zur Adolf-Pichler-Hütte beginnt mit dem Hohen Burgstall, der zur obengenannten Aussicht noch den Blick auf die imposante Zackenreihe der Kalkkögel bietet (eine leichtere Variante umgeht den Hohen Burgstall). Über die Schlickerscharte

gelangen wir ins Seejöchl, an der Grenze zwischen Urgestein und Kalkfels, und zu den begrünten Karböden um die Adolf-Pichler-Hütte. Diese Seite wartet mit dem großzügigen Ausblick über das tief eingeschnittene Inntal zu Mieminger Kette, Wetterstein und Karwendel auf.
Anderntags wandern wir dicht am Sockel der Wände und Türme entlang, wenden uns unter dem Hochtenn nach Osten, sehen bald links unten die grüne Axamer Lizum, Rosi Mittermeiers Goldgrube, und beschließen die Parade der Kalkkögel am tiefen Einschnitt des Halsl.
Die Schlußetappe führt schön, anstrengend und Trittsicherheit erfordernd über den Gipfel der Saile und den Schrofenkamm der Pfriemeswand zur Mutterer Alm – oder ganz beschaulich über das Birgitzköpfl-Haus und das Pfriemesköpfl zum gleichen Ziel. Durch die Lärchenwälder des Inntaler Mittelgebirgs schwebt man dann per Lift, oder mit schweren Beinen, aber hochfliegenden Gedanken abwärts trabend, nach Mutters.

Der einsame Bergsteiger im Vordergrund blickt vom Widdersbergsattel über die riesigen Schuttreißen des Lizumer Kars zur breiten Marchreisenspitze und einigen bizarren Felsgestalten in deren Ostgrat, der rechts in der Malgrubenscharte endet. Besonders stechen die isoliert stehende Lizumer Nadel und die dreizackige Lizumer Spitze hervor.

26 Durch die zwei Welten des Stubaitals

Fünf Alpenvereinshütten und sieben Gletscher

Österreich
Stubaier Alpen
5–8 Tage
▲▲▲△

Talorte AP Neustift, 993 m, bzw. Oberiß-H., 1742 m, im Oberbergtal (Straße/Kleinbus von Neustift). – EP Parkplatz/Bushaltestelle »Beim Langen Tal«, 1369 m, 2 km von Ranalt.

Stützpunkte (1) Franz-Senn-H. 2149 m, ÖAV, 1.30 Std. von Oberiß-H. (Rucksack-Transport mit Materialseilbahn). – (2) Neue Regensburger H., 2287 m, DAV, 4 Std. von (1) über Schrimmennieder, 2714 m, z. T. ges. – (3) Dresdner H., 2308 m, DAV, 5.30 Std. über Grabagrubennieder, 2881 m. – (4) Sulzenau-H., 2191 m, DAV, 3.30 Std. über Trögler, 2902 m. – (5) Nürnberger H., 2278 m, DAV, 3.30 Std. über »Nacken« der Mairspitze, 2780 m. – Abstieg 2.30 Std. zur Straße oberhalb Ranalt.

Hüttengipfel (1) Rinnenspitze, 3000 m, 2.30 Std. durch die O-Flanke, unterm Gipfel ges., leichte Kletterei. – Ruderhofspitze, 3474 m, 5 Std. über Alpeiner Ferner, Eistour mit kurzer Kletterei, nur für Geübte mit Steigeisen, Pickel und Seil! – (2) Östl. Knotenspitze (Kreuzspitze), 3101 m, 2.30 Std., bez. Steiganlage. – (3) Egesengrat, 2631 m, 1 Std., oder 0.30 Std. als Abstecher vom Verbindungsweg zwischen (2) und (3). – (4/5) Wilder Freiger, 3418 m, jeweils 4 Std. über die Seescharte, nur für Geübte! Hochtour! – Mairspitze, 2780 m, kurzer Abstecher vom Übergang zwischen (4) und (5), großartige Aussicht!

Charakter Unschwierige Höhenwanderung, die allerdings alpine Erfahrung, Ausdauer und Trittsicherheit verlangt! Kurze Firnpassagen (Pickel), einige Stellen gesichert!

Führer AV-Führer Stubaier Alpen, Klier (Rother). – Kl. Führer Stubaier Alpen, Klier (Rother).

Karten FB, 241, Innsbruck–Stubai–Sellrain–Brenner, 1 : 50 000. – AV, 31/1, Hochstubai, 1 : 25 000.

Von der touristischen Erschließung des Stubaitals träumt so mancher Fremdenverkehrs-Obmann zwischen Bregenz und Wien, denn die dortigen Zustände muten unter deren speziellem Blickwinkel paradiesisch an: Im Sommer reicht das sportliche Angebot von Tennis bis Gletscherskilauf, im Winter vom Pistenzirkus bis Hallentennis. – Absurdes Freizeit-Theater in den Alpen? Mitnichten: zu nahe liegt das Stubaital vor den Toren der Großstadt Innsbruck, zu nahe vor allem am Ballungsraum München. Ohne dieses Hinterland wäre die Entwicklung unter dem Zuckerhütl nie möglich gewesen! Einsamkeit und alpines Abenteuer sind also dahin – oder doch nicht? Solange nämlich 90 Prozent der Stubaier Gäste die dunklen Urgesteinsstöcke und weitläufigen Gletschergebiete nur vom Tennisplatz, von Liegewiese, Talwanderwegen und Seilbahngondeln aus »erleben«, darf man getrost zu dieser längsten und schönsten Höhenwanderung durch die Stubaier Alpen aufbrechen. Durchaus interessant und anderswo gesammelte Erfahrungen bestätigend ist dabei der Treffpunkt von Wanderroute und Seilbahn-Trasse an der Dresdner Hütte: Da finden

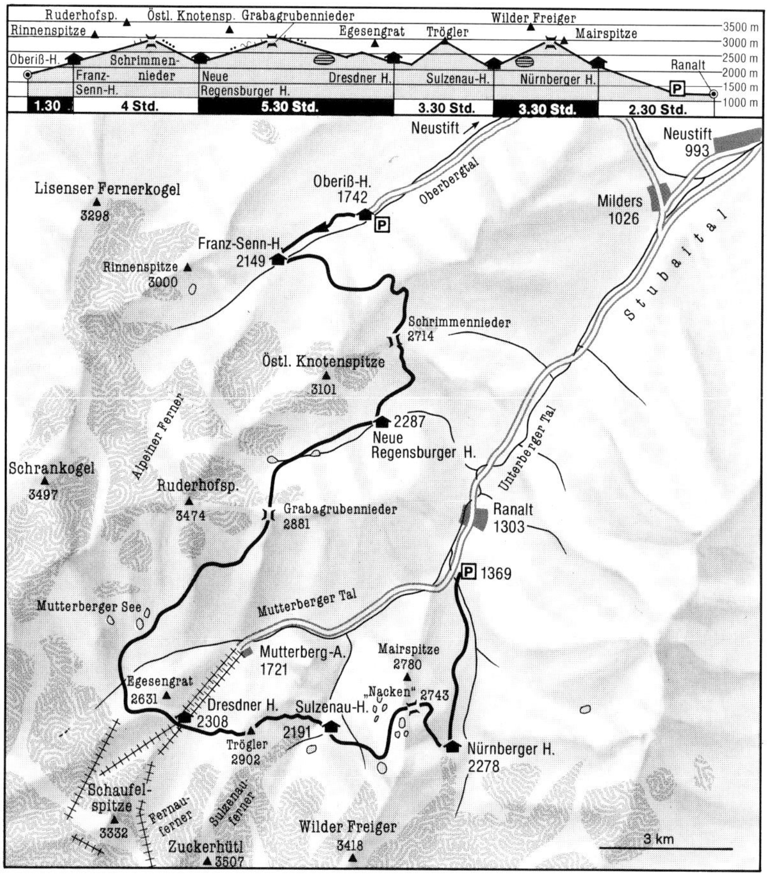

Der Wilde Freiger und seine Nordflanke mit dem Grünauferner, vom Anstieg zur Mairspitze gesehen. Den Vordergrund beherrschen der Grünausee und eine der idyllischen Lacken im grünen Schafgrübl. Die Felspyramide rechts des flachen Gletscherbeckens ist der Apere Freiger, dahinter erkennt man noch den Wilden Pfaff und das Zuckerhütl.

Ein schöner, zweckmäßiger Bau hat die 1975 zerstörte alte Sulzenau-Hütte ersetzt. Tagesgäste können hier gleich auf der Terrasse »abgefertigt« werden, Übernachtungsgäste wandeln im Innern auf vornehmen Teppichböden! Für Hüttenmuffel angenehm ist die geschickte Unterteilung der Gasträume, dank der man einem »zünftigen« Hüttenabend leicht ausweichen kann.

sich einen Steinwurf vom Massentourismus entfernt versteckte Badegumpen samt glatten Felsplatten zum Sonnen – ewige Geheimnisse für gehfaule Bahnbenutzer. Sämtliche Wege dieser Tour sind durchgehend markiert und in gutem Zustand. Die zweite Etappe zwischen Neuer Regensburger und Dresdner Hütte ist mit mindestens 5.30 Stunden Gehzeit reichlich lang, dazu verlangt sie alpine Erfahrung bei einer kurzen Firnpassage unter der Grabagrubennieder.
Zur ersten Hütte, der großen Franz-Senn-Hütte, war man früher von Neustift aus gut 5 Stunden unterwegs. Heute fährt man mit dem eigenen Wagen oder mit den regelmäßig verkehrenden Kleinbussen bis zur Oberiß-Hütte, wirft seinen Rucksack auf die Materialseilbahn und spaziert in 1½ Stunden bequem zur Hütte. Wer vor Mittag aufgestiegen ist, sollte noch zum kleinen Rinnensee oder zur Rinnenspitze bummeln, den ersten beiden von hundert stillen Rastplätzen auf dieser Tour.
Anderntags geht es auf dem Franz-Hörtnagel-Weg durch das »Kuhgschwetz«, unterm Unnützn Grübl vorbei zur Platzengrube, über die Schrimmennieder ins Falbeson-Hochtal und zur wunderschön gelegenen Neuen Regensburger Hütte.
Die nächste Etappe stellt hohe Ansprüche an die Kondition und verlangt stellenweise erhöhte Aufmerksamkeit. Der Steig führt durchs Hohe Moos, läßt den kleinen Falbesoner See rechts liegen, folgt ein Stück der Moräne des weit abgeschmolzenen Hochmoosferners und erreicht über einige steile Firn- (im Spätsommer Eis-)felder, die mit fixen Seilen gesichert sind, die Scharte der Grabagrubennieder. Hier öffnet sich der herrliche Blick auf den Stubaier Hauptkamm und den Kessel der Dresdner Hütte. In aller Ruhe läßt sich – mit Ausnahme des Abschnitts in der Sulzenau – der gesamte Weiterweg bis zur Mairspitze verfolgen. Die restliche Tagesstrecke bis zur Dresdner Hütte bietet dann keinerlei Schwierigkeiten mehr. Kurz vor dem Ziel passiert man den Egesengrat, auf dem sich die Zeit bis zum Betriebsschluß der Seilbahn und damit dem Ende des Touristen-Rummels im Hüttengelände genüßlich »absitzen« läßt.
Der »normale« Übergang von der Dresdner zur Sulzenau-Hütte benützt das Peiljoch. Eine Stunde länger, etwas anstrengender, aber unvergleichlich schöner ist der kleine Umweg über den Trögler, eine – wie auch am nächsten Tag die Mairspitze – *der* Aussichtskanzeln vor der Stubaier Gletscherszene: Unmittelbar gegenüber erblickt man die wilde Bruchzone des Sulzenaugletschers, darüber das Zuckerhütl samt allen seinen Pfaffen, rechts des langen Pfaffengrats dann die »neue« Stubaier Gletscherwelt mit Seilbahn- und Liftanlagen auf dem – aus Werbezwecken! – in Hochstubai-Gletscher umbenannten Daunkogelferner. Vom Trögler zielen wir dann auf den – von Kraftwerksplänen bedrohten – Kessel der Sulzenau-Alm bzw. auf die 150 m höher stehende, moderne Sulzenau-Hütte. Deren Vorgängerin – an anderer Stelle gelegen – war 1975 von einer Lawine weggefegt worden.
Der letzte Übergang ist der zahmste. Zunächst stromern wir am Sockel des Wilden Freiger entlang zum Grünausee, ignorieren standhaft die beiden abzweigenden Wege zur Seescharte und zum Niederl und steigen an vielen kleinen Lacken vorbei zum »Nakken« der Mairspitze. Auf den Gipfelzacken kann man getrost verzichten, denn der grandiose Ausblick bleibt der selbe. Durch Blockfelder führt der Weg weiter zur Nürnberger Hütte.
Bei guten und sicheren Verhältnissen können geübte Bergwanderer am nächsten Tag den Wilden Freiger angehen, der an seinem Normalweg über die Seescharte lediglich auf einigen steileren Firnfeldern Probleme bieten kann. Viel zu schnell ist man dann von der Nürnberger Hütte die vielen Kehren in den Grund des Langtals abgestiegen und würde Minuten später, an der Autostraße angelangt, am liebsten auf dem Absatz kehrtmachen …

27 Stille Umwege in die Brenta

Vom Val di Sole zum Tuckettpaß

Italien
Brenta-Gruppe
3–4 Tage
▲▲▲△

Talorte AP Malè, 724 m, im Val di Sole (Nonsbergtal), an der Tonalepaßstraße. – EP Madonna di Campiglio, 1522 m, Zentrum des Brenta-Tourismus (Bus nach Malè).

Stützpunkte (1) Rif. Peller, 1880 m, 1 Std. von Pra della Selva, 1479 m (= Bergstation der Bahn von Malè). – (2) Rif. Cacciatori Spora, 1838 m, 7 Std. von (1) über Pian della Nana – Malga Denno, 1692 m – Malga Pozzol di Flavona, 1636 m – Passo della Gaiarda, 2240 m. – (3) Rif. Tuckett, 2271 m, 5 Std. von (2) über Passo del Clamer, 2163 m – Bocca di Tuckett 2271 m; z. T. ges. Steig, kurze, harmlose Gletscherbegehung. – (4) Rif. Casinei, 1825 m, priv., 1 Std. Abstieg von (3). – (5) Rif. Vallesinella, 1513 m, priv., 0.45 Std. von (4), in der Regel Endpunkt der Tour, da Straße/Bus nach Madonna di Campiglio.

Hüttengipfel (1) Monte Peller, 2319 m, 1 Std., großartiger Aussichtsberg. – Ansonsten bietet die Brenta ihre berühmten Klettersteige, deren Aufzählung den Rahmen dieser Rubrik sprengen würde; diese Vie ferrate verlangen trotz vorbildlicher Sicherungsanlagen absolute Trittsicherheit und Schwindelfreiheit.

Charakter Ausdauer und Trittsicherheit erfordernde Bergwanderung ohne technische Schwierigkeiten; abseits der bekannten Routen, aber nicht weniger reizvoll. – Zwischen Passo del Clamer und Bocca di Tuckett im Frühsommer Schneefelder, evtl. kleiner Pickel empfehlenswert.

Führer Kl. Führer Brenta-Gruppe, Gatti (Rother).

Karten FB, 50, Brenta, Presanella, Adamello-Gruppe, 1 : 100 000. – TCI, D 64, Gruppo di Brenta, 1 : 50 000 (leider ohne Val di Sole, aber wegen des Maßstabs empfehlenswert).

Die Brenta-Gruppe wird im »Lexikon der Alpen« als die »westlichste Berggruppe der Dolomiten« bezeichnet. Gestein und Gestalt der Brentagipfel verleiten leicht zu dieser falschen Zuordnung, ein flüchtiger Blick auf die Landkarte läßt den Irrtum allerdings unverzeihlich – zumindest in einem Lexikon – erscheinen: Die Trennungslinie zwischen Dolomiten und Brenta-Gruppe ist immerhin der tiefe Etschgraben.

In erster Linie stellt die Brenta-Gruppe – das zeigen auch die beiden Fotos – ein Kletterparadies dar: Brenta alta, Crozzon, Cima d'Ambiez und besonders die feine, schlanke Säule der Guglia gehören zu den Traumzielen jedes guten oder extremen Kletterers. Dennoch befinden sich diese hier in der Minderheit, seit die wuchtigen Dolomitklötze und -nadeln mit Hilfe von Drahtseilen, Eisenklammern und Leitern auch für trittsichere und schwindelfreie Wanderer »präpariert« wurden. Der Bocchette-Weg, der in einigen Abschnitten waagrecht mitten durch senkrechte Felsmauern führt, hat so manchen Bergwanderer mit einem Schlag zum Klettersteig-Enthusiasten werden lassen.

Die berühmten Klettersteige und somit die Menschenmassen berührt man nur am Rande, wenn man sich auf abseits gelegenen Umwegen dem Kernstück der Gruppe nähert. Ausgangspunkt ist dann der Monte Peller, letzter und begrünter Pfeiler des langen, immer sanfter abfallenden Kamms, den die zentrale Gipfelgruppe zwischen Cima Tosa und Passo del Groste nach Norden entsendet. In strenger Nord-Süd-Richtung zunächst, dann scharf nach Westen abbiegend, stößt die Wanderung bis ins Herz der Brenta-Gruppe vor.

Vor dem ersten Schritt sollte man von einer alten Brenta-Regel wissen, nach der jeden Mittag Wolken aufzie-

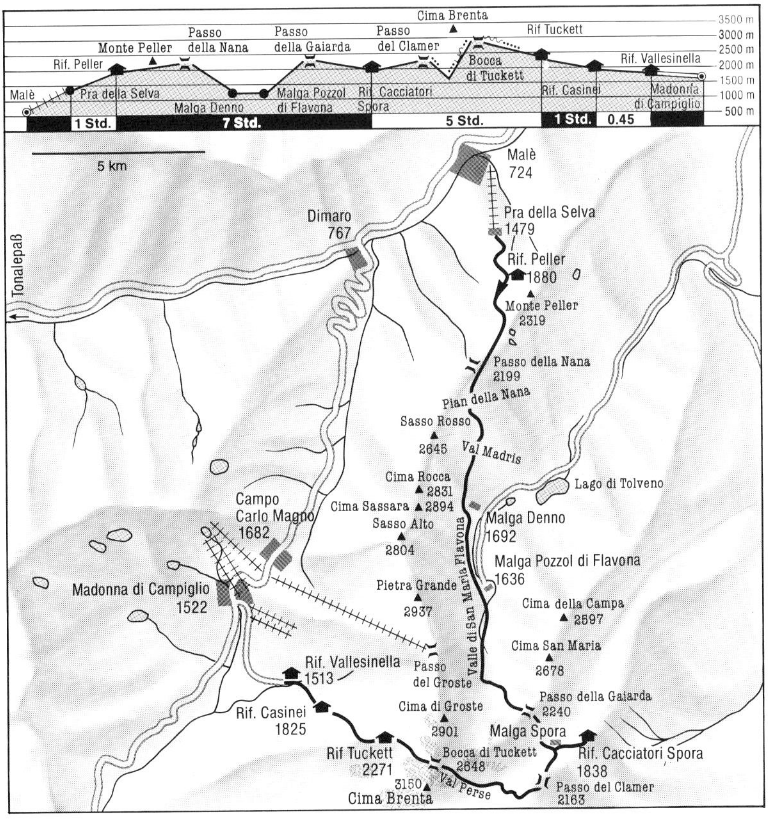

Blick von der Bocca di Tuckett nach Osten zur Cima delle Val Perse und zur Cima Roma, unter deren Wänden entlang unsere Hüttenwanderung zur Scharte ansteigt.

Der »Hütten- und Wegebau« stellte fast ein Jahrhundert lang eine der Hauptaufgaben der alpinen Vereine dar. In der Brenta-Gruppe führte die Erschließungstätigkeit in diesem Bereich zu ungewöhnlichen Ergebnissen. Als nämlich die Trentiner Alpinistenvereinigung SAT 1905 am Sockel des Castelletto Inferiore eine Hütte errichtete, das Rifugio Quintino Sella, stellte die Sektion Berlin des DuÖAV ein Jahr später ihre Tuckett-Hütte unmittelbar daneben (rechts im Hintergrund). Heute erscheint dies als zwar unbeabsichtigte, aber vorausschauende Entscheidung, denn die kleine Sella-Hütte hätte so oder so irgendwann einer Dependance bedurft. Der Ansturm der Bocchette-Weg-Aspiranten würde inzwischen ein drittes Gebäude mit Leichtigkeit füllen – ein Beispiel für die Wechselwirkung von »Hütten- und (Eisen-)Wegebau«! ▷

hen, um die Aussicht zu verderben. Also bricht man von allen Stützpunkten schon möglichst früh auf.

Zunächst geht es über die erste Einsattelung im langen Kamm, die Bocca Tasullo, zu zwei kleinen Seeaugen, dann über das bucklige Plateau der Nana-Alpe und, einem Steiglein an steilen Hängen hoch über dem kleinen Lago di Tovel folgend, zur Malga Tuenno. Es schließt sich das steinige Val Madris an, dann wandern wir bald bergab zur Malga Denno und weiter hinunter in die langgestreckte Valle di San Maria Flavona, eine tiefe Furche zwischen dem nördlichen Hauptkamm und der parallel verlaufenden Campa-Gruppe. Einsamer kann es in der Brenta nirgends sein! Hinter der Malga Pozzol di Flavona steigen wir durch den weiten Karboden des Cammpo die Flavona hinauf zum Weg Nr. 301, der das Rifugio Graffer mit dem Tagesziel, dem Rifugio Cacciatori Spora, verbindet. Auf ihm gelangen wir in südöstlicher Richtung zum nahen Gagliardapaß und schauen hinunter in den malerischen grünen Sporakessel, den wir über einige Felsstufen auf gutem Steig bald erreichen. Wo sich der Kessel zum Hochtal von Andalo hin öffnet, liegt das Rifugio.

Anderntags geht es am Weg Nr. 344 in knapp 1 Stunde zum Passo del Clamer, in dem ganz unvermittelt die zentrale Gipfelgruppe auftaucht. Gut 400 Höhenmeter verliert man beim folgenden Abstieg bis zum Weg Nr. 322, der von Molveno zur Bocca di Tuckett führt. Rund 1000 m sind im Anstieg dort hinauf zu bewältigen – ein schweißtreibendes Unternehmen, aber ein Genuß angesichts der wildromantischen Felslandschaft. Im Val Perse rückblickend, schauen wir in die 1000 m hohe Südwestwand des Croz dell'Altissimo, im Westen rückt die Ostwand der Cima Brenta immer näher.

Die Bocca di Tuckett selbst ist eine enge, torartige Kehle zwischen der steil aufragenden Cima Brenta und der Cima Sella. Vom Paß steigen wir vorsichtig über das Firnfeld abwärts, meist die Mitte des schmalen Gletscherlappens benützend, bis der Pfad zur früh sichtbaren Hütte führt, die unter der prächtigen Südwand des Castelleto Inferiore steht. Benannt ist die Hütte nach Francis Fox Tuckett, einem jener Briten, die die Erschließung der Alpen so entscheidend vorangetrieben haben. Zusammen mit seinem Landsmann Douglas William Freshfield stand er als erster auf dem Gipfel der Cima Brenta.

Wer auf der häufig überfüllten Tukkett-Hütte Platz zum Nächtigen findet und daher nicht direkt in die grüne Welt um das Rifugio Casinei und das Rifugio Vallesinella absteigt, der kann seine »Klettersteig-Eignung« am nächsten Tag am Sentiero Benini testen. Dieser Weg – mit der Nr. 305 markiert – stellt sozusagen die nördliche und etwas zahmere Fortsetzung des Bocchette-Wegs dar, indem er die Bocca di Tuckett und den weiten Grostepaß miteinander verbindet. Klettersteig-Neulingen seien »für die Moral« Brustgurt, Reepschnur und Karabiner empfohlen. Das Selbstwertgefühl steigt dabei weit über alle Brenta-Gipfel an ...

28 Zwischen Etsch und Eisack

Stille Höhenwege vor den Dolomiten

Italien
Sarntaler Alpen
2–3 Tage
▲△△△

Talorte AP Klobenstein, 1139 m (Seilbahn und Straßenbahn oder Straße von Bozen), bzw. Ghs. Pemmern, 1538 m (Talstation des Schwarzseespitze-Sessellifts). – EP Durnholz, 1558 m (Straße nach Sarnthein und Bozen).

Stützpunkte (1) Rittnerhorn-Hs., 2260 m, CAI, 3 Std. von Klobenstein bzw. 0.45 Std. von der Schwarzseespitze, 2070 m (Sessellift). – (2) Latzfonserkreuz-H., 2302 m., priv., 4 Std. von (1) über Gasteiger Sattel, 2057 m, und Jocherer-A. – (3) Marburg-Siegener-H. (Flaggerscharten-H.), 2481 m, CAI, 4 Std. von (2) über Fortschellscharte, 2299 m. – Abstieg 2 Std. nach Durnholz.

Hüttengipfel (2) Kassianspitze, 2581 m, 0.45 Std., leicht. – (3) Tagewaldhorn, 2706 m, 1 Std., leichte Blockkletterei, lohnend, auch mit Kindern möglich.

Charakter Herrliches, wenig überlaufenes Gebiet mit stets prachtvoller Aussicht zu den Dolomiten; ideale Familienwanderung mit gehtüchtigen Kindern.

Führer Kl. Führer durch die Sarntaler Alpen, Dumler (Rother). – Südtiroler Bergtouren, Menara/Rampold (Athesia).

Karte FB, 45, Bozen–Meran, 1 : 100 000.

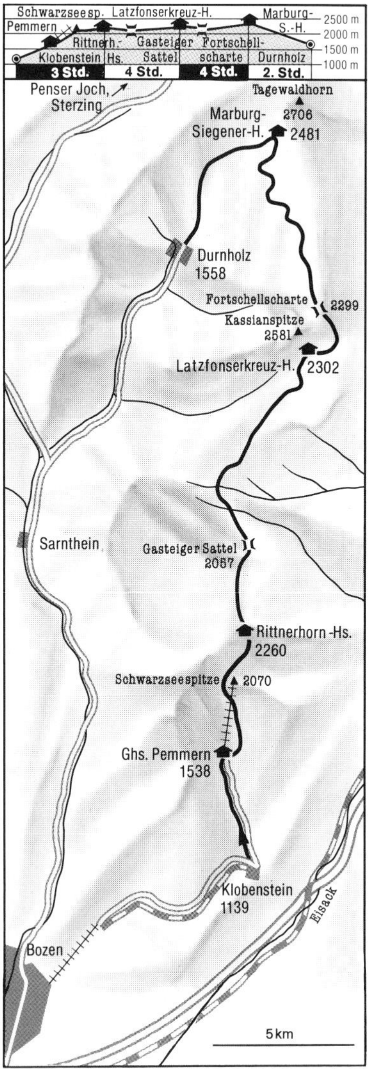

Als das stille Auge im Zentrum des Wirbelsturms, der in Form des Massentourismus über das Land hinwegfegt, erscheinen die Sarntaler Alpen Kennern und Liebhabern Südtirols. Während inzwischen sogar manchem Politiker dämmert, welch irreparable Schäden Menschen und Landschaft in den Dolomiten, im Burggrafenamt und Vintschgau zugefügt wurden, haben sich die Sarntaler Berge ihre stillen Reize bewahrt.

Zum eigentlichen Ausgangspunkt unserer Höhenwanderung führen verschiedene Wege. Die meisten benützen den schnellen mit Auto oder Bus über die neue Bergstraße. Umständlich, aber reizvoll ist es, mit der Seilbahn aus dem Bozener Bahnhofsviertel über Weinberge und Erdpyramiden nach Oberbozen hinaufzuschweben und mit der altmodischen Trambahn hinüber nach Klobenstein zu fahren. In 3stündigem Bummel geht es dann gemächlich aufs Rittnerhorn. Wer allerdings grundsätzlich mit Minuten geizt, kann auch vom Gasthaus Pemmern mit dem Sessellift zur Schwarzseespitze hinauffahren und in 45 Minuten zum Rittnerhorn hinüberlaufen.

Wie eine Modellandschaft breiten sich die westlichen Dolomiten hier vor dem Betrachter aus: Da leuchtet das Marmolada-Eis über die grüne Seiser Alm herüber, stellt die Langkofel-Gruppe ein Halbdutzend Kalktürme daneben, wird der Sellastock zur breiten Festung, drängen sich die Geislerspitzen ins Blickfeld, das Profil des Peitlerkofels; am nördlichen Horizont die Stubaier und Zillertaler Berge, im Süden der Dunst über den Höhenzügen der Vorberge.

Vom Rittnerhorn zielen wir nach Norden, passieren den Gasteiger Sattel, wandern ohne Hast durch die Wiesen von Villanders Alpe und Jocherer-Alpe, stehen nach 4 oder mehr Stunden vor Hospiz und Wallfahrerkapelle am Latzfonser Kreuz. Nun könnten wir am häufig begangenen Weg über die Klausener und Radlsee-Hütte nach Brixen absteigen. Statt dessen behalten wir die bisherige Richtung bei, queren zur Fortschellscharte und am Höhenweg durch die Westflanken von Schrotthorn und Jakobspitze zur Marburg-Siegener- bzw. Flaggerscharten-Hütte. Der Wechsel von den sanften Quarzphyllitbergen in die schroffere Schiefergneiszone wird nicht nur an den Geländeformen augenfällig, auch die Flora zeigt ihn an.

Wer an der Flaggerscharte nächtigt, sollte am Morgen noch geschwind den leichten Blockgrat auf das Tagewaldhorn hinaufturnen, um sich Stunden später mit neuer Kraft in den Alltag stürzen zu können – aber ganz langsam ...

Ein kleiner Ausschnitt aus unserem großen Dolomiten-Rundblick vom Sarntaler Ostkamm: links der Peitlerkofel im Profil, rechts die schattigen Nordwände der Geisler-Gruppe. Im Vordergrund der Radlsee mit seiner Hütte, die bei einer Abstiegsvariante dieser Tour berührt wird.

29 Polarzonen unter dem Adamello

Über das südlichste Gletscherplateau der Ostalpen

Italien
Adamello-Gruppe
3–4 Tage
▲▲▲▲

Talort Pinzolo, 780 m, im Valle Rendena. – AP/EP Rif. Bedole, 1641 m, priv., im Val Genova (Straße bis Alb. di Nardis, 919 m, dann Kleinbus).

Stützpunkte (1) Rif. Lobbia, 3020 m, CAI, 3.30 Std. auf dem Direktanstieg von (1), z. T. ges. Steig und Firnfelder (Rucksacktransport zur Hütte!). – (2) Rif. Garibaldi, 2570 m, CAI, 3 Std. von (2) über Vedretta del Mandrone – Passo Brizio (Biwakschachtel) – Vedretta del Venerocolo, große Gletschertour. – (3) Rif. Mandrone, 2448 m, CAI, 4.15 Std. von (3) über Passo del Venerocolo, 3136 m – Vedretta del Pisgana – Passo della Valletta, 3191 m, Gletscherquerung. – Abstieg 1.45 Std. zum Rif. Bedole.

Hüttengipfel (1) Lobbia alta, 3195 m, 0.30 Std., unschwierig. – Crozzon di Lares, 3354 m, 3 Std., unschwierig. – Adamello, 3554 m, 4 Std., für Geübte unschwierig, am besten im Übergang von (1) nach (2), ca. 7 Std. – (2) Punta del Venerocolo, 3325 m, 0.30 Std. ab Passo del Venerocolo, unschwierig. – Monte Venezia, 3291 m, und Monte Mandrone, 3283 m, jeweils 0.30 Std. ab Passo della Valletta. – Corno di Bedole, 3278 m, 1 Std. ab Passo della Valletta. Diese vier Gipfel lassen sich zu einer großartigen Überschreitung verbinden, dann 7–8 Std.

Charakter Technisch unschwierige, jedoch hochalpine Gletscherwanderung, nur für erfahrene Bergsteiger mit kompletter Ausrüstung (Steigeisen, Pickel, Seil). Trittsicherheit und Orientierungssinn erforderlich!

Führer Gr. Führer Adamello und Presanella, Lichem (Rother). – Kl. Führer Adamello- u. Presanella-Gruppe, Gatti (Rother).

Karten FB, 50, Brenta–Adamello–Presanella, 1 : 100000. – TCI, D 63, Gruppo Adamello-Presanella, 1 : 50000.

Südlich der Ortler-Gruppe und in erstaunlicher Nähe der niedrigen Poebene liegt die Adamello-Gruppe als südlichster ostalpiner Eisstock mit schier unabsehbaren Gletscherdekken und Gipfeln, die – auch das verblüfft – noch höher als Stubaier oder Zillertaler Berge aufragen. Die weiten, zum Teil fast topfebenen Gletscherflächen vermitteln arktische Eindrükke. Die echte Arktis, die Julius Payer wenige Jahre später als Forscher kennenlernte – eine seiner Expeditionen entdeckte 1873 Franz-Joseph-Land –, mußte er, der Offizier und Bergsteiger aus Leidenschaft, bereits auf seiner Erkundung der Adamello-Gruppe im Jahr 1864 vorausgeahnt haben. Hier hatte er sie schon in kleinerem Maßstab vor sich. Im Verlauf seiner kartographischen Arbeiten bestieg er als erster den Adamellogipfel.

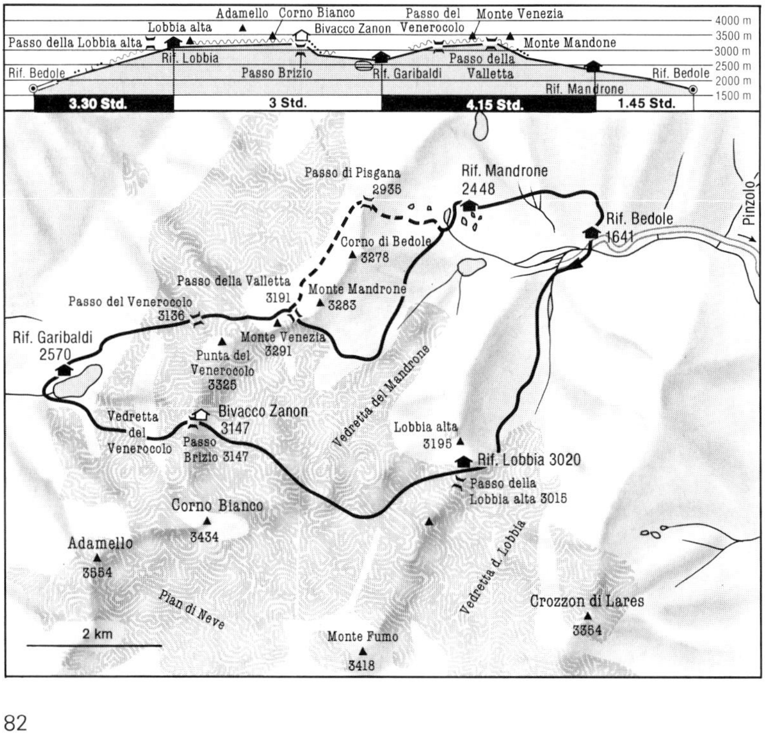

Man kommt vom Kletter- und Eisenweg-Paradies der Brenta her und läßt den Wagen auf dem Parkplatz in der Nähe der Nardis-Wasserfälle stehen. Das einst romantisch wilde, dann mit einer Autostraße »erschlossene« Val Genova ist – Gott sei Dank! – seit einigen Jahren für den allgemeinen Verkehr gesperrt. So gelangt man mit einem der regelmäßig verkehrenden Kleinbusse aus den Kastanienhainen in die herbe Urwelt beim Rifugio Bedole.

Von der Hütte im Talschluß des Val Genova, einem von abgeschliffenen, wasserüberronnenen Granitwänden umrahmten Waldkessel, führt der klassische Adamello-Anstieg über das Mandrone-Haus und das Rifugio Lobbia. Wer keinen Pokal zu gewinnen hat, kann auf diesem Umweg langsam an Höhe gewinnen. Von Jogging, Skigymnastik oder – besser! –

Inmitten trümmerübersäter Hänge steht das Rifugio Garibaldi wenige Meter über dem Lago di Venerocolo, in dem die alte Hütte nach der Aufstauung versunken ist. Von hier stürmen an den Wochenenden die Bergsteiger aus dem oberitalienischen Raum »ihren« Adamello. Unsere Hüttenwanderung führt über den weiten Schneesattel des Passo del Venerocolo zum obersten Pisganagletscher und weiter zum Rifugio Mandrone. Links oben der Monte dei Frati. Die Firnhänge rechts oben ziehen zur Punta del Venerocolo hinauf.

Wenige Meter oberhalb des Passo della Lobbia alta steht das Rifugio ai Caduti dell'Adamello, weniger umständlich Rifugio Lobbia genannt. Das kasernenartige Äußere der Hütte trügt: Sie ist innen durchaus gemütlich.

vielen Bergtouren durchtrainierte Bergwanderer dagegen steuern das Rifugio Lobbia ohne Umweg direkt an. Der Konditionstest des Aufstiegs über 1400 Höhenmeter wird jedoch erleichtert, wenn man den Rucksack vernünftigerweise mit der Materialseilbahn zur Hütte schickt.
Der Direktanstieg führt gut markiert durch lichten Wald zur Malga Matterot bassa, dann jedoch scheint eine breite Granitstufe, über die der Lobbiagletscher seine zerklüftete Zunge schiebt, dem Weg ein plötzliches Ende zu bereiten. Etwas steil und mühsam, aber gut gesichert läßt sich die Felspartie aber leicht überwinden.
Der Steig hält sich dann an die orographisch linke Seitenmoräne und erreicht schließlich über Firn den Passo della Lobbia alta, über dem das kasernenartige Rifugio steht. Bevor der Tag mit alpinen Meditationsübungen auf der Hüttenterrasse zu Ende geht, lohnt es sich, über den blockigen Südostgrat zum Gipfel der Lobbia alta aufzusteigen, um von hier erstmals die ungeheure Ausdehnung der Eislandschaft unter dem Adamello zu überblicken.
Am nächsten Morgen queren wir, in einem weit südlich ausholenden Bogen nur gering ansteigend, den breiten Mandronegletscher zu seinem westlichen Ufer – arktische Bilder im südlichen Dunst, mit dem Verstand allein nicht zu begreifen!
Ohne Orientierungsprobleme erreichen wir bei schönem Wetter den Passo Brizio mit dem verfallenden Notunterstand der Capanna Brizio und dem neuen Bivacco Zanon: bei Nebel oder sommerlichem Schneesturm ein wichtiger Fluchtpunkt am Rand der menschenleeren Gletscherwüste.
Der Passo Brizio ist auch Anlaufstelle für gipfelhungrige Hochgebirgswanderer, die – den Adamello buchstäblich vor Augen – auf den höchsten Gipfel der Gruppe nicht verzichten werden. Für die Gäste aller drei Stützpunkte, die bei dieser Hüttenwanderung berührt werden, ist er das Hauptziel, so daß meist gute Trassen bis zum Gipfel führen. Der Abstecher überrascht nicht mit besonderen technischen Schwierigkeiten, wenn man von der niemals zu unterschätzenden Gletscherstrecke einmal absieht. Aber dieser Weg ist lang und verlangt entsprechende Ausdauer – physisch und psychisch. Pickel, Steigeisen und Seil gehören bei der Tour mit oder ohne Adamello ohnehin zur Ausrüstung.
Vom Passo Brizio kann man bis zum Passo della Lobbia alta zurückschauen, aber auch den Weiterweg zum Rifugio Garibaldi am kleinen Lago di Venerocolo überblicken, wenn die Augen sich an der mächtigen Nordwand des Adamello satt gesehen haben.
Vom Paßeinschnitt leitet eine Firngasse steil zum Gletscher hinab, über den man schnurgerade hinuntersteigt. Ein bequemes und bezeichnetes Steiglein führt uns dann leidlich angenehm durch das Meer der Moränenbuckel, schließlich um den See herum zum neuen Rifugio Garibaldi (die alte Hütte ist im Stausee versunken).
Der Übergang zurück auf die Mandrone-Seite und ins Val Genova kann zu einem Freudentag für Gipfelsammler werden. Da wartet gleich nach dem Passo del Venerocolo die gleichnamige Punta und gegenüber der Monte Venezia. Und wer vom Passo della Valletta nicht den leichten Abstieg zum Rifugio Mandrone wählt, der kann seine Gipfelsammlung am Monte Mandrone und den Corni di Bedole vervollständigen, um die Hütte über den Passo di Pisgana anzusteuern.
Die Mandrone-Alpe – im Ersten Weltkrieg Schauplatz erbitterter Gefechte – setzt nach dem Ausflug in die Gletscherweiten um den Adamello liebliche Kontrapunkte: In den von Felstrümmern übersäten Hängen haben die Gletscher kleine Seeaugen zurückgelassen, überall blühen Bergblumen in den sattesten Farben.
Nach einigen leichten gletscherfreien Gipfeln im Nordkamm kann man sich von der eisigen Welt verabschieden, wobei diese Berge allesamt in reizvoller Distanz dem Hauptstock gegenüberstehen.
Mit dem allerletzten Abstieg ins Val Genova beeilt sich nur, wer seinen müden rechten Fuß gleich anschließend noch stundenlang aufs Gaspedal stellen muß.

30 Um die Civetta

Unter der Nordwestwand und am Tivan-Weg

Italien
Dolomiten
2–3 Tage
▲▲▲△

Talort Pecol, 1375 m, an der Straße von Forno die Zoldo zur Forcella Staulanza, auf Höhe 1541 m Abzweigung einer kleinen Straße zum AP/EP Casera di Pioda, 1816 m, mit guter Parkmöglichkeit.

Stützpunkte (1) Rif. A. Sonino al Coldai, 2135 m, CAI, dicht über dem Coldaisee, 0.45 Std. von Casera di Pioda.– (2) Rif. A. Tissi, 2250 m, CAI, oberhalb der Forcella di Col Rean, 2107 m, 1.45 Std. von (1) auf dem Dolomiten-Höhenweg Nr. 1. – (3) Rif. M. Vazzoler, 1714 m, CAI, 2 Std. von (2). – (4) Rif. A. Sonino al Coldai (s. o.), 5.30 Std. von (3) über die Forcella della Moiazetta, 2476 m, auf die Ostseite des Civettastocks und am Tivan-Weg zur Hütte. – Abstieg 0.45 Std. nach Casera di Pioda.

Hüttengipfel Civetta, 3218 m, auf einem der zwei Klettersteige: Via ferrata degli Alleghesi, Via ferrata Attilo Tissi, oder am Normalweg vom Tivan-Steig; die beiden Eisenwege sind nichts für Wanderer, der stellenweise ges. Normalweg verlangt absolute Trittsicherheit und alpine Erfahrung (nur bei sicherem Wetter! Notunterkunft Rif. M. V. Torrani, 2984 m).

Charakter Unschwierige Wanderung mit eindrucksvollen Ausblicken, Ausdauer und etwas Trittsicherheit in Geröllzonen erforderlich.

Führer AV-Führer Civetta, Kubin (Rother). – Kl. Führer Zoldiner und Belluneser Alpen, Hauleitner (Rother).

Karten FB, 17, Östl. Dolomiten, 1 : 100000. – Kompass, 77, Alpi Bellunesi, 1 : 50000; – besser: Amtl. ital. Karte, Blatt 046, Longarone, 1 : 50000, oder Blatt 12/III S. O. und Blatt 12/III S. E., jeweils 1 : 25000.

Umgeben von Marmolada, Pala, Schiara und Pelmo baut sich im südöstlichen Teil der Dolomiten mit einem Hauptkamm und mehreren Nebenkämmen die Civetta auf: ein Dorado für den extremen Kletterer. Das ist junger Ruhm, denn, von der Bezwingung der Nordwestwand durch Solleder und Lettenbauer im Jahre 1925 abgesehen, wurden fast alle berühmten Routen der Civetta erst in den dreißiger Jahren begangen. Uns interessieren weniger VI. oder VII. Grad, vielmehr umrunden wir als Zaungäste der Felsakrobaten den ungeheuer wuchtigen Stock auf Wanderwegen, ja, wir lassen sogar die bekannten Eisenwege links liegen.

Den höchstgelegenen Ausgangspunkt erreicht man mit dem Auto, indem man von der Straße, die vom Zoldotal unter dem Pelmo vorbei über den Staulanzasattel nach Caprile führt, bei einer Skiliftstation abzweigt und dem Sträßchen bis zum Parkplatz bei der Casera di Pioda folgt. Eine knappe Stunde später stehen wir dann schon vor der Coldai-Hütte. Hier, und noch viel mehr eine Viertelstunde weiter am grünen See jenseits der Forcella Coldai, beginnt alles Staunen, das auf unserer Rundtour nicht mehr abreißen wird.
Hinter der Coldai-Hütte betreten wir einen riesenhaften, hochalpinen Garten, hoch über den unsichtbaren Taltiefen, 1200 m unter den schwindel-

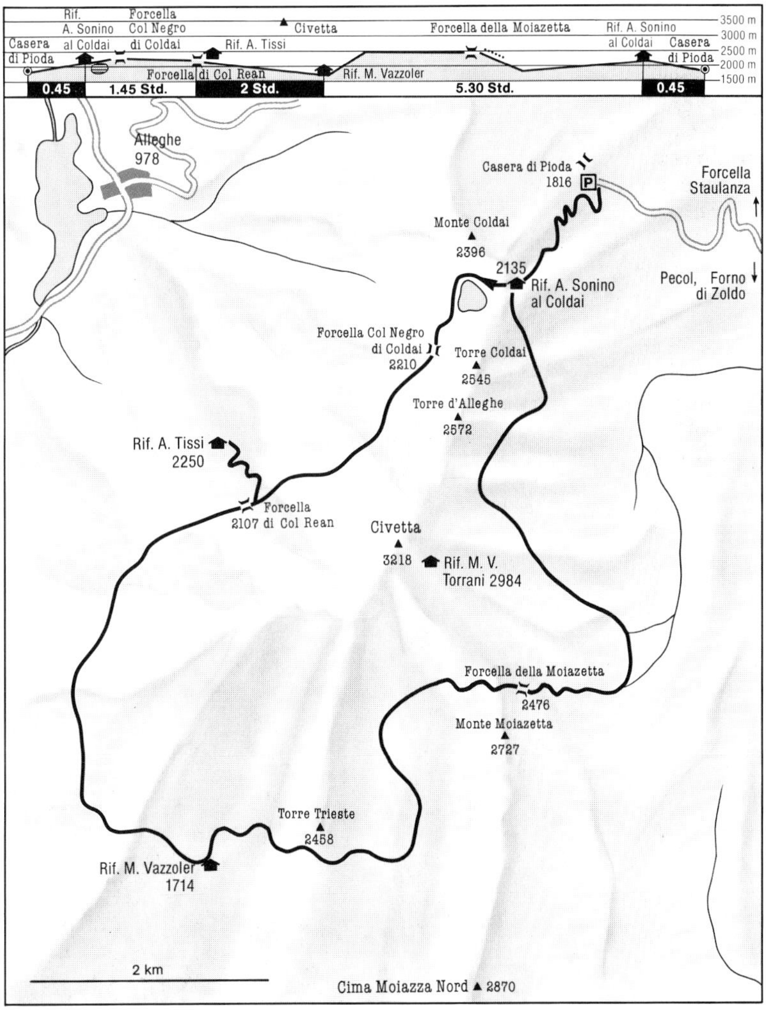

erregenden Türmen und Wänden. Den Abstecher bald nach dem Col Negro rechts hinauf zur Tissi-Hütte und Cima di Col Rean auszulassen, hieße eine Todsünde begehen, denn nur von dort hat man einerseits den Tiefblick zum Alleghesee, andererseits die direkte Draufsicht auf die gewaltige Wandflucht der Civetta. Wer einen ausgeprägten Sinn für romantische Sonnenuntergänge hat, muß vor der Tissi-Hütte nur bei schlechtem Wetter Enttäuschungen hinnehmen.

Von diesem Abstecher laufen wir wieder zurück zum Hauptweg und streifen durch die Blumenwiesen und die lichten Lärchen- und Zirbenhaine in der Val Civetta. Um die wilden Zakken des Pelsakamms biegen wir nach Westen ab und gelangen zur eindrucksvoll unter Torre Venezia und Torre Trieste gelegenen Vazzoler-Hütte. Auf dem Wiesenboden bei der Gedenkkapelle für die Bergtoten der Civetta liegend, turnen wir mit den Augen durch die Wände, suchen nach Rissen, Kaminen und Bändern im lotrechten Fels.

Nur im direkten Vergleich zur senkrechten Nordwestwand (kleines Bild) und im milden Licht der aufgehenden Sonne erscheint die wilde Ostseite der Civetta als zahm. Links in der tiefsten Einschartung, jedoch von einem mächtigen Felssporn verdeckt, läßt sich die Forcella della Moiazetta ahnen, über die unser Übergang von der Vazzoler-Hütte führt, um dann den gesamten Sockel des Massivs zur Coldai-Hütte zu queren.

Auf der zweiten Hälfte unserer Civetta-Runde müssen wir nun größere Höhenunterschiede bewältigen. Zunächst queren wir auf dem breiten Fahrweg mit einem Höhenverlust von gut 100 m die Valle Canton, zweigen aber gleich darauf links ab in den Steig Nr. 558. Jetzt, unmittelbar unter dem Torre Trieste stehend, schauen wir fasziniert in die pralle Wand, deren Anstiege zu den schwierigsten in den Ostalpen zählen. Über Gräben und Schrofen steigen wir zur letzten Quelle, dann über Felsabsätze zum Scalet delle Sasse und endlich im Zickzack ins Hochkar Van delle Sasse. An dessen Ende beginnt die Via fer-

Von der Tissi-Hütte, einen Steinwurf unterhalb der Aussichtskanzel der Cima di Col Rean, blickt man direkt in die gewaltige Nordwestwand der Civetta, deren Pfeiler zwischen Torre di Valgrande (ganz links) und Gipfel sich wie Orgelpfeifen aneinanderreihen. 1925 wurde diese 1200 m hohe Mauer von den Münchnern Gustav Lettenbauer und Emil Solleder erstmals durchstiegen.

rata Tissi, der Klettersteig zum Hauptgipfel.
In der Mitte des Steinkessels bereits biegen wir nach rechts, östlich, ab und folgen der Markierung Nr. 557 steil hinauf in die Forcella della Moiazetta (auch: Forcella delle Sasse). Jenseits geht es dann volle 500 Höhenmeter hinab, bis der Weg sich bei der Felskante der Tappa del Tedescho nach Nordwesten wendet und auf die vier Hochkare zuläuft, die auf der Ostseite des Gipfelkamms, also im Rücken der Stunden oder Tage zuvor erblickten Nordwestwand, zwischen glatten Graten eingelagert sind.
Die Querung zur Coldai-Hütte ist noch lang, aber nie langweilig: rechts unter uns die Wälder und Wiesen des Zoldotals, gegenüber die Bilderbuch-Festung des Pelmo und links Firnfelder und steile Felsflanken. Bald haben wir den Tivan-Weg, den Normalweg auf die Civetta, erreicht, passieren den wuchtigen Felspfeiler der Schenal del Bec und den Torre d'Alleghe. Um den Spiz de Galina, einen Ausläufer des Torre Coldai, steigen wir durch Schutt, Firnflecken, Rasen- und Blumenpolster zur Coldai-Hütte, wo wir still und glücklich – auch ohne Gipfel-»Sieg« – schließlich unsere Civetta-Runde feiern.

31 Über die Fanes-Alpe

Zwischen Heiligkreuzkofel und den Tofane

Italien
Dolomiten
2 Tage
▲▲△△

Talorte AP Pedratsches, 1325 m, im Gadertal (Bus von Bruneck). – EP Sarébrücke, 1660 m, unweit des Hotels Armentarola, an der Valparolapaßstraße (Bus nach Stern/Pedratsches).

Stützpunkte (1) Heiligkreuz-Hospiz, 2045 m, priv., 0.30 Std. von der Bergstation des Sessellifts von Pedratsches (schönster Anstieg: von Wengen durch das Blumenparadies der Armentara-Wiesen). – (2) La-Varella-H., 2042 m, priv., auf der Klein-Fanes-Alpe, 4 Std. von (1) über die Kreuzkofelscharte, 2612 m (z. T. ges. Steig). – (3) Fanes-H., 2060 m, priv., wenige hundert m von (2) entfernt.– Abstieg 3 Std. über Limojoch, 2172 m – Gr.-Fanes-Alpe, 2102 m – Tadegajoch, 2157 m.

Hüttengipfel (2/3) Cunturinesspitze, 3064 m, 3.30–4 Std., nur für absolut trittsichere Geher, leichte Kletterei am Gipfelaufbau, mehrere Stellen nur mit (vorhandenen) Steigbäumen zu überwinden, höchster Gipfel der Gruppe. – La Varella, 3055 m, 3.30–4 Std., zum größten Teil identischer Aufstieg wie auf Cunturinesspitze, aber im Gipfelbereich leichter, für ausdauernde Wanderer ein lohnender Abstecher. – Pareispitze (Col Becchei di Sopra), 2794 m, 2 Std., leichter, wegen seiner Aussicht lohnender Gipfel.

Charakter Unschwierige Wanderung in geologisch hochinteressanter Karstlandschaft. – Lebhafter Betrieb an den Hütten!

Führer Pragser und Enneberger Dolomiten mit Fanes-Gruppe und Dürrenstein, Kl. Führer, Höfler (Rother).

Karten FB, S5, Cortina d'Ampezzo–Marmolata–St. Ulrich, 1 : 50 000 (empfehlenswert). – Evtl.: FB, 17, Östl. Dolomiten, 1 : 100 000.

Mit »typischen« Dolomitenansichten schirmen die Gipfel der Kreuzkofel-Gruppe nach Westen hin eine Landschaft ab, die so gar nicht der Klischeevorstellung von diesem Gebirge entspricht, die aber doch Einblicke in seine Entstehungsgeschichte vermittelt. Im weiten Kessel der Klein-Fanes-Alpe bewegen wir uns nämlich – laienhaft ausgedrückt – auf urzeitlichen Meeresböden, deren Decke vor Jahrmillionen aufbrach und sich teilweise bizarr steil aufrichtete. Zehner und Neuner dienen als Paradebeispiele. Nicht nur die geologischen Aspekte verleihen dieser Wanderung einen besonderen Reiz, auch die Botanik offenbart ihre Wunder, wenn inmitten der scheinbar toten Karstwildnis aus Felsritzen Blumenpolster wuchern.

Das alpine Erlebnis dieser Tour, die Trittsicherheit und Orientierungssinn verlangt, beginnt am Hospiz und Kirchlein von Heiligkreuz (16. Jh.), von wo der mit Nr. 7 bezeichnete Steig durch die steile, aber unschwierige Felsflanke zur Kreuzkofelscharte und dann mitten durch die »steinreiche« Urwelt der Klein-Fanes-Alpe führt. Nach dem Quartiermachen suche man sich noch einen einsamen Rastfleck in der »Wildnis«, bis die per Jeep-Taxi angekarrten Tagesgäste wieder ins Tal verfrachtet sind.

Am nächsten Tag geht es über das Limojoch zur Groß-Fanes-Alpe, nach rechts durch den grünen Talboden zum Tadegajoch. Dann wandern wir wieder abwärts zur Steilstufe unter dem Col Loggia und schließlich am breiten Kiesbett des Sarébachs entlang zur Bushaltestelle an der Valparolapaßstraße.

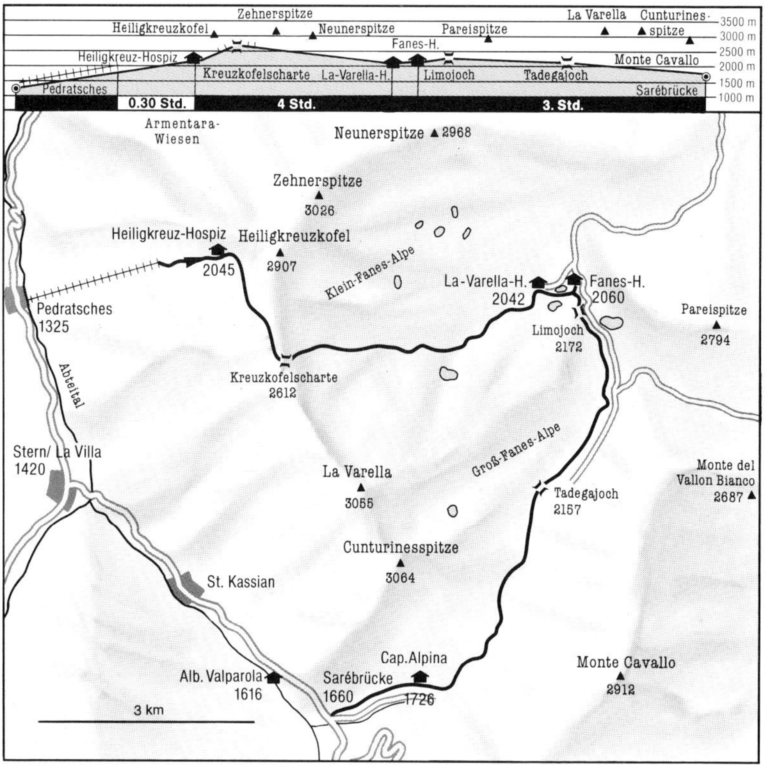

Die abgeschlossenen Hochplateaus der beiden Fanes-Alpen beeindrucken durch eine Karstlandschaft, die in ihrer Eigenart in den Dolomiten einzigartig ist. Bei der Durchquerung der Groß-Fanes-Alpe wandert man unmittelbar unter der Cunturinesspitze (links) und der Varella entlang (der Gipfel über dem hintersten Winkel des Hochtals).

32 Felsige Steige durch die Pala

Sechs Pässe unter Cimon della Pala und Sass Maor

Italien
Dolomiten/Pala-Gruppe
5–6 Tage
▲▲▲△

Talorte AP Rollepaß, 1972 m, bzw. Baita Segantini, 2174 m, bzw. Parkplatz im Val di Venegiotta, 2010 m, hierher zu Fuß 1.30 Std. vom Rollepaß. – EP San Martino di Castrozza, 1466 m (Bus zum Rollepaß).

Stützpunkte (1) Rif. Mulaz, 2571 m, CAI, 2.30 Std. ab Parkplatz über Passo del Mulaz, 2619 m, z. T. ges. Steig. – (2) Rif. Rossetta, 2581 m, CAI, 4 Std. von (1) über Passo delle Farangole, 2969 m – Val Grande, z. T. ges. Steig. – (3) Rif. Treviso, 1631 m, CAI, 4.30 Std. von (2) über Passo di Pradidali, 2658 m – Fradustagletscher – Passo di Canali, 2469 m. – (4) Rif. Pradidali, 2278 m, 4.30 Std. von (3) über Forcella di Sedole, 2298 m, ausgesetzter, bez. Steig nur für absolut trittsichere Geher (I). – Abstieg 3 Std. über Passo di Ball, 2443 m, und Val di Roda nach San Martino di Castrozza.

Hüttengipfel (1) Monte Mulaz, 2906 m, 1 Std., lohnender Aussichtsberg. – Cima dei Bureloni, 3130 m, 1.30 Std. ab Passo delle Farangole auf Steigspuren, Trittsicherheit erforderlich! Als Abstecher im Übergang von (1) nach (2) möglich. – (2) Cima di Fradusta, 2939 m, 1 Std., als Abstecher im Übergang von (2) nach (3), harmloser Gletscheranstieg.

Charakter Alpine Übergänge für ausdauernde und vor allem in Felsgelände absolut trittsichere Wanderer! Im Frühsommer an etlichen Stellen steile Firn-/Eisreste, kleiner Pickel angenehm! Orientierung nicht immer leicht, vor allem bei schlechtem Wetter auf der Pala-Hochfläche!

Führer Dolomiten-Höhenwege 1–3, Hauleitner (Rother). – Kl. Führer Pala-Gruppe, Gatti (Rother).

Karten TCI, D 60, San Martino di Castrozza e le zone adiacenti, 1 : 50 000. – FB, 16, Westl. Dolomiten, 1 : 100 000 (weniger empfehlenswert als TCI-Karte).

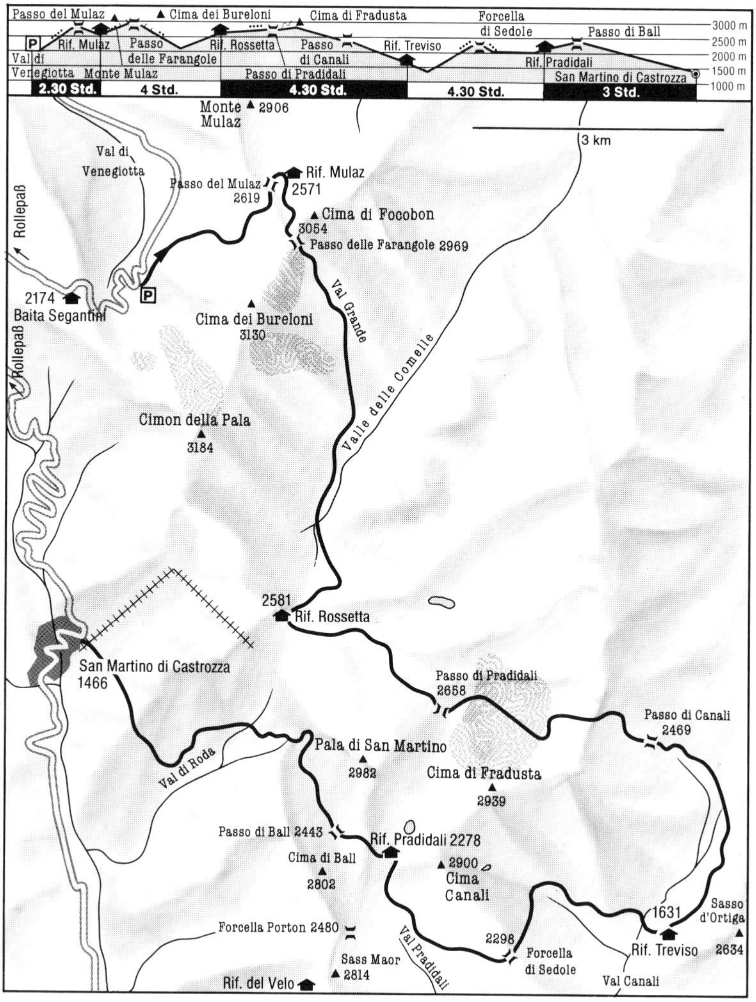

Noch keiner, der einmal vom Rollepaß in die Pala-Gruppe geschaut hat, wird den Ausblick vergessen: auf das elegante Felshorn des Cimone della Pala, zur wuchtigen Mauer der Vezanna, dazwischen zum kleinen, aber wilden Travignologletscher. Diese südliche Untergruppe der Dolomiten unterscheidet sich von allen anderen Massiven dieses Gebirgs, gleicht weder Langkofel noch Sella oder Civetta. Die Gliederung der Pala-Gruppe läßt sich auf der Landkarte leicht erkennen. Der Hauptzug, der parallel zum Cismontal vom Rollepaß nach Süden zieht, entsendet im Norden und Süden zwei Seitenkämme; im Zentrum breitet sich die Pala-Hochfläche aus, als starker Kontrast zu den kühnen Felsgipfeln.

In den siebziger Jahren des vergangenen Jahrhunderts kamen die ersten »Verrückten«, die zum Zeitvertreib die Gipfel der Alpen »eroberten«, auch bald in die Pala. Eine Aufstellung der Pala-Erschließer strotzt vor berühmten Namen und – sie beginnt »natürlich« mit einem englischen Alpenpionier: mit John Ball. Er überschritt 1869 die Pala-Gruppe und erstieg zusammen mit Leslie Stephen die Cima di Ball, die – ebenso wie der Passo di Ball – nach ihm benannt sind. In der Liste tauchen neben anderen Freshfield, Pallavicini, G. Winkler, Leuchs, Solleder, Wiessner, Tissi, Castiglioni, Buhl und Messner auf –

und noch immer werden neue Routen entdeckt.
Diese Aufzählung weist auf die große Bedeutung der Pala-Gruppe als ideales Klettergebiet hin, unterschlägt jedoch ihre großartigen Wandermöglichkeiten. Unsere fast geschlossene Rundtour führt einerseits unmittelbar in die eindrucksvollen Felskulissen, zeigt zum andern aber auch die Ödnis der weiten Pala-Hochfläche. Sämtliche Wege sind gut markiert und an ausgesetzten Stellen gesichert; Trittsicherheit im Felsgelände (I) und Schwindelfreiheit sind dennoch erforderlich, die kann auch ein noch so festes Zupacken am Drahtseil nicht ersetzen. Da die Hütten nicht zu den größten im Ostalpenraum zählen, muß eventuell mit Platzproblemen gerechnet werden. Gewarnt sei besonders vor den beiden Wochen um Ferragosto (Mitte August), wenn ganz Italien Urlaub macht.
Abseits des Touristen-Rummels von San Martino, Rollepaß und Baita Segantini beginnen wir unsere Tour im malerischen Talschluß des Val Venegiotta, bei der Talstation der Material-Seilbahn zur Mulaz-Hütte. Am Weg Nr. 710 steigen wir einen steilen Schuttkegel schräg aufwärts, dann etwas flacher zum Passo del Mulaz und jenseits wenige Meter hinunter zur kleinen Mulaz-Hütte im wilden Focoboconkessel. Im Süden ragen die

Von der Baita Segantini am kleinen Costazzapaß bietet sich einer der berühmten Ausblicke auf die Pala-Gruppe bzw. deren nordseitiges Schaustück: Über dem schattendunklen Schluß des Venegiottatals türmen sich Cima dei Bureloni, Cima di Vezzana und der kühne Cimone della Pala auf. Unsere Hüttentour beginnt am Sockel der Cima dei Bureloni (links unten, knapp außerhalb des Bildrands) und führt auf der Rückseite der drei Berge zur Pala-Hochfläche.

Zinnen und Türme des zerrissenen Pala-Nordzugs auf, im Norden erhebt sich der weitaus zahmere Monte Mulaz, ein lohnender Abstecher von der Hütte.
Anderntags gelangen wir am Sentiero

Ein horizontaler Vordergrund, eine lange Rinne als riesige Diagonale und lotrecht aufstrebende Felspfeiler als senkrechte Linien – die vollendete Architektur der Cima di Canali über der Pradidali-Hütte. Wie von einer Tribüne kann der Wanderer hier den Kletterern zuschauen.

delle Farangole (Nr. 703, gleichzeitig Dolomiten-Höhenweg Nr. 2) zum tief in die Focobocontürme eingeschnittenen Passo delle Farangole, der einzig gangbaren Scharte im Nordkamm. Auf der Südseite geht's gleich steil, aber gut gesichert hinab, dann erst öffnet sich der Blick zur Pala-Hochfläche und ins tiefe Val Grande.
Wer sich für diesen Tag »nur« die Strecke zwischen Mulaz- und Rossetta-Hütte vorgenommen hat, kann von hier aus noch die Cima dei Bureloni – den zweithöchsten Palagipfel – »mitnehmen«. Der Sentiero delle Farangole führt zunächst steil weiter ins Val Grande abwärts und quert dann ausgesetzt, hoch über dem Valle delle Comelle zum Pian dei Cantoni im Talschluß. Beim folgenden knapp 1stündigen Aufstieg über den Rand der Pala-Hochfläche zur Rossetta-Hütte bekommen wir dann einen Vorgeschmack dessen, was uns am nächsten Tag an unübersichtlichem Gelände erwartet.
Statt lotrechter Felswände und kühner Nadeln bringt die Etappe zur Treviso-Hütte eine ausgebleichte Karrenlandschaft, nackte, helle Felsböden, Geröllfelder, Dolinen – weit und breit kein Anzeichen von Leben. Über das schattenlose Plateau folgen wir den Markierungen Nr. 709 zum Passo di Pradidali und Nr. 708 zum Passo di Canali. Bei gutem Wetter sollten wir allerdings vom Passo di Pradidali den Abstecher über den Fradustagletscher zum Gipfel der Fradusta in die Route einbauen. Über die Felsabstürze der Südseite schauen wir dabei tief ins grüne Canalital, sehen im Süden – mit viel Glück und einem guten Fernglas – die Lagune von Venedig! Vom Passo di Canali abwärts (Nr. 707) stoßen wir bald auf erste Lebenszeichen in schmalen Felsritzen, auf Graspolster und Blumen. Schließlich tauchen wir in das wohltuende Grün des Talschlusses um die Treviso-Hütte ein, die auf 1631 m Höhe bereits im Waldgürtel steht.
Der Weiterweg zur Pradidali-Hütte ist nun nichts für ungeübte und nervenschwache Wanderer. Zwar wurde der Steig über die Forcella di Sedole kürzlich mit neuen Markierungen versehen und stellenweise gesichert, dennoch verlangt er in den Rinnen auf beiden Seiten der Scharte und in dem exponierten Bändersystem am Sokkel der Cima Canali Spürsinn, Trittsicherheit und Schwindelfreiheit. Über mögliche Veränderungen am Zustand des Wegs erkundige man sich beim Wirt der Treviso-Hütte.
Der Felskessel um die Pradidali-Hütte bietet vor der Schlußetappe noch einmal faszinierende Ausblicke: zu den Pfeilern der Cima Canali, zum wuchtigen Sass Maor und zum obersten Teil der berühmten Schleierkante an der Cima della Madonna. Aber auch Cima di Ball und Cima di Pradidali machen trotz dieser Nachbarschaft noch Eindruck. Oberhalb der Hütte im Gras oder auf einer warmen Felsplatte liegend, möchte man am liebsten die Zeit anhalten ...
Viel zu bald laufen wir dann zum Passo di Ball, zwischen den riesigen Kulissen von Val-di-Roda-Kamm und Pala di San Martino abwärts. Dicht geht es an deren Wandfuß entlang, in vielen Serpentinen hinab zum Col di Becchi, weiter in die Latschen- und Waldgürtel, hinunter nach San Martino di Castrozza.
Man kann diesen letzten Tag allerdings auch mit einem anderen Pala-Glanzpunkt würzen: mit dem »Schleierweg« (via ferrata del velo). Teilweise ausgesetzt, aber durchwegs gut gesichert, leitet dieser Steig aus dem Pradidali-Kessel um den Fuß der Cima di Ball herum zur engen, felsigen Forcella Porton mit ihrem einzigartigen Ausblick auf das vis-à-vis von Sass Maor und Cima della Madonna. Der Weg quert dann zum neuen Rifugio del Velo am Fuß der berühmten Schleierkante, überwindet einen letzten, ebenfalls gesicherten Felsabbruch und erreicht den Promenadenweg, der durch schattigen Hochwald nach San Martino zurückführt.

33 Vom Brenner ins Ahrntal

Auf der Sonnenseite des Zillertaler Hauptkamms

Italien
Zillertaler Alpen/
Pfunderer Berge 4–6 Tage
▲▲▲△

Talorte AP Brennersee, 1354 m, 2 km nördl. des Brenner in Österreich. – EP Sand in Taufers, 878 m, bzw. Luttach, 962 m, im Ahrntal (Bus und Bahn zum Brenner).

Stützpunkte (1) Landshuter H., 2693 m, DAV, 4.30 Std. von Brennersee durch das Venntal. – (2) Pfitscherjoch-Hs., 2275 m, priv., 2.30 Std. von (1) über Landshuter Höhenweg. – (3) Hochfeiler-H. (ehem. Wiener H.), 2700 m, CAI, nach Zerstörung nur Notunterkunft, Neubau durch AVS geplant, 3.30 Std. von (2) mit Abstieg bis Höhe 1720 m der Pfitscherjochstraße, dann Aufstieg am Unterberg. – (4) Edelraute-H., 2545 m, CAI, am Eisbruggjoch, 2.30 Std. von (3) über Glider Ferner – Unt. Weißzintscharte, 2930 m, unschwierige Gletscherbegehung. – (5) Nevesjoch-H., 2416 m, CAI, am Neveser Joch, 2407 m, 3 Std. von (4). – Abstieg 7 Std. am Kellerbauer-Weg über Lappacher Jöchl, 2371 m – Gorner Joch, 2227 m – Fadner Joch, 2457 m – Mühlwalder Joch, 2342 m, nach Sand in Taufers (»knieschonende« Variante: ab Speikboden Abstieg zum Ghf. Innere Michelreiser-Alm, 2006 m, und Talfahrt mit Seilbahn).

Hüttengipfel (1) Kraxentrager, 2999 m, 1 Std., leicht. – (2) Rotbachlspitze, 2897 m, 2 Std. leicht. – (4) Niederer Weißzint, 3383 m, 2.30 Std., schöne, leichte Blockkletterei (I) am SW-Grat ab Unt. Weißzintscharte. – Hochfeiler, 3509 m, 3.30 Std. über Unt. Weißzintscharte – Gliderferner-SW-Grat; ohne technische Schwierigkeiten, dennoch Hochtour nur für Geübte! – Napfspitze, 2888 m, 1.30 Std., leicht, lohnende Aussicht. – (5) Gr. Möseler, 3480 m, 3 Std., ernste Gletschertour, nur für erfahrene Geher mit Seil, Pickel und Steigeisen! – Mehrere Gipfel »zum Mitnehmen« auf der Schlußetappe am Kellerbauer-Weg.

Charakter Anspruchsvolle Höhenwanderung mit hochalpinen, in der Regel allerdings unschwierigen Abschnitten. Gletschererfahrung notwendig.

Besonderer Hinweis Solange die Wiener H./Hochfeiler-H. nicht wiederaufgebaut ist, muß die Strecke von (2) nach (4) an einem Tag bewältigt werden. – Die Tour unmittelbar entlang dem Hauptkamm kann von (5) noch am Stabeler-Weg zur Schwarzenstein-H., 2923 m, fortgesetzt werden; bez., z. T. ges. Steig über Gelenkscharte – Schwarzenbachtörl – Zu Törla, insges. 5–6 Std.

Führer AV-Führer Zillertaler Alpen, Klier (Rother).

Karten FB, 15, Zillertaler Alpen, 1 : 100 000. – FB, S 4, Sterzing–Jaufenpaß–Brixen, 1 : 50 000 (Ausschnitt ohne Anfangsetappe) und FB, S 3, Pustertal–Bruneck–Drei Zinnen, 1 : 50 000 (nur für Schlußetappe).

Südlich unterm Tuxer und Zillertaler Hauptkamm, zwischen Pfitscher Tal und Tauferer Tal, liegen die relativ unbekannten Pfunderer Berge, eine Untergruppe der großen Zillertaler Alpen. Lassen Tuxer- und Hauptkamm auf ihrer Nordseite vor allem ernste, hochalpine Unternehmungen zu, so findet der Bergwanderer auf der Südabdachung ein ideales Revier für seine heitere Spielart des Bergsteigens: verfirnte, doch zahmere Flanken an der Hauptkette; nach Süden ziehende, dunkle und stark verwitterte Urgesteinskämme mit weit hinaufreichender Vegetation; ein weitläufiges altes Wegenetz, das – zeitweise etwas vernachlässigt – vom Südtiroler Alpenverein weitestgehend instandgesetzt und teilweise sogar ausgebaut wurde. Wandert man an diesen

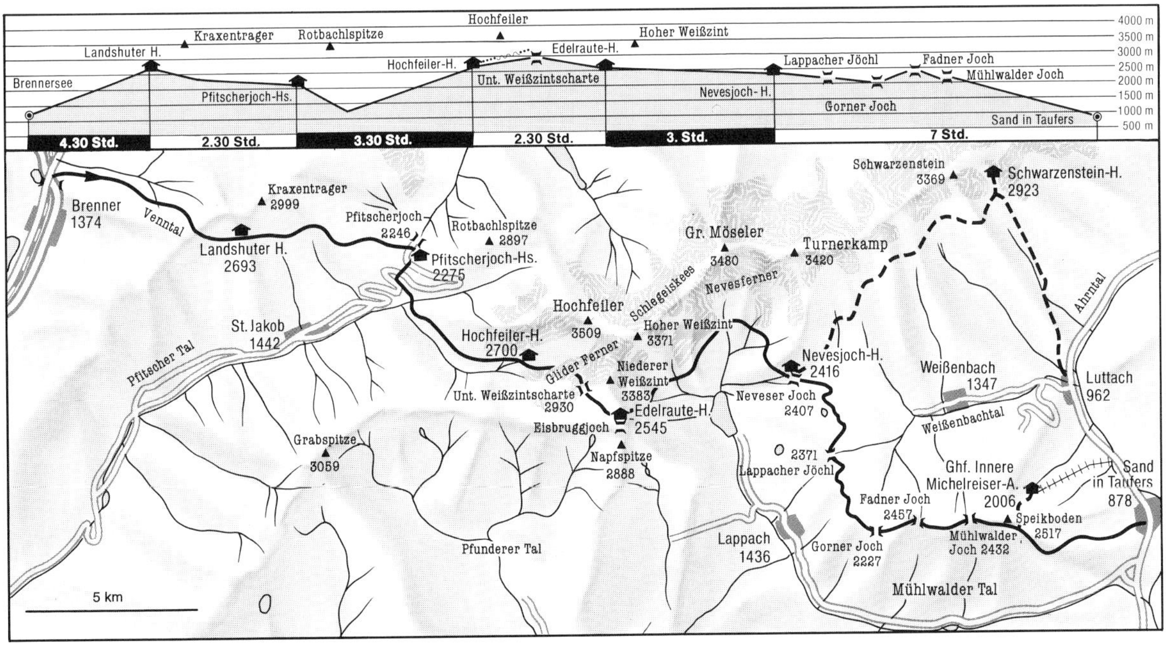

Höhenwegen zwischen Brenner und Sand in Taufers, so schaut man links unentwegt ins Eis des Zillertaler Hauptkamms und rechts über die Pfunderer Kämme hinweg auf die Dolomiten.

An den vier Alpenvereinshütten am Weg – das Pfitscherjoch-Haus wird privat bewirtschaftet – werden die Probleme des geteilten Tirol sichtbar: Eine Hütte wurde 1967 zerstört, möglicherweise von Bomben; eine Hütte steht auf der Grenzlinie, bewirtschaftet auf der einen Seite, verwahrlost auf der anderen; und zwei Hütten stiften mit ihren alten deutschen, den verordneten italienischen und den »neuen« Südtiroler Namen leicht Verwirrung.

Beim Anstieg vom teuflisch verpesteten Brenner durchs Venntal findet man sich bald überrascht in großer Einsamkeit wieder und inmitten einer schroffen Hochgebirgslandschaft. Von der absurd in eine österreichische und eine italienische Hälfte geteilten Landshuter Hütte lohnt sich ein Abstecher zum Kraxentrager, dem ein winziger Meter zum Dreitausender fehlt. Dies mindert seinen Ausblick jedoch in keiner Weise: Man überschaut Stubaier, Sarntaler und Zillertaler Alpen und ahnt das Programm der kommenden Tage.

Der aus großen Platten gebaute Landshuter Weg zum Pfitscherjoch-Haus hinüber läßt einen gleichzeitig in die wilden Hängegletscher des Hochferner und auf blühende Schwefelanemonen, Soldanellen und Blauen Speik schauen. Vom Pfitscherjoch-Haus geht es an den kleinen Jochseen vorbei und hinab in Richtung Pfitscher Tal bis zur dritten Straßenkehre. Dort weist eine Wegmarkierung zur Hochfeiler-Hütte. Durch Lärchenhaine, bald steile Grasflanken querend, steigt man ins verlassene Unterbergtal hinein, dann weit hinauf bis zur Zunge des Glider Ferners, wo anstelle der zerstörten Wiener Hütte zwei schäbige Militärbaracken und ein Stück weiter oben die provisorische Selbstversorgerhütte des AVS stehen. Solange die – bereits vorangetriebenen – Pläne für einen Neubau dieses wichtigen Stützpunkts unter dem Hochfeiler nicht verwirklicht sind, empfiehlt es sich, noch am selben Tag zur Eisbruggjoch-Hütte weiterzulaufen. Das bedeutet noch einmal 1–2 Stunden Aufstieg mit der Querung des Glider Ferners, die in der Regel nicht schwierig ist, aber eben ins für viele Bergwanderer ungewohnte Eis führt.

Von diesem Übergang sieht man fein und weiß die Spitze des Hochfeiler, des höchsten Zillertaler Gipfels. Ab der Unteren Weißzintscharte geht es am gut markierten Weg zur kleinen Eisbruggjoch-Hütte (ehem. Edelraute-Hütte).

Nun kann man, ostwärts zur Nevesjoch-Hütte (ehem. Chemnitzer Hütte) bummelnd, einen halben herrlichen Tag lang die Parade aller Eiszungen unter Großem Möseler und Turnerkamp abnehmen, mutterseelenallein in weiten Karen auf Granitplatten rasten und weit hineinschauen in die Dolomiten. Um den Abzug der Tagesgäste von der Nevesjoch-Hütte abzuwarten, lohnt sich der knapp 1stündige Aufstieg zum Schaflahnernock mit seinem Überblick über die gesamte, endlos scheinende Südflanke des Zillertaler Hauptkamms.

Für die Schlußetappe bieten sich zwei großartige Höhenwege an: der lange Kellerbauer-Weg, von Joch zu Joch am Mühlwalder Kamm entlang bis Sand in Taufers; oder die erst vor wenigen Jahren durchgehend markierte und stellenweise gesicherte Fortsetzung der bisherigen Route am Stabeler-Weg, mit einer Abbruchmöglichkeit durchs Mitterbachtal nach Weißenbach oder einer weiteren Nächtigung in der Schwarzenstein-Hütte.

Der großartige Abschluß des Pfitscher Tals: im Schatten die Hängegletscher unter dem Hochferner, rechts oben die Firnpyramide des Hochfeilergipfels, links über der Grießscharte die Eishaube des Großen Möseler. Unser Weg kommt durch die besonnten Hänge links vom Pfitscherjoch, überquert den Pfitscherbach im Lärchengrund am unteren Bildrand und führt durch die steilen Grasflanken des Unterbergtals zur Hochfeiler-Hütte und zur Unteren Weißzintscharte (beide rechts knapp außerhalb des Bildes), dem Übergang zur Eisbruggjoch-Hütte – eine anspruchsvolle, gute Kondition erfordernde Etappe.

34 Vom Grödnertal ins Abteital

Über die Felswüste der Gardenaccia-Hochfläche

Italien
Dolomiten
1–2 Tage
▲▲△△

Talorte AP St. Christina, 1427 m, im Grödnertal. – EP Stern/La Villa, 1420 m, im Abteital (Bus nach St. Christina übers Grödner Joch).

Stützpunkte (1) Regensburger H. (Geisler-H.), 2039 m, CAI, 1.30 Std. von St. Christina (auch Liftauffahrt möglich). – (2) Puez-H., 2475 m, CAI, am Puezplateau, 3 Std. von (1) über Siellesjoch, 2505 m, z. T. ges. – (3) Gardenaccia-H. (Rif. Alta Val Badia), 2050 m, priv., am O-Rand der Gardenaccia-Hochfläche, 2 Std. von (2) über Passo di Gardenaccia, 2543 m, oder Col de Montigela, 2663 m. – Abstieg 1 Std. nach Stern/La Villa.

Hüttengipfel (1) Sass Rigais, 3025 m, 3 Std., Klettersteig, nur für Geübte! – Östl. Puezspitze, 2910 m, 1.30 Std., leicht, bez. – Sass Songher, 2665 m, 1.30 Std., unschwierig, z. T. ges., Trittsicherheit erforderlich.

Charakter Eine der schönsten Dolomiten-Wanderungen mit umfassenden Ausblicken auf Geisler-, Langkofel- und Sella-Gruppe. Kurze Felspassage am Siellesjoch problemlos.

Führer AV-Führer Geisler- und Stevia-Gruppe, Stiebritz (Rother). – Bergwanderführer Dolomiten-West, Hager/Hauleitner (Rother). – Südtiroler Höhenwege, Menara (Athesia).

Karten FB, S5, Cortina d'Ampezzo – Marmolada – St. Ulrich, 1 : 50 000. – FB, 16, Westl. Dolomiten, 1 : 100 000.

Die grausame Wirklichkeit des von Autoabgasen verpesteten Grödnertals müßte dem Wanderer, der mutterseelenallein über die Gardenaccia-Hochfläche im Osten des Tals schreitet, wie ein Alptraum erscheinen, hätte er sie nicht am Ausgangspunkt dieser Tour unmittelbar erlebt. Das schöne Südtirol Luis Trenkers gibt es noch, zwar nicht im Grödner Talgrund, aber doch in dessen großartigen Kulissen.

Von St. Christina gelangen wir am breiten Weg unter den Felswänden der Stevia vorbei zur alten Regensburger Hütte (offiziell: Geisler-Hütte), die zwischen tausend grünen Rastflecken unter den hellen Klettersäulen der Fermedatürme und den wuchtigen Felszähnen von Sass Rigais und Furchetta steht. Von der Hütte folgt man ein kurzes Stück dem Steig zur Wasserscharte, biegt bald rechts ab und erreicht durch ein enges Tälchen, zum Schluß in steilen Kehren, das Siellesjoch. Über einige drahtseilgesicherte Felsbänder und -stufen zieht der Weg nun links hinüber auf die breiten grünen Terrassen der Puez-Alm. Die weitere Querung zwischen Schutthängen und senkrecht ins Lange Tal abbrechenden Felswänden hindurch, um den Puezkofel herum, bringt uns immer näher an die Mondlandschaft der Gardenaccia-Hochfläche heran, bis wir unvermittelt in einer Einsattelung – wie zur Erlösung – die kleine, blitzsaubere Puez-Hütte finden.

Hier rastet man über dem tiefen Einschnitt des Langen Tals, das wie ein Cañon das Karrenplateau teilt. Gegenüber die Schaustücke des Grödnertals: Sellastock, Langkofel und die endlos gewellte Seiser Alpe.

Es folgt nun eine Etappe für begabte Melancholiker: die Querung der öden Gardenaccia-Wüste zu deren Ostrand, entweder im Norden über den Col di Montigela oder im Süden über den Passo di Gardenaccia. Bis zu den Einschartungen beherrscht im Süden die Marmolada das Blickfeld, dann taucht über dem Abteital plötzlich die breite Mauer der Kreuzkofel-Gruppe auf. Der Abstieg führt aus der lebensfeindlichen Felswildnis zu den saftig-grünen Almwiesen um die große Gardenaccia-Hütte, dann durch eine steile Rinne und lichten Wald nach Stern (La Villa) im Gadertal. Mit dem Bus geht es über das Grödner Joch zurück nach St. Christina.

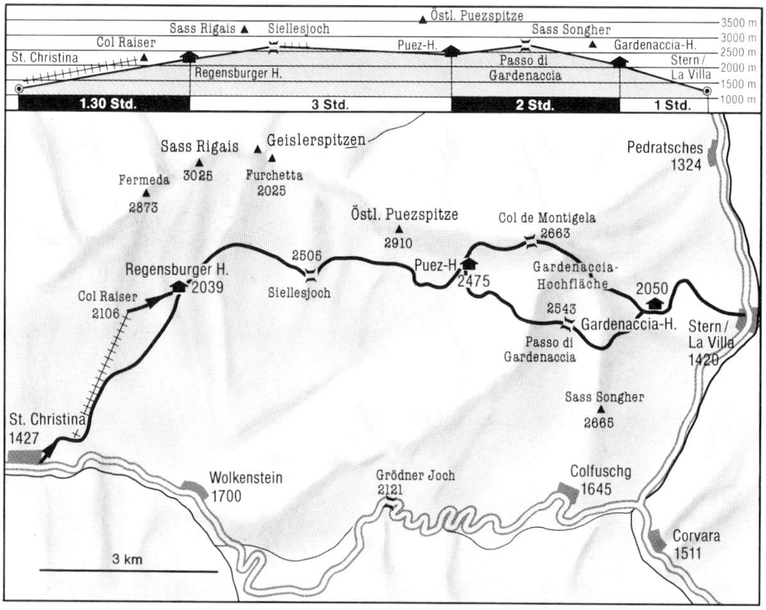

Auf drei Seiten ist die altehrwürdige Regensburger Hütte – bereits 1889 erbaut! – von Felsgipfeln umrahmt. Im Hintergrund des Bilds die unmittelbar südlich der Hütte aufragenden Wände des Steviastocks.

35 Zugspitz-Impressionen

Übers Gatterl in die stillen Mieminger Kare

Österreich/Deutschland
Wettersteingebirge
3–4 Tage
▲▲△△

Talorte AP Ehrwald, 994 m. – EP Biberwier, 989 m (Bus/Straße nach Ehrwald).

Stützpunkte (1) Wiener-Neustädter-H., 2213 m, ÖTK, 3 Std. von Ehrwald, 0.30 Std. ab Mittelstation der Tiroler Zugspitzbahn. – (2) Münchner Hs., 2962 m, DAV, auf dem Zugspitzgipfel, 2.30 Std. von (1) durch das österreichische Schneekar und am gut ges. Klettersteig zum Gipfelgrat. – (3) Knorr-H., 2052 m, DAV, 2 Std. von (2) über Schneeferner-Hs. und Zugspitzplatt. – (4) Coburger H., 1917 m, DAV, am Drachensee, 4.45 Std. von (3) über Gatterl, 2023 m (Grenze) – Feldernjöchl, 2045 m – Pestkapelle im Gaistal, 1640 m – Seebensee, 1650 m. – (5) Marienbergjoch-Hs., 1788 m, TVDN, im gleichnamigen Joch, 3 Std. von (4) über Grünsteinscharte, 2263 m – Hölltörl, 2127 m. – Abstieg 1.30 Std. nach Biberwier.

Hüttengipfel (3) Inn. Höllentalspitze, 2741 m, Klettersteig nur für Geübte! – (4) Hint. Tajakopf, 2409 m, 1 Std. als Abstecher vom Anstieg zur Grünsteinscharte. – Vord. Drachenkopf, 2301 m, 1.15 Std. über Schwärzkar und Vord. Drachenscharte.

Charakter Anspruchsvolle, im ersten Teil häufig begangene Tour auf Deutschlands höchsten Berg, Trittsicherheit unerläßlich! Drahtseile und Eisenstifte am Zugspitzanstieg; Vorsicht auf Steinschlag! Bei Nebel Orientierung auf dem Platt nicht immer leicht! Auch der Abschnitt in den Miemingern erfordert Trittsicherheit, die Gipfel sind klettergewandten Gehern vorbehalten!

Besonderer Hinweis Reinen Bergwanderern, die sich die Felspassagen nicht zutrauen (sollten), bietet sich die Möglichkeit, bis zum Zugspitzgipfel die Seilbahn zu benutzen und hier zu starten.

Führer AV-Führer Wetterstein und Mieminger Kette, Pfanzelt (Rother).

Karten AV, 4/2, Wetterstein- und Miemingergebirge, 1 : 25 000. – FB, 34, Wettersteingebirge, 1 : 100 000. – BLVA Werdenfelser Land, 1 : 50 000 (Kartenausschnitt leider ohne Grünsteinscharte).

Im 1901 erschienenen »Führer durch das Wettersteingebirge« stellte Heinrich Schwaiger fest, daß »die charakteristischen Formen der Zugspitze schon frühe die Bergfreunde verlockt haben, Mut und Kraft an dem stolzen Felsbau zu erproben; heute zählt sie zu den sogenannten ›Touristen-Bergen‹, welche jährlich von hunderten aufgesucht werden«. Gute, alte Zeit! Nur 80 Jahre später versammeln sich bis zu 5000 (fünftausend!) Menschen an einem einzigen Tag auf dem höchsten Berg Deutschlands bzw. in der Beton- und Technik-Landschaft zwischen den beiden Gipfeln.
Warum, um Himmels willen, ist dann diese Tour in diesem Buch zu finden?

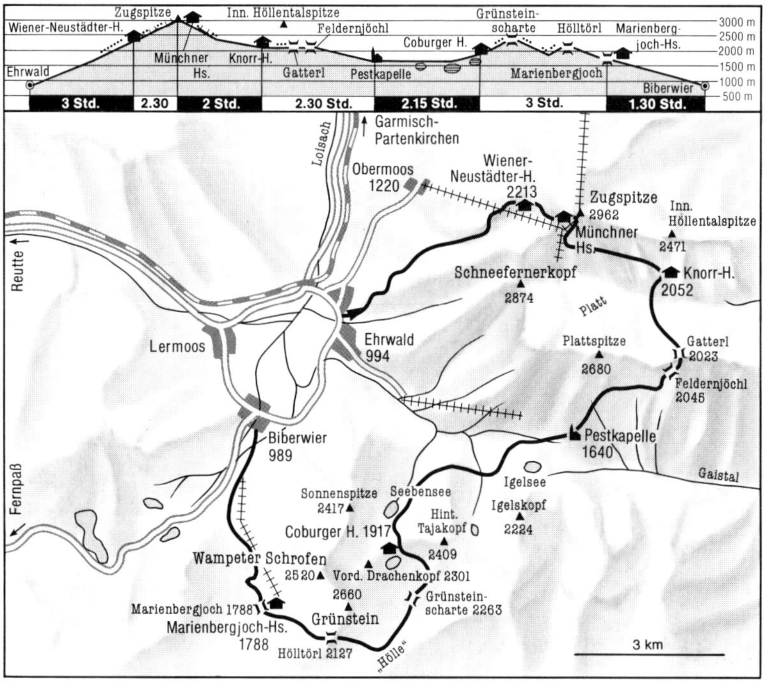

Erstens: weil man's gesehen haben muß, sonst glaubt's einem keiner; und zweitens, weil es unbestritten ein beeindruckendes Erlebnis ist, wenn man sich nur Stunden nach dem tausendfach geteilten »Gipfelsieg« in unberührter Natur und weitgehender Einsamkeit wiederfindet.
Drei klassische Anstiege führen auf die Zugspitze: der längste und leichteste von der Partnachklamm durchs Reintal; der hochalpinste, dennoch überlaufene Weg durch das Höllental; und der etwas im Schatten der beiden anderen stehende Aufstieg aus dem Ehrenwalder Becken durch das österreichische Schneekar. Letzterer bietet Autofahrern den Vorteil, daß Anfangs- und Endpunkt nicht weit voneinander entfernt liegen. Andererseits darf die alte Steiganlage zwischen Wiener-Neustädter-Hütte und Gipfelgrat nicht unterschätzt werden,

Die Knorr-Hütte am Westrand des Zugspitzplatts ist seit jeher ein wichtiger Stützpunkt am langen Anstiegsweg durch das Reintal. Der erste Bau wurde hier – mit finanzieller Unterstützung der Brüder Knorr aus München – bereits im Jahr 1855 (!) errichtet, also 14 Jahre vor Gründung des Deutschen Alpenvereins. Links oben die Östliche Plattspitze, darunter die Felsböden des Platts, die unser Weg in Höhe der Vegetationsgrenze quert.

KNORR-HÜTTE

Rückblick vom Anstieg zur Grünsteinscharte. Im abflußlosen Felskessel der dunkle Drachensee, knapp darüber die Coburger Hütte, oben die Felspyramide der Sonnenspitze.

sie erfordert Trittsicherheit und Schwindelfreiheit, und schließlich nähert man sich der 3000-Meter-Grenze. Am verschandelten Gipfel gilt es – kostenlos und unverbaut – die grandiose Fernsicht zu bewundern, die bei entsprechender Wetterlage von den Schweizer Zentralalpen bis zum Bayerischen Wald reicht. Dann aber ziehe man sich aus dem Seilbahnfahrerbereich schnell in die riesige Fußgänger- (und Wanderer-)Zone des Zugspitzplatts zurück.

Im Vergleich mit dem Rummel am Gipfel geht's an der Knorr-Hütte schon ruhig zu. Wirklich still wird es aber auf dem Plattsteig zum Gatterl hinüber und jenseits des zur jungen Isar bei Mittenwald zielenden Wettersteinkamms. Am Feldernjöchl tut sich gegenüber, die Tiefe des Gaistals hoch überragend, als Dependance des Zugspitzstocks das Mieminger Kalkgebirge auf, mit seinen abgelegenen Karkesseln und mürben Graten; dahinter schimmern die Stubaier und Ötztaler Gletscher. Da die Verhältnisse nun mal so sind, wie sie sind, jammert man nicht lange über den Höhenverlust beim Weiterweg zur Coburger Hütte: Aus- und Rückblicke verwandeln dieses Bergwanderer-Schicksal in höchstes Vergnügen.

Alpine Momente, verblüffende Aussichten, und einen Gegenanstieg für die Moral bietet schließlich die letzte Etappe. Vom romantischen Drachensee geht es steil hinauf in die Grünsteinscharte, jenseits die Schuttreißen hinunter in die »Höll«, am Wandsockel des Grünsteins zum Hölltörl hinauf und hinüber ins breite Marienbergjoch. In Biberwier, am Rand des Ehrwalder Moorbeckens, verblaßt der »Alptraum Zugspitze« in den Erinnerungen, die Märchenbilder aus den Miemingern nähren die Träume.

36 Zwischen Linderhof und Neuschwanstein

Die kleine Ausgabe des großen Gebirgs

Deutschland
Ammergauer Alpen
2–4 Tage
▲△△△

Talorte AP Unterammergau, 836 m. – EP Hohenschwangau, 810 m (Bus nach Steingaden/Oberammergau).

Stützpunkte (1) Pürschling-Hs. (August-Schuster-Hs.), 1566 m, DAV, 2 Std. von Unterammergau. – (2) Brunnenkopf-Hs., 1602 m, DAV, 2 Std. von (1) durch die Südflanke des Klammspitzkamms. – (3) Kenzen-H., 1294 m, priv., 4 Std. von (2) über Klammspitze, 1925 m – Feigenkopf, 1866 m – Bäckenalmsattel, 1536 m. – Abstieg 4.30 Std. über Gabelschrofensattel, 1915 m – Straußbergsattel, 1616 m – Ahornsattel, 1661 m nach Hohenschwangau.

Hüttengipfel (1) Teufelstättkopf, 1758 m, 0.30 Std. – (2) Klammspitze, 1925 m, 1.15 Std., wird überschritten. – (3) Hochplatte, 2081 m, 2.30 Std. über die Ostseite (Beinlandl – Gamsangerl), mit Weiterweg über Fensterl und Krähe, 2012 m, zum Gabelschrofensattel, 1915 m, insges. 4 Std., lohnend, allerdings nur für trittsichere und schwindelfreie Geher, z. T. ges. Steig, Kinder an Reepschnur nehmen! – Hoher Straußberg, 1934 m, 1 Std. vom Ahornsattel, Trittsicherheit erforderlich.

Charakter Genußvolle, einfache Vorgebirgswanderung für trittsichere Geher; auch mit Kindern möglich, dann jedoch für ausgesetzte Stellen Reepschnur mitnehmen.

Führer AV-Führer Ammergauer Alpen, Seibert (Rother).

Karten FB, 34, Wettersteingebirge, 1 : 100 000. – besser: BLVA, Werdenfelser Land und Füssen, jeweils 1 : 50 000.

Vom Tal der jungen Ammer zieht westwärts zum Lechdurchbruch bei Füssen ein grüner, stiller Vorgebirgskamm, der auffallend bestückt ist mit im Osten kleineren, im Westen pfeilerartig aufsteigenden Kalkzinnen: Dies sind die Ammergauer Alpen, ein reizendes Wandergebirge für alle Altersgruppen zwischen acht und 80 Jahren. Die technische Erschließung mit Seilbahnen und Liften hat nur zweimal am Rand des weitläufigen Naturschutzgebiets Spuren hinterlassen, dazwischen breitet sich eine Oase der Ruhe aus.

Wer in den Ammergauer Alpen wandert und dabei nur die Berge im Sinn hat, der begreift nur die eine Hälfte dieses alpin gewürzten Mittelgebirgs. Ist es doch nur als Einheit mit Lech-, Graswang- und Ammertal, mit dem Pfaffenwinkel und dem welligen bayerisch-schwäbischen Alpenvorland zu sehen: die Rokoko-Juwelen von Rottenbuch und Wies, die Königsschlösser von Linderhof und Neuschwanstein gehören zu diesem Gebirge wie die Gipfel von Pürschling, Hochplatte, Geiselstein und Tegelberg. Aus dieser so interessant markierten Landschaft wird man von dem hier vorgeschlagenen Abenteuer einer Durchwanderung von Ost nach West stets in bester Laune heimkehren. Das Bergauf – Bergab ohne die Höhenunterschiede des Hochgebirgs überfordert niemanden mit Anstiegsqualen, und das Gemüt, in benachbarten Hochregionen nicht selten grausam eingeengt zwischen himmelhohen, nackten Felswänden, findet hier ein offenes, liebliches und helles Revier. Das Auge genießt starke Kontraste, denn stets hat es die Seen, Moosböden, Wälderbreiten und Flußauen rechts unter sich, kann auf der anderen Seite aber genauso durch die strengeren Formen des nahen Hochgebirgs klettern.

Am großen Parkplatz oberhalb von Unterammergau lassen wir den Wagen stehen und wandern zum Pürschlingsattel hinauf, zunächst auf einer Forststraße, deren Eintönigkeit

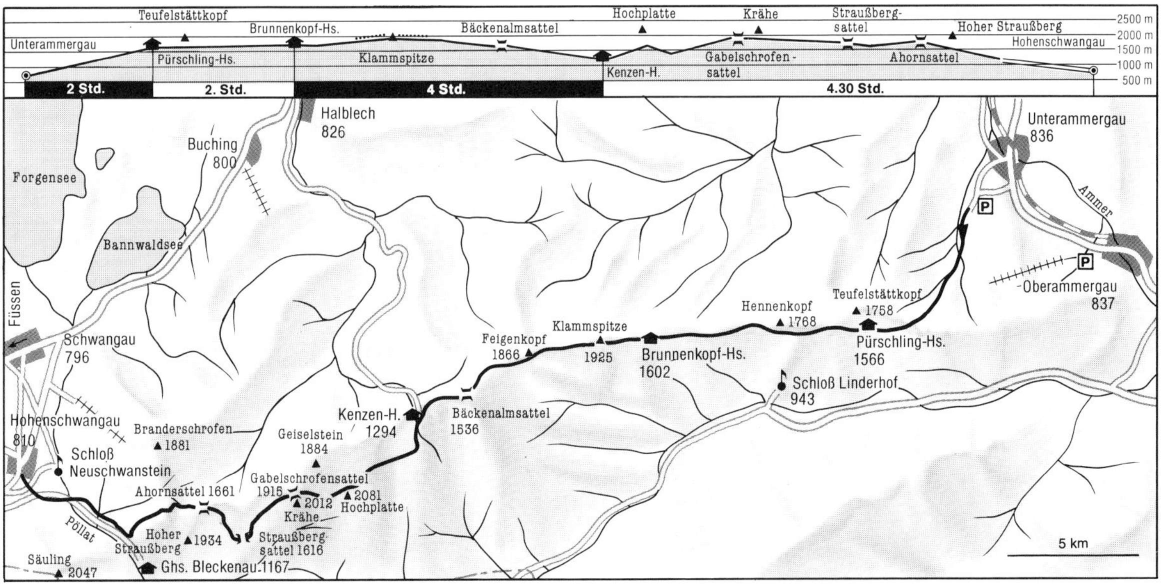

Rückblick vom Gabelschrofensattel nach Osten. Links, mit zahlreichen, helleuchtenden Kalkfelstürmchen in seiner bewaldeten Flanke, der Kenzenkopf, rechts anschließend der Kenzensattel mit dem deutlich erkennbaren Weg. Hinter dem Einschnitt tauchen Vorderer Scheinberg und Hasentalkopf auf. Am äußersten rechten Bildrand die steilen Felsflanken der Hochplatte. Verschwiegene Latschen- und Waldkessel wie das Gumpenkar im Vordergrund gibt es im Bereich der Kenzen-Hütte ein gutes Dutzend.

man jedoch bald entflieht, dann auf der steileren früheren Rodelbahn und dem alten schmalen Fahrweg. Seit 1972 steht am Pürschlingkamm, einen Steinwurf entfernt vom alten kleinen Hütterl, das große August-Schuster-Haus, dessen freundliche Wirtsleute auch nach dem Abmarsch der zahlreichen Tagesgäste ihre gute Laune behalten und die Bergwanderer nicht vergessen.

Der folgende Höhenweg zu den Brunnenkopf-Häusern quert die sonnige Süflanke des östlichen Klammspitzkamms, unter Teufelsstättkopf, Hennekopf und Dreisäulerkopf hindurch, hoch über dem Graswangtal und Schloß Linderhof mit eindrucksvollen Blicken nach Süden zu Zugspitze, Wetterstein und Karwendel. Eine durchaus lohnende Variante überschreitet diesen langen Grat auf oder knapp neben seiner Schneide, ein Unternehmen, das eine gute Stunde mehr Zeit und etwas Trittsicherheit erfordert.

Heute herrscht auf den Brunnenkopf-Häusern das einfache Leben: Wo vor über 100 Jahren die Diener Ludwigs II. die Mahlzeiten für den Monarchen bereiteten, der einige Male auf Jagdausflügen hier heraufkam – obgleich alles andere als ein passionierter Jäger –, da versorgen jetzt ein »zuagroaster« bayerischer (Lebens-) Künstler und dessen japanische Frau die Besucher.

Am Weiterweg erreichen wir endlich den ersten richtigen Gipfelstock, die felsige Große Klammspitze, zu der ein guter und markierter Weg hinüberführt. Am Gipfelgrat, den geübte Wanderer trittsicher hinaufsteigen, hat vermutlich schon manch anderer die Hände zu Hilfe genommen und ist so – strenggenommen – zum ersten Mal geklettert. Der Weg am schrofendurchsetzten Grasgrat zum Feigenkopf besteht teilweise nur aus schwachen Steigspuren und erfordert – vor allem mit Kindern, die hier eventuell an die Reepschnur genommen werden sollten – erhöhte Vorsicht. Der AV-Führer weist besonders darauf hin, daß man vom Feigenkopf noch etwa 500 m dem Grat folgen muß, ehe man nach links zum Bäckenalmsattel absteigt. Der Weiterweg zur privat bewirtschafteten Kenzen-Hütte mutet nach dem reizvollen Gratgang wie eine Wanderer-Autobahn an. Bei einem Wettersturz gelangen wir von der Kenzen-Hütte per Kleinbus übrigens trockenen Fußes nach Halblech; und die Wanderung verwandelt sich dann in eine Bildungsreise: in Steingaden, in der Wies, in Rottenbuch ...

Der letzte Abschnitt der Durchquerung, von der Kenzen-Hütte zur Blekkenau und zu den Schwangauer Königsschlössern, bietet für jede Spezies von Bergwanderer etwas. Einmal den einfachen und direkten Weg über Kenzen-, Gabelschrofen-, Niederstraußberg- und Ahornsattel – schön beschaulich und nie langweilig. Aber es gibt auch den amüsanten Umweg über das Gamsangerl auf die Hochplatte hinauf, von der wir zum nahen Geiselstein und ins Alpenvorland hinunterblicken und im Süden die ganze Szenerie von Wetterstein und Lechtalern übersehen. Vorsichtig am Westgrat zum Fensterl abgestiegen, kann man rechts die Krähe überschreiten und am Normalweg weiterbummeln. Oder wir biegen scharf links ab zur nahen Roggentalgabel, um durchs Köllebachtal zur jungen Pöllat zu gelangen, die uns bis zur Gralsburg des Märchenkönigs wildschäumend begleitet.

Wer von Schwangau wieder zu seinem Wagen nach Unterammergau zurückkehren muß, findet schnell heraus, wann er an der Bushaltestelle zu stehen hat ...

37 Von Mittenwald zum Soiernkessel

Romantische Rundtour im Vorkarwendel

Deutschland
Karwendel
2–3 Tage
▲△△△

Talort AP/EP Mittenwald, 912 m, an der jungen Isar.

Stützpunkte (1) Hochland-H., 1623 m, DAV, 2.15 Std. von Mittenwald. – (2) Krinner-Kofler-H., 1407 m, DAV, neben der Ferein-A. (bew.), 2.15 Std. von (1) über den Wörnersattel, 1989 m. – (3) Soiern-Hs., 1616 m, DAV, 3 Std. von (2) über das Jöchl, 1788 m – Jägersruh, 1895 m. – Abstieg 3.30 Std. über Schöttelkarspitze, 2050 m, zur Seinsbachklamm und nach Mittenwald (Abstiegsmöglichkeit nach Krün).

Hüttengipfel (1) Wörner, 2476 m, leichte Kletterei durch die Westflanke (I), nur für Geübte. – (2/3) Soiernspitze, 2259 m, leicht, 2.30 Std. von (2) auf Jagdsteig übers Jöchl, 2 Std. von (3) über die N-Flanke, kann auch von (2) nach (3) überschritten werden. – (3) Reißende Lahnspitz, 2209 m, 2 Std., bes. reizvoll im Rahmen der Gratwanderung Schöttelkarspitze–Soiernspitze, insges. 5 Std., für trittsichere Wanderer. – Schöttelkarspitze, 2050 m, 1 Std., wird im Abstieg nach Mittenwald überschritten.

Charakter Unschwierige Bergwanderung mit guten Wegen, z. T. in Geröllfeldern – Gipfel erfordern Trittsicherheit! Wörner nur für Geübte!

Führer Kl. Karwendelführer, Klier (Rother).

Karte BLVA, Karwendelgebirge, 1 : 50000.

Am südlichen Münchner Föhnhorizont erscheint das Karwendel – links an das dominierende Wettersteinmassiv anschließend – als ein einziger, wildgezackter Kamm. Tatsächlich aber baut sich dieses Gebirge aus vier gewaltigen, von Ost nach West ziehenden Kalkmauern mit dazwischen eingelagerten langen Talfurchen zwischen Isar- und Inntal auf. Die nördliche Karwendelkette und gar erst ihr Vorwerk der Soiern-Gruppe haben nicht die großen Szenen der südlichen und höheren Grate aufzuweisen: keine Lalidererwand, kein Vomper Loch und auch nicht die Kulissen des Ahornbodens. Wer dieses Vorgebirge durchwandert, bezieht sein Schauglück von außerhalb: aus dem Fernblick in das dunstig-blaue Voralpenland, dem Tiefblick zum weißen Bett der jungen – und unverzüglich für die Stromerzeugung vergewaltigten – Isar, vor allem aber aus dem verblüffend informativen Einblick in das Gefüge des Wetterstein, dessen lange Felskämme vom westlichen Bollwerk Zugspitze zum Karwendel hin absinken.

Diese Augenweiden genießt man während einer verhältnismäßig ruhigen Bergwanderschaft. Wer an den richtigen Stellen zu rasten versteht, hat kaum einen Menschen in Sichtweite. Das Höhenprofil unserer Tour erläutert anschaulich, daß man sich in den Vorbergen bewegt, auf angenehm unterteilten Anstiegen zumeist. Viel mehr als die Aufstiege erscheint der steile Schlußabstieg die Kondition zu testen. Am verbreiterten Ziehweg, den im Winter die Skifahrer, mit butterweichen Knien vom Dammkar kommend, ins Tal hinunterschießen, steigen wir vom alten Markt Mittenwald schräg aufwärts durch den Ochsenboden, queren links zur Unteren Kälber-Alm, überschreiten einen Ausläufer des Mitterecks und erreichen die auf der nächsten Hangrippe, an der Grenze zwischen Hochwald und

Von der Soiernspitze blickt man tief hinunter in den romantischen Talkessel mit den beiden kleinen Seen. In der gegenüberliegenden Flanke erkennt man deutlich den alten königlichen Reitweg zur Schöttelkarspitze. Der nächste Gipfel im brüchigen Kalkkamm ist das Feldernkreuz, und den Hintergrund bildet das Estergebirge.

Nie um malerische Bauplätze verlegen, ordnete Bayerns König Ludwig II. 1866 an, »ein Jagdhaus auf den Soiern« zu errichten. Der Schlupfwinkel des menschenscheuen Monarchen hat sich mittlerweile in eine blitzsaubere Berghütte verwandelt. Im Hintergrund Schöttelkarspitze und Feldernkreuz.

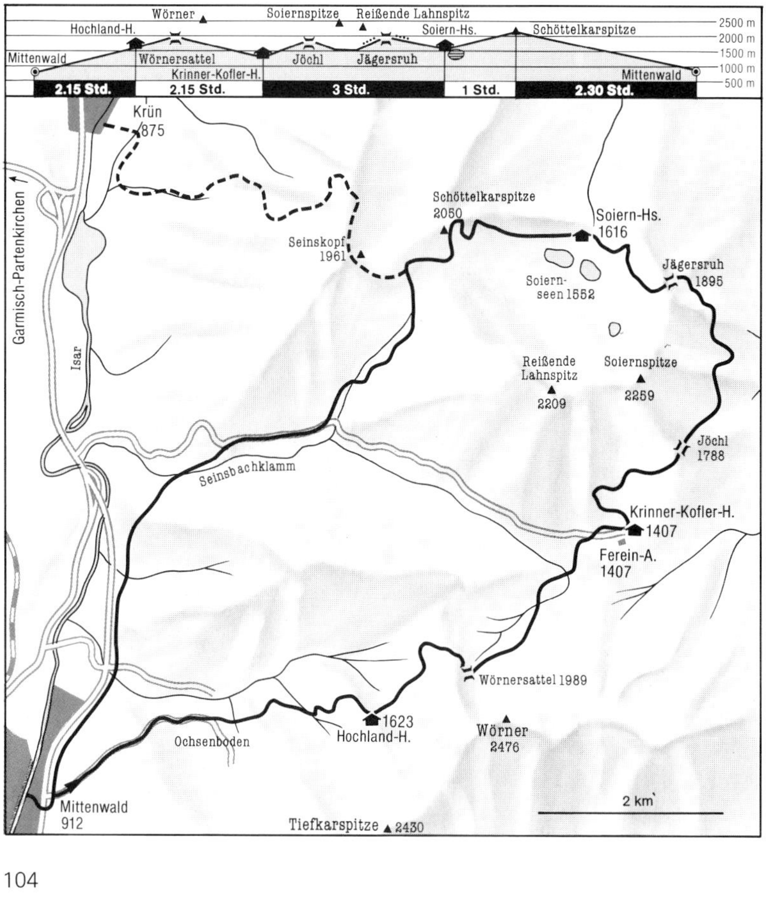

Latschengürtel stehende Hochland-Hütte. Unter dem Schuttrinnen-Labyrinth der Wörner-Westflanke geht es weiter zum breiten Sattel, wo der zum Gipfel ziehende Steinkarlgrat ansetzt. Eine der vielen Rast- und Schaukanzeln am Weg, die man schon zu Hause auf der Landkarte finden kann, befindet sich wenige Minuten nördlich dieses Übergangs. Von hier oder dort hat man das Hauptziel dieser Tour, den Soiernstock, vor Augen, ahnt jedoch nicht, welch zauberhafter Kessel sich hinter dem mürben Kalkkamm verbirgt.

Am Rand des Wörnerkars wandern wir in schattig-kühle Forstgründe und zu den hellen Almböden der Ferein-Alm, wo sich die kleine, unbewirtschaftete Krinner-Kofler-Hütte befindet. (Brotzeit und Getränke gibt's nebenan im Jägerhaus.)

Von der Senke der Ferein-Alm steigen wir wieder bergauf, zum Jöchl, folgen nun aber nicht dem Direktanstieg zur Soiernspitze, sondern queren zunächst mit geringem Höhenverlust, dann fast eben über zwei Gratausläufer hinweg zu einer breiten Rinne, die zum Sattel der Jägersruh hinaufleitet und in die abgeschlossene Welt des Soiernkessels. Tief unten blinken die beiden Soiernseen, darüber, ein wenig oberhalb des tiefsten Einschnitts der Umrahmung, steht das Soiern-Haus, links schauen wir zur horizontal geschichteten Soiernspitze und in deren öde Schuttkare.

Nach der Nächtigung im einstigen Jagdhaus Ludwigs II. steigen wir am nächsten Tag früh zur Schöttelkarspitze auf, wo sich der Märchenkönig ein »Belvedere« samt Miniküche errichten hatte lassen. Von beidem ist – leider – nichts mehr zu sehen, nur die Ausblicke sind dieselben geblieben. Man kann nun den Abstecher zur Soiernspitze – auf oder neben dem Kamm entlang – anpacken, oder man zielt direkt ins Tal. Dabei folgen wir vom Feldernkreuz, südlich der Schöttelkarspitze, kurz dem Seitenkamm nach Westen (geradeaus geht's weiter nach Krün), steigen dann streng südwärts steil zur Ochsen-Alm ab, laufen die Forststraße oberhalb der romantischen Seinsbachklamm hinunter, queren schließlich den Seinsbach und landen wieder in Mittenwald.

38 Unterm Zillertaler Eis

Vom Tuxer-Joch-Haus zur Berliner Hütte

Österreich
Zillertaler Alpen
5–7 Tage
▲▲△△

Talorte AP Hintertux, 1493 m (Bus von Mayrhofen). – EP Ginzling, 1000 m (Bus nach Mayrhofen).

Stützpunkte (1) Tuxer-Joch-Hs., 2310 m, ÖTK, 2 Std. ab Hintertux bzw. 0.30 Std. ab Sommerberg-A., 1986 m (= Mittelstation der Gondelbahn zur Gefrorenen Wandspitze). – (2) Geraer H., 2326 m, DAV, 4.30 Std. von (1) über Kleegrubenscharte, 2498 m – Steinernes Lamm, 2528 m. – (3) Furtschagl-Hs., 2293 m, DAV, 6 Std. von (2) über Alpeiner Scharte, 2959 m – Schlegeis-Stausee. – (4) Berliner H., 2042 m, 5.30 Std. von (3) über Schönbichler Horn, 3134 m, teils ges. Steig. – Abstieg 6 Std. über Melkerscharte, 2878 m – Gunggl nach Ginzling.

Hüttengipfel (4) Schwarzenstein, 3369 m, 4–5 Std., Gletschertour, nur für Geübte mit Steigeisen, Pickel und Seil.

Charakter Ausdauer und Trittsicherheit erfordernde Hochgebirgswanderung mit großartigen Ausblicken; durchgehend gute Steiganlagen, an ausgesetzten Stellen gesichert.

Besonderer Hinweis Als weitere Stützpunkte bieten sich die Dominikus-H., 1805 m, priv., am Schlegeis-Stausee, und das Whs. Alpenrose, 1873 m, priv., unterhalb der Berliner H. an.

Führer AV-Führer Zillertaler Alpen, Klier (Rother). – Kl. Führer Zillertaler Alpen, Klier (Rother).

Karten AV, 35/1 Zillertaler Alpen/Westl. Blatt, und AV 35/2 Mittl. Blatt, jeweils 1 : 25000 – FB, 152, Mayrhofen–Zillertaler Alpen–Gerlos–Krimml, 1 : 50000. – FB, 15, Zillertaler Alpen, 1 : 100000.

»Zillertal, du bist mei Freid«, lautet der Refrain eines beliebten Tiroler Volkslieds, das alten Freunden des Zillertals bestenfalls am Ende eines weinseligen Abends über wehmütige Lippen kommt: Wer das Zillertal kennt, verfällt in tiefe Resignation, wenn diese Textzeile angestimmt wird. Als die angenehmste der neuen Errungenschaften zwischen Inntal- und Hochfeiler bezeichnen viele die neuausgebaute Straße, weil man auf ihr schneller die Schandmale im breiten Talgrund passieren kann. Da wurden Diskotheken und Tennishallen in die grüne Wiese gesetzt, prägen einfallslos hochgezogene Fremdenpensionen die kleinen, früher bäuerlichen Dörfer, wurde neben einem unrentablen Skigebiet ein neues errichtet, anstatt das in der Planung richtig plazierte alte konsequent auszubauen, wurden die schönsten Talgründe unter Wasser gesetzt. Wer im Hochsommer durch Mayrhofen spaziert, findet kaum irgendwo im Ort dörflichen Charme, vermißt jegliche Ausstrahlung der einst berühmten Sommerfrische.
20000 Betten standen vor wenigen Jahren den Fremden zur Verfügung, das bedeutet sechs bis acht Monate im Jahr 20000 Anspruchsteller – auf gutes Quartier, leckeres Essen, vielfältige Freizeiteinrichtungen, »Natur zum Anfassen«. Daß es um dieses Tal herum eine großartige Bergwelt gibt, hat sich – Gott sei Dank! – nur beim kleineren Teil dieser Menschenmassen herumgesprochen. – Also, nichts wie hinauf zu diesen Bergkämmen, die das Schicksal der Erschließung, mit einer Ausnahme, noch nicht ereilt hat – »in die Höhe, in die Freiheit ...«

Man kann diese vielleicht schönste Zillertaler Höhenwanderung nicht mit starken Worten darstellen: Die Erlebnisse dieser großen Übergänge dicht am vergletscherten Alpenhauptkamm dahin, hinterlassen in jedem Men-

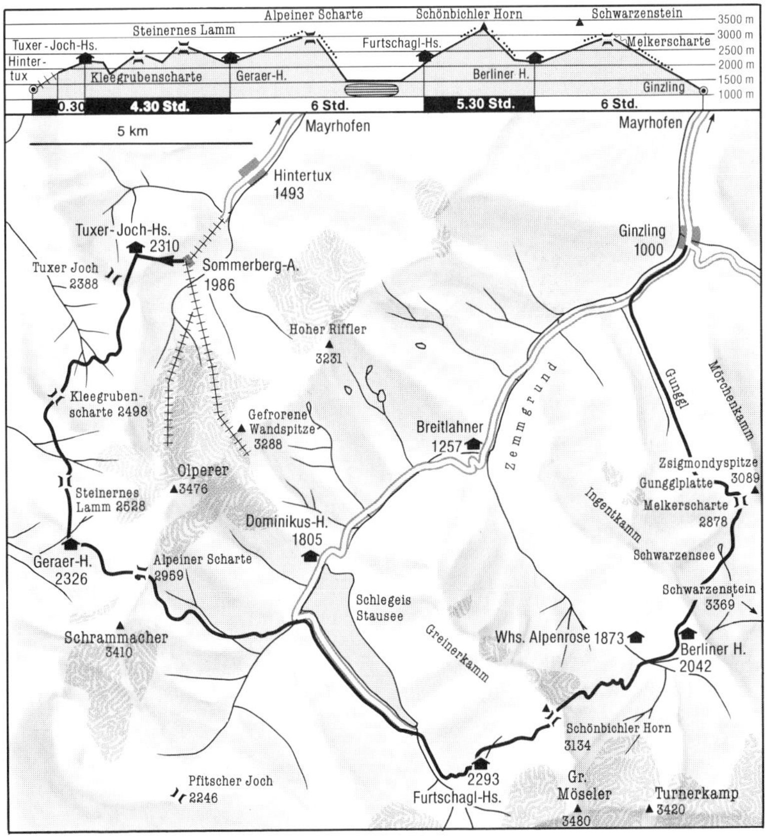

schen andere Eindrücke. Nicht wer objektiv, sondern wer der höchsten Subjektivität fähig ist, bringt von dieser Tour den größten Packen Glück heim.

Zum Auftakt durchschreiten wir auf dem interessantesten Weg den Tuxer Hauptkamm, dann geht es auf der Nordseite des Hauptkamms entlang unter beeindruckenden Eisflanken, schließlich zwischen zwei der fünf langen, nach Norden streichenden Seitenkämme zurück ins Tal. Es wäre vermessen, angesichts dieser Kulisse totenstille Einsamkeit zu erwarten – nicht umsonst hat die Berliner Hütte mehr als 200 Schlafplätze –, derartige Ansprüche müssen angesichts des Millionenheers von Bergsteigern immer häufiger Illusion bleiben.

Wir starten in einem Gebiet, das ein Musterbeispiel für »dezentrale Konzentration« abgibt. Dieser Begriff aus dem Fachchinesisch der Raumordnungs-Spezialisten umschreibt jene für den Alpenraum so vorteilhafte Erscheinung, wonach konsequente Erschließungs-Maßnahmen in einem Gebiet den angrenzenden Raum von solchen Einrichtungen freihalten, die Natur schonen, Tier- und Pflanzenwelt den notwendigen Lebensraum erhalten. Die Hintertuxer Bahnen-Kette ist Anziehungspunkt nicht nur für Sommerskifahrer, sondern auch für die vielen Gehfaulen, die für jeden Schritt, den sie nicht tun, gerne bezahlen. Deshalb geht's am Tuxerjoch-Haus schon etwas ruhiger zu, und die Tief- und Fernblicke vom Höhenweg in der Westflanke unterm Olperer, von der Frauenwand, von Kleegrubenscharte und Steinernem Lamm gehören einem dann fast ganz allein.

Von der Geraer Hütte in ihrem Felszirkus unter Fußstein und Schrammacher steigen wir durch steile Block- und Geröllhänge zur Alpeiner Scharte auf, wo der bis hierher bewunderte Blick zu den Stubaier Bergen schlagartig vergessen wird, steht man doch nun viel näher an den Zillertaler Eisriesen.

Durchs einsame Revier des Unterschrammachkars mit seinen kleinen Seeaugen laufen wir zum rauschenden Zamser Bach, der wenig unterhalb bereits im großen Schlegeisspeicher gebändigt wird.

Wir halten Distanz zur Staumauer, die von zahlreichen Auto-Touristen angesteuert wird, und folgen dem Fahrsträßchen, das den See entlang zum Furtschaglboden mit seiner großartigen Gletscherkulisse führt. 500 m über dem Talschluß steht dann links oben das alte, gemütliche Furtschagl-Haus. Haben wir uns am nächsten Morgen sattgesehen an den Eiswülsten des mächtigen Möseler und der steilen Hochfeiler-Nordwand, dann steigen wir hinter der Hütte am Berliner Höhenweg aufs Schönbichlerhorn

△
Der natürliche, nicht von Fotografen aufgestaute Schwarzsee gilt als einer der Glanzpunkte in den gesamten Zillertaler Alpen. Über Horn- und Waxeckkees bauen sich vor einem makellosen Himmel von links her auf: Turnerkamp, Roßruggspitze, Möselenock sowie Kleiner und Großer Möseler.

Die altehrwürdige Berliner Hütte vor Waxeckkees und Großem Möseler. Unbescheiden, wie man sich zu Zeiten Wilhelms II. in der deutschen Reichshauptstadt einmal gab, hat man die Hütte 1911 geradezu prunkvoll ausgestattet: Da wurden die »Herren Bergsteiger« gar von richtigen Kellnern bedient – unvorstellbar in der heutigen Zeit des Massenbergsteigens.

zu, dessen Gipfel sich vom wenig südlich gelegenen Schartenübergang schnell erreichen läßt. Diese Wegstrecke am schwarzen Blockgrat eines relativ leichten Dreitausenders mit den eindrucksvollen Blicken in steiles und zerschundenes Eis dürfte die schönste Etappe dieser Tour sein. Wir schauen zum Schwarzenstein und zum Großen Möseler, von denen jeder bis zu seiner Besteigung als höchster Zillertaler Gipfel galt, denn beide reichen nicht an die 3510 m des Hochfeiler heran.
Von der Schönbichler Scharte quert der Weg drahtseilgesichert zum Schönbichler Grat. An ihm geht es hinunter zur großen Moräne unterhalb des Waxeckkees und hinüber zum Prachtbau der Berliner Hütte, dessen hundertjähriges Bestehen 1979 gefeiert wurde. Von diesem »Alpenvereins-Hotel« – so kritisiert wegen der aus Kaisers Zeiten stammenden großzügigen Raumaufteilung und Inneneinrichtung – sollte sich nur der hochalpin erfahrene Bergwanderer und auch dieser nur bei sicherem Wetter und in Begleitung auf den Gletscherweg zum Schwarzenstein machen, um einen der eindrucksvollsten Schauplätze der Ostalpen zu genießen. Wer nun noch immer Zeit und Kondition hat und wessen geistiges Aufnahmevermögen noch nicht erschöpft ist, kann die Tour ausdehnen, indem er über die Mörchenscharte zur Greizer Hütte, weiter über die Lapenscharte zur Kasseler Hütte und am Aschaffenburger Höhenweg, die sieben Urgesteinsschneiden des Ahronkamms querend, zur Edel-Hütte direkt oberhalb von Mayrhofen wandert. Hat man aber den Geist bis hierher genug gelüftet, so steigt man von der Berliner Hütte zum hunderttausendfach fotografierten Schwarzsee und über die Melkerscharte in die Gunggl, einen der stillsten Talgründe im Zillertal, und nach Ginzling ab. Das kostet noch einmal einen Tag, bildet aber zweifellos einen würdigen Abschluß dieser großen Zillertaler Bergwanderung.

39 Vom Zahmen in den Wilden Kaiser

Promenadenwege und Felsensteige über dem Inntal

Österreich
Kaisergebirge
3–4 Tage
▲▲▲△

Talort AP/EP Kufstein, 500 m, am Inn.

Stützpunkte (1) Vorderkaiserfelden-H., 1388 m, DAV, 2.30 Std. von Kufstein/Ortsteil Sparchen (= Talstation der Sesselbahn Wilder Kaiser). – (2) Stripsenjoch-Hs., 1577 m, ÖAV, 4 Std. von (1) am Höhenweg über Hochalm und Feldalmsattel, 1433 m. – (3) Grutten-H., 1620 m, DAV, 3.15 Std. von (2) am Eggersteig durch die Steinerne Rinne (ges., Steinschlag!) zum Ellmauer Tor, 2006 m und am Jubiläumssteig (ges.) zur Hütte. – (4) Kaindl-H., 1293 m, priv., 4.30 Std. von (3) über den Scheffauer, 2111 m, und den Widauer Steig (ges., Steinschlag!). – Abstieg 0.45 Std. zum Brentenjoch, Bergstation der Sesselbahn Wilder Kaiser.

Hüttengipfel (1) Naunspitze, 1633 m, 0.40 Std. – Pyramidenspitze, 1997 m, 2.30 Std. – (2) Stripsenkopf, 1807 m, 0.30 Std. – (2/3) Hint. Goinger Halt, 2192 m, 0.30 Std. vom Ellmauer Tor, 2006 m, lohnender Abstecher. – (3) Ellmauer Halt, 2344 m, 2.30 Std. auf dem Gamsgängersteig, ausgesetzt, z. T. ges., nur für Geübte (I)! – Scheffauer, 2111 m, kurzer, lohnender Abstecher von der Route.

Charakter Ausdauer, Trittsicherheit und Schwindelfreiheit erfordernde Wanderung mit kurzen klettersteigähnlichen Abschnitten. – Im Hochsommer stark frequentierte Hütten!

Führer Kl. Kaiserführer, Schmitt/Zeis (Rother).

Karten FB, 301, Kufstein–Kaisergebirge–Kitzbühel, 1 : 50000. – AV. 8, Kaisergebirge, 1 : 25000.

Zahmer Kaiser und Wilder Kaiser, die beiden parallel verlaufenden Kalkkämme über dem Inntal bei Kufstein, wirken wie ein guter Regie-Einfall der Natur. Die zufällige Steigerung, die Verdoppelung der alpinen Effekte, sind das Einzigartige dieser Gruppe.
Wir erleben es, wenn wir von der Veste Kufstein über die Vorderkaiserfelden-Hütte und am aufgeheizten Südhang auf und ab durch die Falten und Runsen des Gebirgs bis hinüber zu der Hütte am Stripsenjoch steigen – 5 Stunden lang gegenüber den mauerglatten Wänden von Scheffauer, Kleiner Halt und Totenkirchl. Über uns am Zahmen Kaiser ist das alles abgeschliffen, zerfallen, zahm ...
Vom Stripsenjoch-Haus, dem einstigen Hauptquartier der Münchner Kletterschule, queren wir anderntags am drahtseilgesicherten Eggersteig in die Steinerne Rinne und steigen zwischen den beklemmend nahe beieinander stehenden senkrechten Wänden von Predigtstuhl und Fleischbank steil ins weite Ellmauer Tor. Von ihm dürfen die Augen wieder in die Weite blicken, über die Kitzbüheler Grasberge hinweg zu den Eisgipfeln der Hohen Tauern und der Zillertaler Alpen.
Wir steigen nur kurz ab, um bald am gesicherten Jubiläumssteig zur Grutten-Hütte zu queren, dabei hochinteressant an deutlich sichtbaren Verwerfungen vom Wettersteinkalk in Hauptdolomit überwechselnd.
Auf der letzten Etappe wandern wir um den Sockel des Tuxecks herum zur Kaiser-Hochalm, wo wir uns entscheiden müssen: entweder für den Abstieg zum nahen Hintersteiner See oder für die Überschreitung des Scheffauer zur Kaindl-Hütte, die im Abstieg am Widauer Steig Trittsicherheit und Schwindelfreiheit erfordert. Bevor man sich dann ins Inntal hinunter die Beine in den Leib stößt, schwebt man vom Brentenjoch lieber mit dem Sessellift ans Ziel.

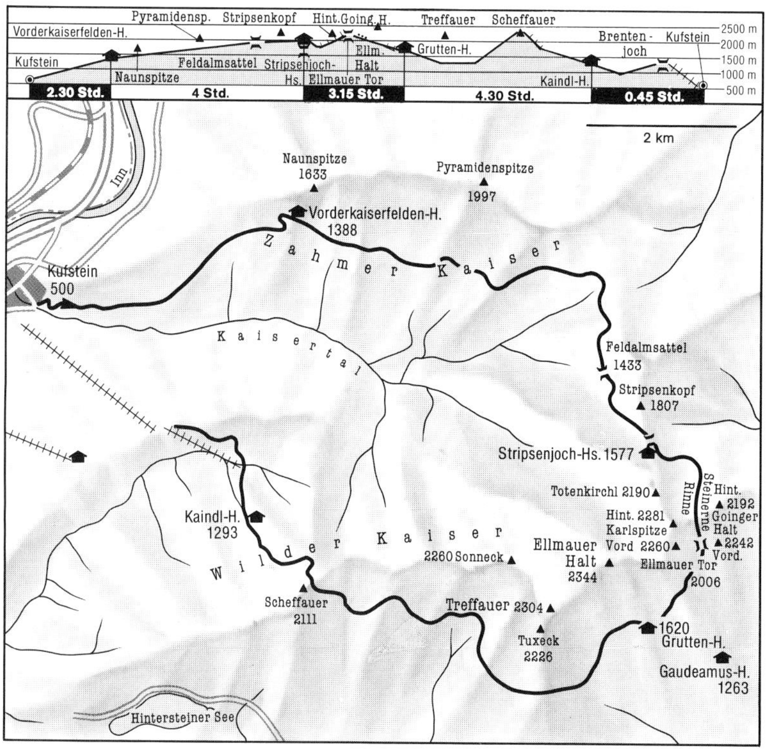

Zum Greifen nahe stehen in der Steinernen Rinne die berühmten Kletterwände des Wilden Kaiser – links Christaturm, rechts Fleischbank-Südostwand – dem Wanderer gegenüber. Die Betonung der sportlichen Note beim Klettern hat das früher ernste Revier der Münchner Kletterschule in einen riesigen Klettergarten verwandelt.

40 Lange Wege um die Wildkarspitze

Vom Wildgerlostal zu den Krimmler Wasserfällen

Österreich
Zillertaler Alpen
2–3 Tage
▲▲△△

Talorte AP Gerlospaß, 1507 m, zwischen Zillertal und Pinzgau, bzw. Hotel Gerlosplatte, 1687 m (Straße/Bus aus Pinzgau und Zillertal). – EP Krimml, 1072 m, im Oberpinzgau (Bus/Mautstraße zum Gerlospaß).

Stützpunkte (1) Zittauer H., 2329 m, DAV, 4.30 Std. vom Hotel Gerlosplatte über Leitenkammersteig – Wildgerlostal (2.30 Std. vom Ghf. Finkau, 1420 m). – (2) Richter-H., 2374 m, DAV, 3 Std. von (1) über Roßkarscharte, 2687 m (im Frühsommer Firnfelder!). – (3) Krimmler Tauern-Hs., 1622 m, priv., 2 Std. von (2) durch das Rainbachtal. – Abstieg 2.30 Std. entlang der Krimmler Ache und den Wasserfällen nach Krimml.

Hüttengipfel (1) Gabler, 3260 m, 3 Std., Gletscherbegehung, am Gipfel Blockkletterei (II), nur für geübte, im Umgang mit Steigeisen, Pickel und Seil vertraute Geher! – Roßkopf, 2844 m, 0.30 Std. als Abstecher im Übergang von (1) nach (2). – (2) Richterspitze, 3054 m, S Std. über die Gamsscharte, ges. Steig, Trittsicherheit! – Zillerschartenspitze (auch: Rainbachspitze), 3130 m, 3.30 Std. über Windbachscharte – Karkees, Gletscher und kurze Kletterei (II), nur für Geübte! – Windbachtalkopf, 2844 m, 1.30 Std. auf Steig.

Charakter Leichte Wanderung mit hochalpinen Gipfeltouren, die z. T. Steigeisen, Pickel und Seil erfordern!

Führer AV-Führer Zillertaler Alpen, Klier (Rother). – Kl. Führer Zillertaler Alpen, Klier (Rother).

Karten AV, 35/3, Zillertaler Alpen, Östl. Blatt, 1 : 25000. – FB, 121, Großvenediger–Oberpinzgau, 1 : 50000.

Die Reichenspitz-Gruppe, eine kompakte Masse schlanker Felsgipfel und scharfer Granitgrate über wild zerschlagenen Gletschern, ist dem eisigen Zillertaler Grenzkamm dort, wo er an die Venediger-Gruppe grenzt, nordwestlich vorgelagert. Rings um

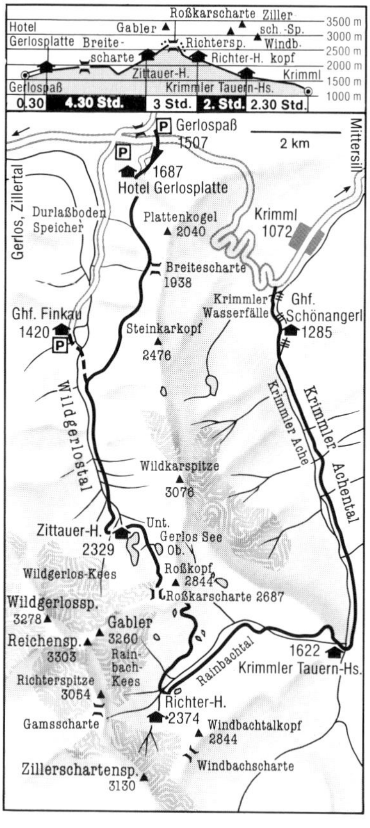

die Reichenspitze mit ihren schwarzbraunen Urgesteinszinnen breiten sich drei stille Alpentäler aus, drei voneinander grundverschiedene Furchen im hohen Zentralalpenkamm: Es sind dies das über dem mächtigsten Wasserfall der Alpen breitbödig dem Hauptkamm zustrebende Krimmler Achental, das westlichste, aber bereits vollkommene Tauerntal in seiner mächtigen V-Form und mit dem reißenden Gletscherbach, dann das über einer zirbenbesetzten Talstufe versteckte, vom kühlen Hauch mehrerer kleiner Gletschermulden erfüllte Hochtal des Reinbachs und endlich jenes urweltliche Wildgerlostal im Norden, beherrscht von den eleganten Hauptgipfeln der Gruppe und dem sich davor ausbreitenden Wildgerloskees.

Dieser großartige Talschluß zwischen Gabler und Wildgerlosspitze bestimmt das erste Bild dieser fast geschlossenen Runde um die elegante Pyramide der Wildkarspitze. Sämtliche Wege sind gut markiert, der Vorstoß in hochalpine Regionen erfordert vor allem einen kompletten Wetterschutz. An die Besteigung des Gabler dürfen sich nur eiserfahrene Bergsteiger mit Steigeisen, Pickel und Seil heranwagen. Wer erst am Nachmittag zur Zittauer Hütte aufsteigt, wird, um nicht in die Nacht zu kommen, vom Gasthaus in der Finkau, am Ende des Durlaßboden-Speichersees, losmarschieren. Dann taucht allerdings am Schluß der Tour das Problem auf, wieder zum Auto zu gelangen. Dies läßt sich leichter lösen – nämlich mit dem Postbus –, wenn man seinen Wagen am Gerlospaß abstellt oder etwas höher, neben dem alten Hotel Gerlosplatte, das man über die mautpflichtige Gerlos-Hochalpenstraße erreicht. Zudem beginnt die Tour dann mit dem reizenden Leitenkammersteig, der ohne große Höhenunterschiede in den Westhängen des Plattenkogels zur Breiten Scharte und durch lichten Zirbenwald ins unberührte Wildkar hinüberquert. Ein kurzer, steiler Abstieg leitet dann hinunter zur Drißl-Alm, wo man auf den zur Zittauer Hütte führenden Weg trifft, zum eigentlichen Hüttenanstieg.

Über eine Talstufe gelangen wir an riesigen Granitblöcken vorbei zu den obersten Almböden mit Gablereis, Reichenspitze, Hahnenkamm und Wildgerlosspitze als mächtiger Kulisse. Mit Hilfe der hoch aufgeschütteten Moräne aus dem dunklen Trog heraus, dann über riesige Urgesteinsplatten links hinüber, und wir stehen vor der kleinen Zittauer Hütte am eisigkalten Unteren Gerlossee. Hier hat man jene unsichtbare Grenze erreicht, an der auch die ausdauerndsten Gerloser Sommerfrischler ihre alpinen Ausflüge beenden.

Der Hüttengipfel der Zittauer Hütte für den Hochtouristen, der Gabler, ist nach schneereichen Wintern als eher leichte Gletschertour einzustufen. Ist

seine Eisglatze jedoch bis zu den Gipfelfelsen aper, können sich Randspalte und Blankeis für Eistouren-Neulinge in unüberwindliche Hindernisse verwandeln. Der Hüttengipfel für den Wanderer dagegen läßt sich leicht in die nächste Etappe zur Richter-Hütte einbauen. Man verläßt den Steig kurz vor der Rechtsquerung zur Roßkarscharte und folgt dem deutlichen Weglein zum nahen Roßkopf hinauf. Schlagartig hat man nun das zweite Schaustück dieser Tour vor Augen: die ebenmäßige Gestalt des Großvenediger und seine weite Gletscherwelt. Hat man diesen wunderbaren Schock überstanden, entdeckt man das Rainbachtal unmittelbar unter sich, findet auf einer Terrasse über dem hintersten Talboden die Richter-Hütte, schaut zum langen Urgesteinsgrat, den die Reichenspitze nach Süden entsendet, und den östlich vorgelagerten Gletscherlappen, überblickt das lange Wildgerlostal – und mit einem Mal stellt sich am »nur« 2844 m hohen Roßkopf das Gefühl eines großen Gipfelsiegs ein. Von der Roßkarscharte geht es hinunter ins riesige Trümmerfeld des Roßkars, von der gleichnamigen Lacke rechts hinüber in den Talschluß und – ein Ende mit Schrecken – noch einmal steil hinauf zur Richter-Hütte.

Das Gegenstück der Richter-Hütte zum Roßkopf der Zittauer Hütte, der Windbachtalkopf, baut sich gleich südöstlich der Hütte auf und ist genauso leicht zu besteigen. Vielleicht entscheidet sich mancher erst hier oben, den Aufenthalt im wohlversteckten Refugium der Richter-Hütte noch auszudehnen. Gipfel für Genießer gibt es ein halbes Dutzend. Vielleicht auch entschließt man sich bei der Gipfelrast, anstatt direkt von der

Die 1897 eröffnete Richter-Hütte im abgelegenen Rainbachtal. In ihrer hochalpinen Umrahmung finden sich neben reinen Kletterbergen auch reizvolle Gipfel für den trittsicheren Bergwanderer. Im Hintergrund der dunkle Reichenspitzkamm über dem Keeskar mit (von rechts nach links) Richterspitze, Gamsscharte, Schwarzköpfe, Spaten und Nadelspitzen.

Der großartige Abschluß des Wildgerlostals im ersten Morgenlicht. Der Gipfelkamm beginnt links über der besonnten Firn-»Glatze« mit dem kecken Gabler. Etwas verdeckt dahinter steht die Reichenspitze, nach der diese Zillertaler Untergruppe benannt ist. Über dem wild zerrissenen Wildgerloskees folgen der scharfgezackte Hahnenkamm und die elegante Wildgerlosspitze mit ihrer Firnraute am Nordgrat. Von den ersten Sonnenstrahlen werden im Vordergrund Zittauer Hütte und Wildkarsee berührt. Unser Übergang über die Roßkarscharte befindet sich links etwas außerhalb des Bildrands.

Richter-Hütte zum Krimmler Tauern-Haus hinunterzulaufen, noch zum Krimmler Tauern zu queren – einem schon in frühgeschichtlicher Zeit benützten Übergang –, einen Blick ins Ahrntal zu werfen und am uralten Saumweg durchs Windbachtal zur Krimmler Ache abzusteigen.
Beim blitzsauberen Krimmler Tauern-Haus darf niemand vorbeigehen, der im Gebirge mehr als nur hohe Gipfel sucht, denn dieses Gasthaus dürfte der älteste aller in diesem Buch genannten Stützpunkte sein. Bereits 1437 wird das Krimmler Tauern-Haus erstmals erwähnt als Schwaige, also als ständig bewohntes Bauerngut, am nicht unbedeutenden Handelsweg zwischen Pinzgau und (Süd-)Tirol. Aus dieser Zeit, aus dem Jahr 1463, stammt die wunderschöne, getäfelte Gaststube des Hauses!
Die Tour endet mit einem dramatischen Knalleffekt: Da geht es nämlich zunächst weit, weit die reißenden Achenwasser entlang zu einer Verengung, wo sie urplötzlich als weltberühmte Krimmler Wasserfälle – jährlich von Zigtausenden bestaunt – 400 m in die Tiefe stürzen. Kaum zu glauben, aber wahr: Vor einiger Zeit existierten angeblich Pläne, den Gebirgsbach oberhalb der Talstufe aufzustauen und das großartige Naturschauspiel nur für die Touristen tagsüber »anzuschalten«. Felix Austria?

41 Kammwanderung mit Dolomitenblick

Über den westlichen Karnischen Hauptkamm

Österreich
Karnische Alpen
2–3 Tage
▲▲△△

Talorte AP Sillian, 1080 m, im Pustertal. – EP Kartitsch, 1358 m, im Lesachtal (Straße/Bus 8 km nach Sillian).

Sützpunkte (1) Viktor-Hinterberger-H., 2418 m, ÖAV, am Füllhornsee, 3.30 Std. von Sillian bzw. 1 Std. von der Leckfeld-A. (bis hierher Kfz.-Auffahrt) oder von italienischer/Südtiroler Seite Auffahrt mit Bahnen (Sexten, Vierschach) bis knapp unterhalb der Hahnspiel-H., 2200 m, und über Helm, 2433 m, zur H. – (2) Obstansersee-H., 2304 m, ÖAV, 4.30 Std. von (2) am Karnischen Höhenweg den Grenzkamm entlang mit mehreren Gipfelüberschreitungen. – Abstieg 3 Std. über Roßkopftörl, 2493 m, und das Erschbaumer Tal nach Kartitsch.

Hüttengipfel (1/2) Helm, 2433 m, 0.30 Std. von (2). – Hochgruben, 2537 m – Hollbruckerspitze, 2581 m – Demut, 2591 m – Eisenreich, 2665 m; können alle im Abschnitt zwischen (2) und (3) leicht überschritten werden. – (3) Pfannspitze, 2678 m, 1 Std.

Charakter Unschwierige Kammwanderung mit großartigen Ausblicken in die Sextener und Lienzer Dolomiten; auch mit ausdauernden Kindern ab 10 Jahren möglich.

Besonderer Hinweis Die Tour kann auch von italienischer/Südtiroler Seite her unternommen werden: Auffahrt mit Bahnen von Sexten oder Vierschach im Pustertal bis unterhalb der Hahnspiel-H. und 1.45 Std. weiter zu (1). – Abstieg von (2) nach Sexten/Moos über Obstanser Sattel, 2453 m, und Passo Silvella, 2329 m; bei dieser Variante vorher erkundigen, ob Grenzübertritt problemlos möglich ist! – Grundsätzlich sind bei dieser Tour die für den Grenzübertritt notwendigen Dokumente mitzuführen.

Führer AV-Führer Karnischer Hauptkamm, Holl (Rother).

Karten FB, 18, Lienzer Dolomiten–Schober-Gruppe, 1:100000. – besser: FB, S 10, Sextener Dolomiten, und 182, Lienzer Dolomiten–Lesachtal, beide 1:50000.

Der Hauptkamm der Karnischen Alpen, der auf einer Länge von ganzen 120 (!) km Lesach- und Gailtal im Süden begleitet, von Sillian im Westen bis zum Klagenfurter Becken reicht, bildet in mancherlei Hinsicht eine Grenzlinie. Der geographischen Trennungslinie folgt die politische: hier Österreich, dort Italien. Weniger klar, für Laien eher verwirrend, stellt sich die Grenzsituation geologisch dar mit überraschenden Wechseln zwischen Kalk und Urgestein und somit vollkommen unterschiedlichen, dennoch benachbarten Berggestalten.
Ausgeprägter ist das abgrenzende Element in klimatischer und ethnologischer Hinsicht. Herrschen im Norden mitteleuropäische Fauna und Flora vor, so zeigen sie jenseits der Bergkette mediterrane Erscheinungsformen. Die Nahtstelle zwischen deutschen, romanischen und slowenischen Volksgruppen läßt den Gebirgszug auch zu einer natürlichen Sprachgrenze werden. Und auch die Architektur als ein Segment des weiten kulturellen Bereichs unterstreicht die trennende Funktion: Den hohen Giebeln der Häuser und spitzen Kirchtürmen von Gail- und Lesachtal stehen die Flachdächer und Campanile in Piave-, Degano- und Fellatal gegenüber. Soviel Trennendes aber auch zu entdecken sein mag – wer die Berge als Lebensraum der Menschen betrachtet, weiß, daß sie auch viel stärker verbinden.
Die alpinistische Erschließung der Karnischen Hauptkette beginnt mit der Zeit der »Spezialisten« in der zweiten Hälfte des vorigen Jahrhunderts, als die Alpen großflächig erforscht, die bedeutendsten Gipfel erstiegen waren und nun einzelne Männer oder Freundeskreise begannen, systematisch die vielen Gebirgsgruppen zu erkunden. Noch vor seinen Pioniertaten in den Dolomiten suchte der Wiener Paul Grohmann die Karnischen Berge auf, erstieg 1865 die Hohe Warte, den höchsten Gipfel des Hauptkamms, und drei Jahre später die Kellerspitze. Die letzten Jahre seines Lebens verbrachte Grohmann, der in einem Börsenkrach einen Großteil seines beträchtlichen Vermögens verloren hatte, in Sexten, zwischen Dolomiten und Karnischem Hauptkamm. Die Form als Kettengebirge läßt den Karnischen Gipfelzug geradezu prädestiniert erscheinen für eine überlange Wanderung von Hütte

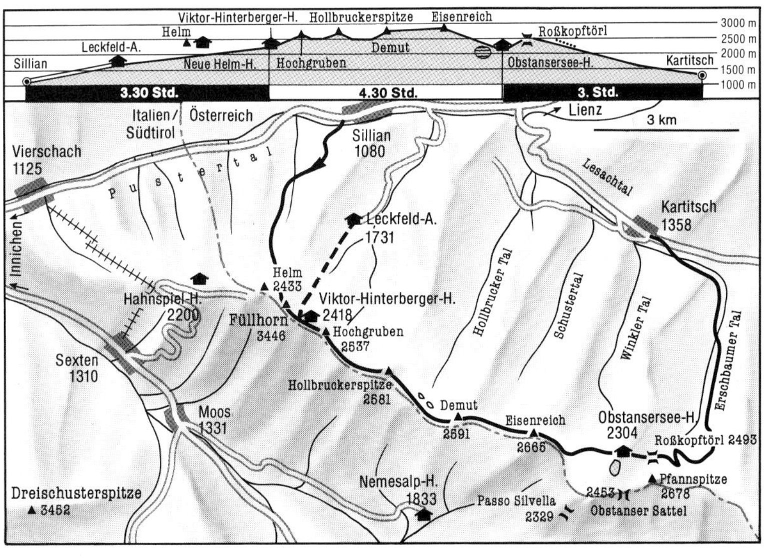

Tiefblick vom Karnischen Hauptkamm in den Kessel des Obstansersees, an dessen Ufer die gleichnamige Hütte steht. Darüber der Roßkopf, dessen heller, brüchiger Kalkfels den Berg in seiner von Schiefer und Gneis bestimmten Umgebung besonders hervorhebt. Im Hintergrund leuchten links die Firnflanken der Hohen Tauern.

zu Hütte. Die Höhepunkte der durchaus möglichen, aber strapaziösen Tour sind zwischen Plöckenpaß und Hochweißstein-Haus sowie – mit einzigartigen Ausblicken auf die Sextener Dolomiten auftrumpfend – im äußersten Westen zwischen Helm und Obstansersee-Hütte zu finden. Wer den Akzent beim Begriff »Höhenwanderung« eher auf den ersten Teil des Wortes setzt, hat sogar die Möglichkeit, den größten Teil des Aufstiegs zur ersten Hütte per Seilbahn zurückzulegen. Eines noch ist bei dieser Tour besonders zu beachten: Wichtigstes Ausrüstungsutensil ist neben dem Wetterschutz der Reisepaß, denn ein Mensch ohne amtliches Dokument gilt im österreichisch-italienischen Grenzgebiet auch heute noch als verdächtig …

Wer aus Prinzip seine Bergtouren ausschließlich zu Fuß zurücklegt, steigt von Sillian im Pustertal zum Helm auf – durch Wald und Almwiesen gleichmäßig Höhe gewinnend, mit dem Blick nordwärts ins Winkeltal und zu den Defereggер Alpen. Weiter oben tauchen dann im Osten die Lienzer Dolomiten auf, und erst am Kamm, nur knapp unter dem Helmgipfel, breitet sich die große Dolomiten-Szenerie vor einem aus. Ob zur ersten Rast der Helmgipfel selbst oder die Viktor-Hinterberger-Hütte angesteuert wird, macht keinen großen Unterschied, was Aussicht und Gehzeit betrifft. Die eine liegt auf italienischem Gebiet und wird privat bewirtschaftet, die andere befindet sich in Österreich und gehört der ÖAV-Sektion Sillian. Nicht unterschlagen seien drei Möglichkeiten, diese Ziele weniger anstrengend zu erreichen: Wer von Sexten mit dem Wagen bis zur Hahnspiel-Hütte, von Sillian ebenfalls auf einer Straße bis zur Leckfeld-Alm oder gar von Vierschach im Pustertal per Sessellift sich den größeren Teil des Anstiegs erspart, genießt den Fernblick vom Helm schon nach $^1/_2$–$1^1/_2$ Stunden Aufstiegsmühen. Ein Kletterer sitzt hier wie vor einem aufgeschlagenen Riesenführer und kann, mit einem guten Fernglas bewaffnet, viele berühmte Sextener Touren studieren.

Dies alles läßt sich in Ruhe genießen auf dem Höhenweg, der in stetem Auf und Ab am Kamm entlang von der Viktor-Hinterberger-Hütte zur Obstansersee-Hütte führt. Sechs Gipfel hat man so im Nu beisammen, und wer sich da und dort ein paar Extratouren erlaubt, kommt leicht auf ein Dutzend. Die schönsten heißen Hochgrubenspitze, Hornischeck, Hollbruckerspitze, Demut und Eisenreich. Von all diesen, trotz der Höhe um 2500 m bemerkenswert zahmen Grenzgipfeln sieht man den ganzen Tag lang auf die berühmte Sextener Sonnenuhr Elferkofel, Zwölferkofel und Einserkofel, schaut ins Gefüge des gegenüber stehenden Felsstocks der Lienzer Dolomiten, nach Norden über die Fast-Dreitausender der Defereggер Alpen zu den Gletschergipfeln der Venediger-Gruppe, nach Süden bis zum Dunst über der Ebene um Udine.

Der Abstieg vom dreigipfeligen Eisenreich in den Felskessel des Obstansersees und zur Hütte ist kurz, der weitere Weg nach Kartitsch eine ungetrübte Freude für den Genießer schöner Berglandschaft. Läuft man durch das Winklertal direkt ins Tal, passiert man den malerischen Obstanserkessel, durch den der kleine Bach auf die nächste Steilstufe, dem nächsten Wasserfall zu, mäandert. Überschreitet man das Roßkopftürl gleich oberhalb der Hütte, gelangt man ins einsame Erschbaumer Tal, dessen Talschluß die breiten Felsflanken von Pfannspitze, Kinigat und Königswand beherrschen, und schlendert gemütlich das Tal hinaus bis nach Kartitsch.

42 Zwischen Hochgall und Venediger

Einsame Steige und neue Hütten um den Lasörling

Österreich
Hohe Tauern/Südliche Venediger-Gruppe 3–5 Tage
▲▲▲▲

Talorte AP Virgen, 1194 m. – EP Prägraten, 1310 m. – Beide Orte im Virgental (Bus von Matrei in Osttirol).

Stützpunkte (1) Wetterkreuz-H., 2106 m, priv., 3 Std. ab Virgen. – (2) Zupalsee-H., 2350 m, priv., 1.30 Std. ab (1). – (3) Lasörling-H., 2409 m, priv., 3–4 Std. von (2) über Merschenhöhe, 2499 m, und Kosachkofel, 2536 m, weglos, aber unschwierig. – (4) Neue Reichenberger H., 2586 m, ÖAV, 4.30–5 Std. von (3) über Niedere Höhe, 2919 m – Prägrater Törl, 2846 m – Pizleshorn, 2947 m – Rudolf-Kauschka-Höhenweg, größtenteils weglos, Schrofengelände (I–II). – Abstieg nach Prägraten 3–4 Std. über Rote Lenke, 2794 m – Kriselachtörl, 2646 m – Lasnitzen-A., 1887 m.

Hüttengipfel (1/2) Am Legerle, 2527 m, jeweils 1–1.30 Std. – (3) Lasörling, 3098 m, für Geübte unschwierig (I). – (4) Gösleswand, 2912 m.

Charakter Ausdauer und absolute Trittsicherheit erfordernde Tour mit hochalpinen und weglosen Abschnitten in felsigem Gelände! Leichtere, allerdings zeitaufwendigere Varianten möglich.

Besondere Hinweise Die Hütten (2) und (3) wurden erst 1983 bzw. 1982 eröffnet, so daß Öffnungszeiten und evtl. neue Übergänge in Virgen erfragt werden sollten; dies betrifft vor allem den Abschnitt zwischen Lasörling-H. und Neuer Reichenberger H. Hier ist ein Steig als Verbindung zwischen Prägrater Törl und Rudolf-Kauschka-Weg im Bereich der Knappengruben geplant.

Führer AV-Führer Venediger-Gruppe, End (Rother); besser: Hohe Tauern-Südseite, Auswahlführer, Mair (Rother).

Karten FB, 12, Glockner- und Venediger-Gruppe, 1 : 100 000. – besser: FB, 123, Defereggen- und Virgental, 1 : 50 000 (neue Hütten fehlen möglicherweise noch).

Die Alternativen, vor der die Einwohner des Virgentals jahrelang standen, waren klar: das »Meran Osttirols« – wie es ein Werbetexter phantasielos bezeichnete – entweder zu einem der Glanzpunkte im seit 1970 geplanten Nationalpark Hohe Tauern werden zu lassen und dank dessen Anziehungskraft das Bettenangebot auszulasten oder das Tal den Kraftwerks-Zaren zu verkaufen, für den Preis eines fernab jedes Ballungsraums gelegenen und garantiert unrentablen Sommerskigebiets am Großvenediger sowie kostenloser Stromversorgung. Da zum Zeitpunkt der Drucklegung dieses Buchs der Ausgang des Kampfes zwischen der übermächtig erscheinenden Energiewirtschaft und dem Fähnlein der Naturschützer noch nicht entschieden war, man also noch immer auf die Sensation hoffen durfte, konnte die großartige Höhenwanderung an der Südseite der Venediger-Gruppe nicht in diese Sammlung aufgenommen werden. Deren Wegverlauf läßt sich – teilweise – von dieser Tour aus mit den Augen verfolgen, denn der Lasörlingkamm begrenzt das Virgental im Süden, bietet also großartige Einblicke ins Herz der Hohen Tauern, zwischen dem hohen Dach des Venediger, den felsigen Westabstürzen von Glockner- und Schober-Gruppe und dem eisigen Hochgall. Dazu

Als kühnes Horn stellt sich die Gösleswand nur von ihrer Nordseite dar; von der Neuen Reichenberger Hütte (im Rücken des Fotografen) bietet sie sich als Morgenspaziergang an.

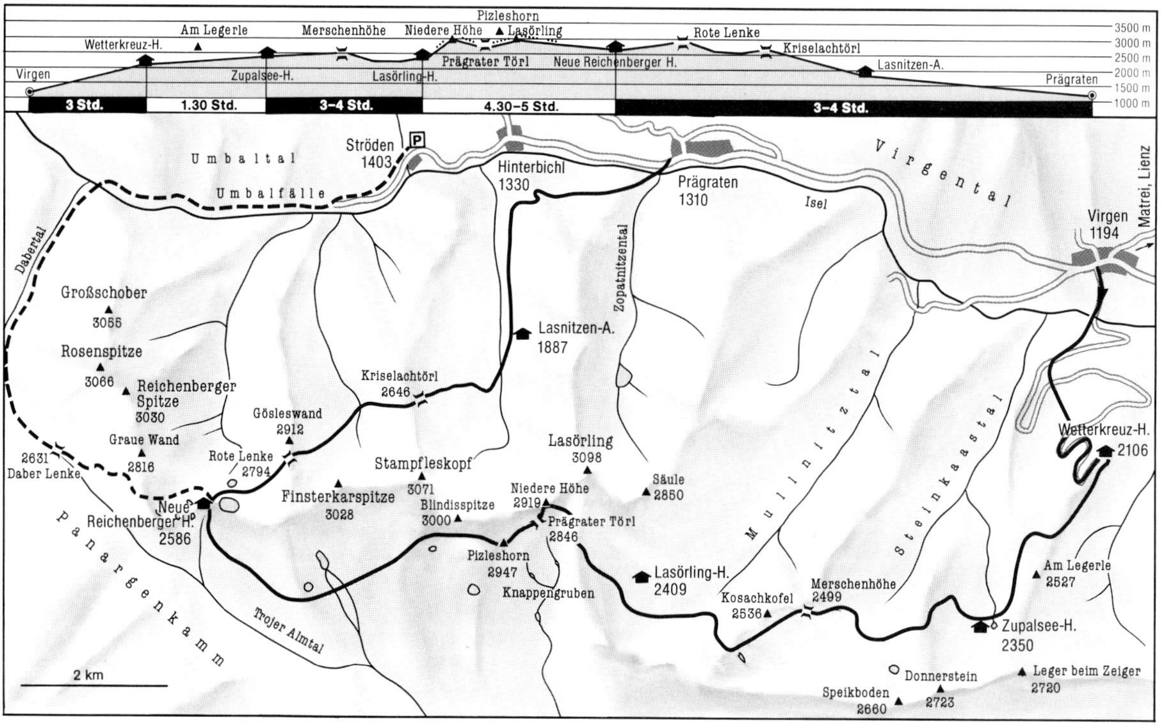

kommt die Fernsicht nach Süden zu den Dolomiten.

Wir wandern durch einen Gipfelzug, der sich aufgrund seiner Bergformen wunderbarerweise für Erschließungsmaßnahmen nicht eignet und daher vom Massentourismus völlig verschont ist. Eine Reihe kleiner, nagelneuer Unterkünfte fordert den Hüttenwanderer geradezu auf, den Faulenzern im Tal ade zu sagen, und eine halbe Woche durch den Lasörlingkamm zu streifen, der sich an der Rötspitze vom Grenzkamm löst und sich zwischen Virgental und Defereggger Berge schiebt.

Den Auftakt bildet nach der Iselbrükke südlich von Virgen der lange Forstweg zur Wetterkreuz-Hütte, gute 1000 Höhenmeter hinauf, die sich notfalls auch mit dem Jeep des Hüttenwirts überwinden lasen. Der kleine Bau steht wenige Meter unter dem Gipfel des First, und schon hier überblicken wir mehr als 30 Dreitausender zwischen Malhamspitzen und Großglockner.

An der Wetterkreuz-Hütte beginnt die lange Höhenwanderung durch die freundliche Schieferlandschaft, an zahlreichen leicht ersteigbaren Gipfeln und an verträumten Seeaugen vorbei. Es geht zunächst zur idyllisch gelegenen Zupalsee-Hütte, am Höhenweg über die Merschenhöhe in den Hochtalboden des Glaurat und zur modernen Lasörling-Hütte. Ein ernstes, hochalpines Unternehmen ist dagegen die Besteigung des Lasörling, dieses dunklen doppelgipfeligen Kolosses im Zentrum der nach ihm benannten Gruppe.

Wer den Lasörling der nächsten Etappe voranstellt, muß konditionsstark sein und sollte früh aufbrechen, denn der Abschnitt über die Niedere Höhe zum Prägrater Törl, streng westlich weiter zum Pizleshorn und in die Scharte vor der Blindisspitze ist weglos, erfordert stellenweise leichte Blockkletterei und einen ausgeprägten Orientierungssinn. Erst wenn wir durch das weite Kar unter dem Stampfleskogel schräg absteigend den Rudolf-Kauschka-Weg erreicht haben, können wir uns nicht mehr verlaufen und finden müde, aber glücklich die Neue Reichenberger Hütte.

Jeder, der sich auf diese Hüttentour einläßt, sollte sich gut überlegen, ob er sich im weglosen Gelände tatsächlich zurechtfindet! Wer sich auf markierten Wegen wohler fühlt, steigt vom Prägrater Törl ins Lasnitzental ab, links hinauf übers Kriselachtörl ins obere Kleinbachtal und über die Rote Lenke zur Hütte. Das viele Auf und Ab geht natürlich in die Beine und kostet auch mehr Zeit. Vorerst noch in Planung ist die naheliegende Verbindung von den Knappengruben, südlich unterhalb des Prägrater Törls, zum Rudolf-Kauschka-Weg und wie oben zur Hütte. Den leichtesten Gipfel im Bereich der Hütte sollte man wegen der Lichtverhältnisse noch vor dem Frühstück besteigen: die turmartige, 2912 m hohe Gösleswand (siehe Bild).

Nicht weniger als sieben Abstiegswege leiten nach Prägraten oder – für auto-unabhängige Menschen – nach Defereggen. Einsamkeit garantiert der Pfad über die Rote Lenke, das Kriselachtörl und das Lasnitzental hinaus. Bequemer ist der durchs Großbachtal steil hinab ins wilde Umbaltal mit seinen berühmten Wasserfällen, um deren Erhaltung so hart gerungen wurde und wird. Am längsten ist man unterwegs, wenn man über die Daber Lenke und das Dabertal das Umbaltal ansteuert – bei schönem Wetter und viel Zeit besteht also kaum die Qual der Wahl.

43 Über den Großglockner

Hektik und Stille zwischen Pasterze und Stüdl-Hütte

Österreich
Hohe Tauern
2–3 Tage
▲▲▲▲

Talort AP/EP Franz-Josefs-Höhe, 2312 m, Großparkplatz.

Stützpunkte (1) Ghs. Hoher Sattel, 2358 m, priv., Nähe Parkplatz, Übernachtungsmöglichkeit. – (2) Hofmanns-H., 2438 m, ÖAV, 0.40 Std. ab (1), bez. – (3) Erzh.-Johann-H., 3454 m, ÖAK, 4 Std. ab (2) am Hofmannsweg über Pasterze – Hofmannskees – (4) Stüdl-H., 2801 m, DAV, 2 Std. ab (3) über Mürztaler-Steig und Alten Kalser Weg, bez. Steiganlage. – (5) Salm-H., 2644 m, ÖAV, 3 Std. ab (4) über Pfortscharte, 2825 m, bez. – Abstieg zur Franz-Josefs-Höhe/Parkplatz gut 4 Std. über Viktor-Paschinger-Weg mit Querung der Pasterze, bez. (Variante: direkt nach Heiligenblut, 1288 m, 3.30 Std.).

Hüttengipfel (3) Großglockner, 3798 m, 1.30–2.30 Std., je nach Wartezeiten.

Charakter Trotz Massenandrangs hochalpine Tour mit längeren Gletscherabschnitten! Bergerfahrung und komplette Ausrüstung unerläßlich!

Besonderer Hinweis Im August gleicht der Betrieb an der Adlers-»Ruhe« und auf dem Glockner-Normalanstieg dem einer belebten Einkaufsstraße; Wochenenden meiden!

Führer AV-Führer Glockner- und Granatspitz-Gruppe, Peterka (Rother).

Karten AV, 40, Glockner-Gruppe, 1 : 25000. – FB, 122, Großglockner–Kaprun–Zell am See, 1 : 50000. – FB, 12, Glockner-Venediger-Gruppe, 1 : 100000.

Der Renommierberg Österreichs, der Großglockner, als Mittelpunkt des ersten Nationalparks der Alpenrepublik in den Hohen Tauern – diese Wunschvorstellung stand im Raum, als sich am 21. Oktober 1971 die Landeshauptleute von Tirol, Salzburg und Kärnten in Heiligenblut trafen und sich feierlich zur Verwirklichung des Vorhabens verpflichteten. Glockner-, Schober-, Goldberg-, Ankogel-, Reichenspitz-, Venediger-, Granatspitz-, Lasörling- und Riesenferner-Gruppe sollten in ihrer »Schönheit und Ursprünglichkeit« erhalten werden.

Bald darauf begann eines jener taktischen Spielchen, mit Hilfe derer es den Herren und Damen Politikern immer wieder gelingt, aus einer guten Sache eine schlechte zu machen: man setzte eine Kommission ein. Die Problemstellung für die Experten war zugegebenermaßen nicht einfach, sollten sie doch Maßnahmen ausarbeiten »zum Schutze und zur Erschließung des Nationalparks unter Beachtung der Interessen der Wissenschaft und der Volkswirtschaft«, die den »Bedürfnissen der erholungssuchenden Besucher zu dienen« hätten. Hinter der eleganten Formulierung »Interessen der Volkswirtschaft« verbargen sich allerdings die Erschließungspläne der Energiewirtschaft und die Vermarktung der Gletscherregionen für den Sommerskilauf, beides Interessen, die dem Zweck eines Nationalparks nach klassischem Naturschutzverständnis entgegengesetzt gegenüberstehen.

Zehn Jahre nach der Zusammenkunft von Heiligenblut wagte die Kärntner Landesregierung einen Vorstoß und erklärte einseitig den in ihrem Land gelegenen Teil zum »Nationalpark Hohe Tauern in Kärnten«. Die Salzburger Vertragspartner unternahmen ähnliche Schritte, nur die Tiroler konnten sich nicht entschließen, dem Beispiel zu folgen, und so ist zu befürchten, daß die ursprüngliche Idee noch vollends verstümmelt wird.

Auf und um den ohnehin im Naturschutzgebiet gelegenen Großglockner wird sich so oder so wenig ändern, denn seit jeher steht die Zahl der Glockner-Stürmer in umgekehrtem Verhältnis zu den alpinistischen Anforderungen des Berges – bei allem Gedränge am Gipfelkreuz wird

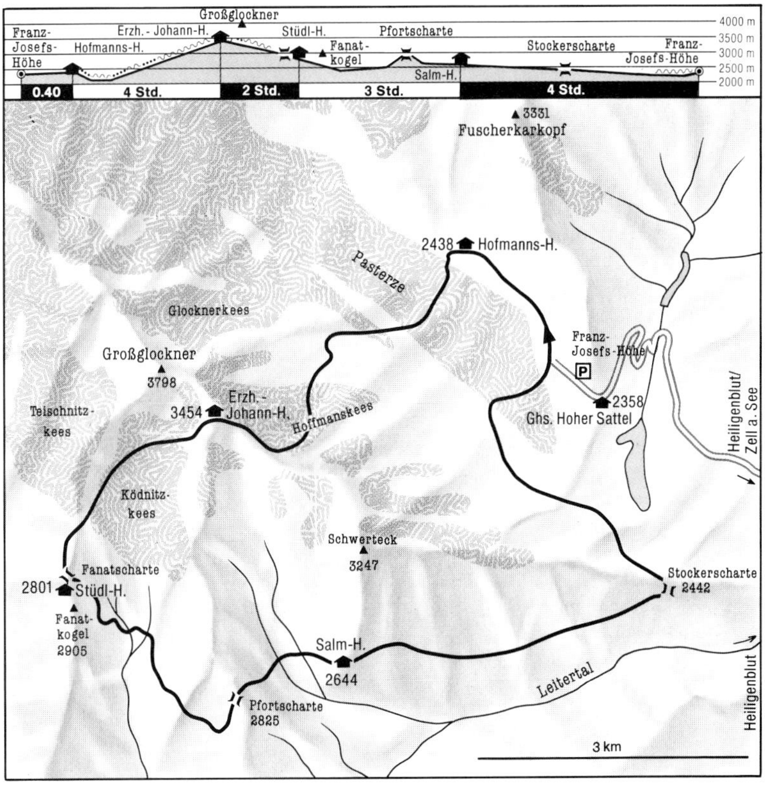

Der Kontrast zwischen dunklem Schiefer und weißglänzenden Firnflächen prägt die Großglockner-Südseite. Wir erkennen von links: den wildgezackten Grat der Glocknerwand, die Untere Glocknerscharte, Groß- und Kleinglockner sowie die Firnschneide des Glocknerleitl. Vom Großglocknergipfel nach links unten sinkt der Stüdlgrat herab, den der große Glockner-Erschließer Johann Stüdl bereits 1869 mit Fixseilen sichern ließ. Genau am Tag der Eröffnung dieser Steiganlage fand dann der Münchner Professorensohn Carl Hofmann die heute übliche Route über die Pasterze und den nach ihm benannten Gletscher. Der Stüdlgrat setzt sich im Luisengrat fort, der Ködnitz- und Teischnitzkees trennt. Die Bergsteiger im Vordergrund bestaunen die Kulisse vom Fanatkogel, dem leicht erreichbaren Hüttenberg der Stüdl-Hütte, die wenig tiefer in der nicht sichtbaren Fanatscharte steht.

der Großglockner dennoch nie ein »Allerweltsberg« sein. Auch diese Hüttenwanderung, die den Gipfelanstieg selbst lediglich als »Abstecher« vorsieht, darf nur von hochalpin erfahrenen Bergsteigern durchgeführt werden. Immerhin quert man das Hofmannskees, das zu Zeiten der Erstersteiger noch für unbegehbar gehalten wurde. Die Steiganlagen auf der Südseite sind bereits über 100 Jahre alt und entsprechen teilweise nicht mehr ganz den hohen – oft übertriebenen – Ansprüchen unseres »Klettersteig-Zeitalters«.

Da er sich selber nicht betrügen will, benützt auch der passionierte Bergsteiger zur Anfahrt die Großglockner-Hochalpenstraße. Man tut es nicht ohne heimliches Vergnügen, denn hier, hinter einem Ausflügler-Bus in der Schlange kriechend, wird allen das Fahren zur Qual. Auf dem Riesenparkplatz über der Pasterze stehen, schauen, fotografieren die Massen, aber am Weg entlang der Murmeltier-Parade zur Gamsgrube werden die Gruppen zusehends kleiner. Unterhalb der alten Hofmanns-Hütte, die am Schutthang über der Pasterze klebt, sind die Ausflüge aller Sandalenträger endgültig beendet.

Mit der berühmten Postkarten-Ansicht des Großglockner über der Pallavicinirinne überqueren wir den größten Eisstrom Österreichs und steigen jenseits erst über Felsstufen (Steinmänner beachten!), dann im Firn des Hofmannskees steil ins obere Bekken, schließlich flacher rechts zur Adlersruhe empor. Keiner lasse sich von der meist vorhandenen Trasse auf dem Hofmannskees verleiten, unangeseilt den Gletscher zu betreten! Auf der Adlersruhe, dem Standort der Erzherzog-Johann-Hütte, befinden sich zwar die Bergsteiger unter sich, dennoch sind die einsamen Zeiten dort oben vorbei. An manchen Sommerwochenenden decken die rund 200 Schlafplätze der höchstgelegenen alpinen Schutzhütte in Österreich bei weitem nicht den Bedarf.

Wer es sich zutrauen darf, erlebt seinen »historischen Augenblick« auf dem 3798 m hohen Großglocknergipfel, schaut vom schuhbreiten Verbindungsgrat zwischen Groß- und Kleinglockner tief hinab ins Eis der Pallavicinirinne und verwischt die Erinnerung an groteske Gipfelszenen, wenn er mit gestärktem Selbstbewußtsein von der Adlersruhe am steilen, aber gesicherten Oberen Mürztaler-Steig und am Alten Kalser Weg über das Ködnitzkees zur alten Stüdl-Hütte hinunterläuft. Bereits 1868 ließ hier der Prager Kaufmann und Großglockner-Pionier Johann Stüdl die erste Hütte errichten, drei Jahre später wurde auf seine Initiative der Stüdlgrat mit Sicherungen versehen – gut 100 Jahre vor dem Boom der Eisenwege!

Man könnte nun über die Luckner-Hütte nach Kals absteigen, käme dann jedoch nur in einer umständlichen Tagesreise zum Ausgangspunkt zurück. Also geht man am Johann-Stüdl-Weg an der Langen Wand entlang, steil hinauf in die Pfortscharte

und jenseits in einem weiten Bogen in die Mulde vor dem Elefantenrükken des Schwertecks hinein, an dessen Westfuß die Salm-Hütte steht. Hier rasten wir auf historischem Boden, denn vom »Basislager« im Leitertal, wenig oberhalb der heutigen Hütte, nahmen die Salmschen Glockner-Expeditionen in den Jahren 1799 und 1800 ihren Ausgang.
Die Geschichte der Glockner-Erschließung vermittelt einen Eindruck von den Anfängen der Bergsteigerei im ostalpinen Bereich. Der Anstoß zu derartigen Unternehmungen kam nämlich in der Regel nicht von der Talbevölkerung, vielmehr ergriffen Fürsten und Wissenschaftler die Initiative. Zur Ausführung ihrer kühnen Ideen benötigten sie dann allerdings doch die mit den Bergen vertrauten Einheimischen. Die Besteigung des Großglockners »befahl« am Ende des 18. Jahrhunderts Franz Xaver Salm, Fürstbischof von Gurk. Nachdem eine erste Expedition 1799 den Kleinglockner erreicht hatte, war der nächste Versuch ein Jahr später erfolgreich: Den Brüdern Klotz, zwei Zimmererleuten aus Heiligenblut, gebührt seit dem 28. Juli 1800 der Ruhm der Erstbesteiger.
Nach den aufregenden hochalpinen Glanzlichtern der vorangegangenen Tage klingt die Glockner-Umrundung mit einer beschaulichen Wanderung aus: Man folgt von der Salm-Hütte dem Viktor-Paschinger-Weg hoch in den Südflanken über dem Leitertal zur Stockerscharte, quert noch einmal die Pasterze und findet sich im Rummel der Franz-Josefs-Höhe wieder.

Das Schaustück der Hohen Tauern: das Großglockner-Massiv über der Pasterze, von Ostnordost gesehen. Der Gipfelgrat – man vergleiche die beiden Bilder! – im Detail von links: Hofmannskees mit dem Felsgrat des Salmkamps, Glocknerleitl, Klein- und Großglockner, Untere Glocknerscharte, Glocknerwand, Teufelswand und Romariswandkopf. Aus der schmalen Scharte zwischen den beiden Glocknergipfeln zielt die berühmte Pallavicinirinne pfeilgerade zum Glocknerkees hinunter. Unsere Hüttenwanderung quert am äußersten rechten Bildrand die Pasterze und gelangt in einem – links nicht sichtbaren – Bogen zur Firnschulter der Adlersruhe, dem höchsten Felsen am Ansatz des Glocknerleitl.

44 Im Loferer Felsenzirkus

Über das Wehrgrubenjoch zum Pillersee

Österreich
Loferer Steinberge
2 Tage
▲▲△△

Talorte AP Lofer, 629 m, im Saalachtal, bzw. Loferer Hochtal, 730 m, Parkplatz. – EP St. Ulrich, 855 m (Bus nach Waidring und Lofer).

Stützpunkt Schmidt-Zabierow-H., 1966 m, DAV, 4 Std. ab Lofer, 3 Std. ab Loferer Hochtal. – Abstieg 4 Std. über Wehrgrubenjoch, 2216 m, z. T. ges. Steiganlage; Varianten über Gr. Hinterhorn, 2506 m, 6.30 Std., oder den Nurracher Höhenweg, 8 Std.

Hüttengipfel Breithorn, 2413 m, 1.15 Std., leichte Kletterei. – Gr. Hinterhorn, 2506 m, 1.15 Std., bez. – Gr. Ochsenhorn, 2513 m, 2 Std., leichte Kletterei, bez. – Gr. Reifhorn, 2487 m, 2 Std., leichte Kletterei, bez.

Charakter Übergang in stiller Berggruppe mit z. T. bizarren Landschaftseindrücken; Trittsicherheit erforderlich, am Nurracher Höhenweg gute Kondition! Steinmänner und Markierungen beachten!

Führer AV-Führer Loferer und Leoganger Steinberge, Dürnberger (Rother).

Karte AV, 9/1, Loferer Steinberge, 1 : 25 000. – FB, 101, Lofer–Leogang–Steinberge, 1 : 50 000.

Zwischen Wildem Kaiser und den Berchtesgadener Trümpfen Watzmann, Hochkalter und Reiteralpe liegen als weniger beachtete Berggruppe die Loferer Steinberge. Ochsen-, Breit- und Hinterhorn, das Reifhorn in der Mitte, so stehen sie über tief eingeschnittenen Tälern. Ein Hauptkamm und zwei Äste, die Gipfel aus meist waagrecht gebanktem Kalk, ein sich nach Nordosten öffnender, öder Felskessel, dessen sonnenerwärmte Karstgruben Einsamkeit garantieren. Der Zugang zur einzigen Hütte dieser Gruppe, der Schmidt-Zabierow-Hütte, kostet von Lofer 4 Stunden, vom Loferer Hochtal 3 Stunden Aufstiegsmühsal durch Buchenwald, Latschenfelder und über den Tretter, eine riesige, einst von Gletschern glattgeschliffene Felsterrasse.

Anderntags wandern wir eben in die Große Wehrgrube hinein und am AV-Steig zwischen Reifhörnern und dem Doppelzacken des Nackten Hund zum breiten Wehrgrubenjoch. Kurze gesicherte Abschnitte gestalten das letzte Stück zum felsigen Paß interessant. Mit dem Blick in die nahen grünen Kitzbüheler Grasberge steigen wir jenseits in die Ulricher Grube ab. Von ihr gelangen wir nach rechts, unter der Scheibenwand vorbei, ins steile Lastal, das 1000 m tiefer in weichen Wiesen ins Pillerseetal ausläuft.

Eine elegantere Variante stellt die Überschreitung des Großen Hinterhorns dar, das in die Reihe der herausragenden Aussichtsgipfel gehört. Beim Abstieg folge man keinesfalls dem zwar prächtigen, aber langen und anspruchsvollen Nurracher Höhenweg, sondern biege nach ungefähr 20 Höhenmetern links ab, wo der leichte, gute Steig im Lastal auf den vom Wehrgrubenjoch kommenden Weg stößt. Wer sich beim langen Abstieg die Fußsohlen heißgelaufen hat, kann sie im Pillersee abkühlen.

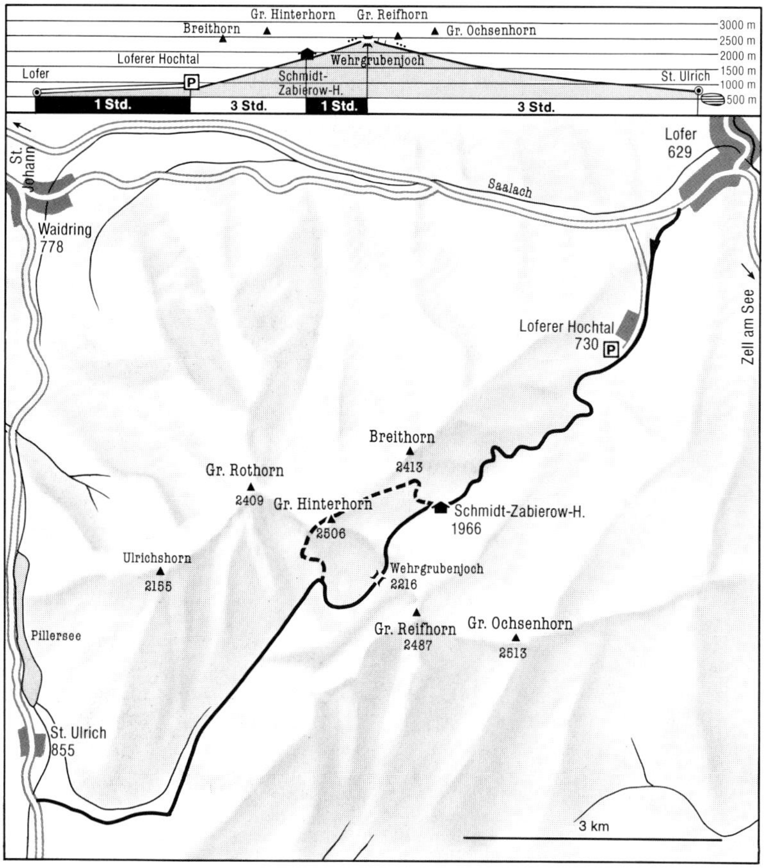

Waagrecht gebankter Kalkfels, Geröllhänge und Karstflächen setzen die Akzente in den Loferer Steinbergen, in deren Mitte als einziger Stützpunkt die Schmidt-Zabierow-Hütte steht. Im Hintergrund das Große Ochsenhorn, davor die »Nase«, wie der Sockel des Reifhorn-Nordostgrats genannt wird.

45 Zwischen Ankogel und Sonnblick

Drei Etappen des Tauern-Höhenwegs

Österreich
Hohe Tauern
4–6 Tage
▲▲▲▲

Talorte AP Mallnitz, 1190 m, am Südportal des Tauern-Tunnels (Bus zur Seilbahn-Talstation). – EP Naßfeld/Sportgastein, 1588 m (Bus nach Böckstein/Bad Gastein am Nordportal des Tauern-Tunnels).

Stützpunkte (1) Hannover-Hs., 2722 m, DAV, Ankogel-Seilbahn von Mallnitz bis 80 m unterhalb des Hauses. – (2) Mindener H., 2423 m, DAV, Selbstversorgerhütte (!), 3 Std. von (1) am Göttinger Weg. – (3) Hagener H., 2446 m, DAV, am Mallnitzer Tauern, 3 Std. von (2) am Hagener Weg. – (4) Duisburger H., 2572 m, DAV, 4 Std. von (3) am Hagener Weg und Duisburg-Hannover-Weg (nach 1.45 Std. Biwakschachtel in der Feldseescharte). – (5) Rojacher-H., 2718 m, DAV, unbew. (!), 3 Std. von (4) über Niedere Scharte, 2715 m, Gletscherquerung! – (6) Zittel-Hs., 3105 m, DAV, auf dem Gipfel des Hohen Sonnblick, 1 Std. von (5) am Gratweg, stellenweise ausgesetzte, ges. Steiganlage. – (7) Niedersachsen-Hs., 2471 m, DAV, in der Riffelscharte, 4 Std. über Gratweg zur Rojacher-H., weiter über Fraganter Scharte , 2753 m – Herzog Ernst, 2933 m, und Pröllweg, stellenweise exponierter Steig, Schlüsselstellen ges. – Abstieg 2 Std. am H.-v.-Bahlsen-Weg nach Naßfeld/Sportgastein.

Hüttengipfel (1) Ankogel, 3246 m, 3 Std., leichte Kletterei, nur für Geübte. – (3) Vord. Gesselkopf, 2974 m, 2 Std., nur für Geübte. – (4) Schareck, 3122 m, 2 Std., Gletscherbegehung; kann bei guten Verhältnissen auch als Abstecher vom Herzog Ernst in 1 Std. erreicht werden.

Charakter Trittsicherheit und Gletschererfahrung erfordernde Hochgebirgswanderung für ausdauernde Geher. Stellenweise heikle Passagen! Komplette Ausrüstung mit Pickel, Steigeisen und Seil!

Führer AV-Führer Ankogel- und Goldberg-Gruppe, Buchenauer (Rother).

Karten FB, 19, Goldberg–Ankogel, Radstädter Tauern, 1 : 100000. – AV, 42, Sonnblick, 1 : 25000.

»Der echt menschliche Wunsch, die Hochgefühle des Talentrücktseins möglichst lange genießen zu können, hat, als der Alpinismus, dieses Kind unserer Zeit, noch jung war und als ein tugendhaftes Wesen galt, zu Gratwanderungen und Höhenbeiwachten geführt ... Er ist die treibende Kraft zur Erbauung von Höhenwegen und Gipfelhäusern geworden.« Ein Plädoyer fürs Hüttenwandern – anno 1915 von Frido Kordon, dem Erschließer der Ankogel-Gruppe, einer Beschreibung des »Höhenwegs vom Ankogel zum Rauriser Sonnblick« vorangestellt. Wenige Zeilen weiter schwärmt Kordon: »... und jeder Jünger vom silbernen Edelweiß kann auf diesen Pfad stolz sein, der hoch über lachenden Tälern durch ernste Fel-

Blick von der Riffelscharte zu Riffelhöhe und Neunerkogel, von dem der verschneite Felskamm zum – außerhalb des Bilds stehenden – Herzog-Ernst zieht. Darunter der westliche Teil des Schareckkeeses sowie der schattige Bräuwinkel. Unsere Route folgt vom Neunerkogel auf dem Pröllweg dem ausgeprägten Schrofenkamm zum Niedersachsen-Haus; der Schlußabstieg nach Sportgastein führt dann links, die besonnten Hänge hinunter.

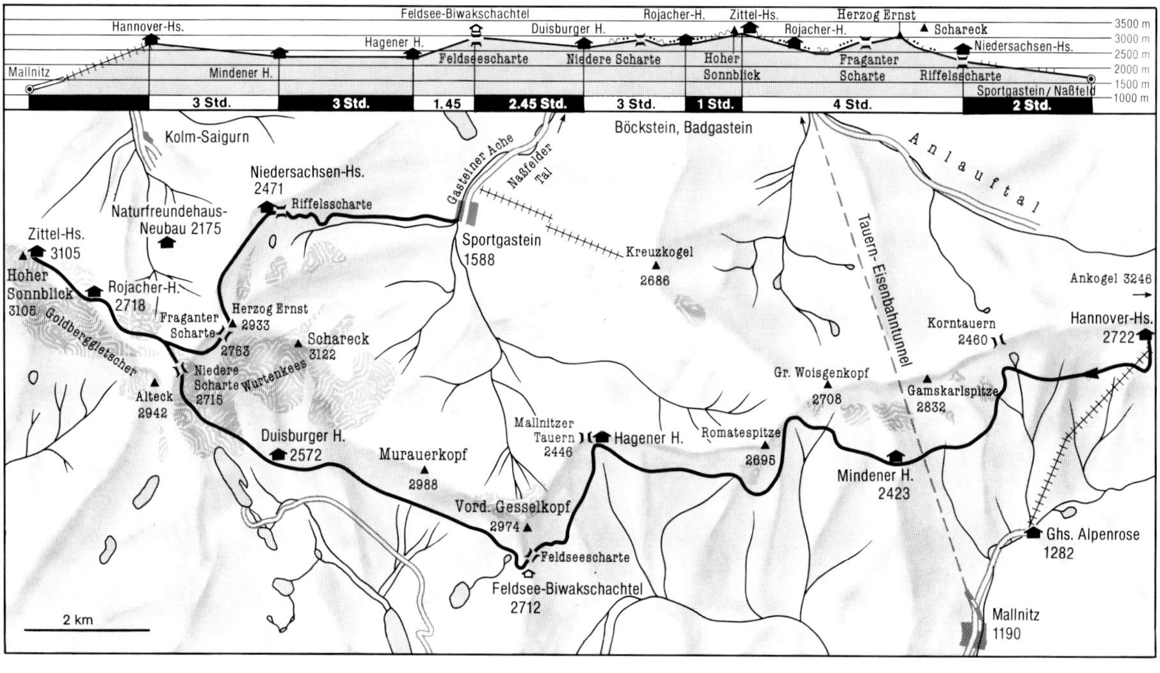

Die kleine Rojacher-Hütte am Sockel des Sonnblick-Südostgrats ist zeitweise einfach bewirtschaftet, dient allerdings nur als Zwischenstation im Sonnblick-Anstieg. Ihren Wert als echte Schutzhütte hat sie schon oft bei überraschenden Wetterstürzen bewiesen. Im Hintergrund das Schareck mit dem südwärts abfließenden Wurtenkees. Im dunklen Kamm links vor dem Gipfel der Herzog Ernst zwischen Fraganter Scharte (rechts) und dem Grathöcker des Neunerkogels.

sen- und Gletscherwildnisse ... führt, ohne diesen von ihrer Ursprünglichkeit und Reinheit etwas zu rauben.«
Der sprachliche Stil hat sich in der alpinen Literatur seit damals stark geändert, und auch die Gebirgslandschaft selbst wurde da und dort umgestaltet. Dennoch hat dieser Abschnitt des langen, von den Schladminger Tauern bis zum Venediger führenden Großen Tauern-Höhenwegs fast nichts von seiner großen Anziehungskraft eingebüßt. Trotz der Länge von rund 40 km fordert der Höhenweg von uns keinen Gewaltmarsch. Auf der längsten Etappe wandert und steigt man nur etwa 6 Stunden.
Ausgangspunkt des Höhenwegs ist das Hannover-Haus, das von Mallnitz aus per Seilbahn und in einem 20minütigen Fußmarsch schnell zu erreichen ist. Von hier aus kann man mit dem Ankogel der Wanderung von Hütte zu Hütte gleich einen echten Dreitausender voranstellen, was einen Tag kostet, der einem möglicherweise später fehlen wird. Wer früh am Morgen aus dem Tal heraufschwebt, nimmt die Tour ohne Berührung der Hütte in Angriff.
Zunächst folgen wir dem Göttinger Weg, wandern ohne große Höhenunterschiede auf dem wunderbaren Plattenweg durch einsame Blockkare zum Kleinen Tauernsee unter dem Übergang des Hohen Tauern (auch: Korntauern) und weiter durch die Südflanken der Gamskarlspitze zur unbewirtschafteten Mindener Hütte (Ausbau geplant), wo 1200 m tiefer die Schnellzüge durch den Berg von Badgastein ins sonnige Kärnten rasen. Die Mindener Hütte markiert die Mitte der Strecke zwischen Hannover-Haus und Hagener Hütte.
Der Höhenweg zielt nun fast horizontal als Hagener Weg in den Winkel unter der Woisgenscharte und quert ausgesetzt die Ostflanke der Romatespitze zu deren Südgrat (äußerste Vorsicht auf evtl. vorhandenen Schneeresten!). Dann geht es leichter weit hinüber zum Niederen Tauern, über dem die Hagener Hütte steht. Auch der Weiterweg zur Feldseescharte, wo Ankogel- und Goldberg-Gruppe aneinanderstoßen, wartet noch einmal mit einigen heiklen Stellen auf, die teilweise mit Drahtseilen gesichert sind. Nur mehr das Durchhaltevermögen und weniger die Nerven werden dann an dem sich lang dahinziehenden Duisburg-Hannover-Weg zur Duisburger Hütte getestet.
Wem es einzig ums Dreitausender-Sammeln geht, ohne Rücksicht auf den bergsteigerischen Stellenwert eines Anstiegs, der steigt von der Duisburger Hütte schnell und leicht aufs Schareck. Der anspruchsvolle Genießer wird diesen Gipfel später in den Übergang vom Sonnblick zum Niedersachsen-Haus einbauen. Anderntags folgt der rund 5stündige Anstieg zum Zittel-Haus auf dem Hohen (oder Rauriser) Sonnblick, wobei wir nach kurzer Gletscherbegehung die Niedere Scharte überschreiten, jenseits über den Goldberggletscher zur Rojacher-Hütte queren und am gesicherten Südostgrat zur Hütte und meteorologischen Station am Gipfel steigen. Einzigartig ist der Blick übers Mölltal hinweg auf den nahen Großglockner – die schönste Aussicht dieser Tour.
Der Weg könnte nun konsequent über den Hocharn zur Glocknerstraße fortgesetzt werden. Autobesitzer schlagen jedoch die entgegengesetzte Richtung ein, wobei sich für den Weg zum Niedersachsen-Haus zwei Möglichkeiten anbieten: einmal der Abstieg 1000 Höhenmeter hinunter zum Naturfreundehaus und gegenüber wieder 300 m hinauf oder – viel interessanter, aber auch ausgesetzter und anspruchsvoll! – die Überschreitung des Herzog Ernst von der Fraganter Scharte zum Gipfel und am gesicherten Pröllweg zur Hütte in der Riffelscharte. Beim letzten Abstieg schließlich zum Boden des Naßfelds – heute werbewirksam Sportgastein genannt – bleiben nur mehr »Hochgefühle«, auch wenn das »Talentrücktsein« ein Ende hat.

46 Durch die Schladminger Tauern

Im östlichen Auslauf des Tauern-Höhenwegs

Österreich
Niedere Tauern
4–7 Tage
▲▲△△

Talorte AP Aich-Assach, 694 m, Haus im Ennstal, 772 m. – EP Rohrmoos, 1000 m, oberhalb von Schladming, 749 m (Bus).

Stützpunkte (1) Hans-Wödl-H., 1528 m, AGP, 1 Std. ab Bodensee (bis hierher Bus von Schladming), oder 3–4 Std. ab Krummholz-H., 1838 m, Bergstation der Seilbahn von Haus. – (2) Preintaler-H., 1657 m, AGP, 3–4 Std. ab (1) über Neualmscharte, 2347 m. – (3) Golling-H., 1651 m, AGP, 5 Std. ab (2) über Unt. Klafferscharte, 2286 m – Ob. Klafferscharte, 2516 m – Greifenberg, 2618 m. – (4) Landwiersee-H., 1985 m, ÖAV, 3–4 Std. ab (3) über Gollingscharte, 2326 m. – (5) Keinprecht-H., 1872 m, ÖAV, 3 Std. ab (4) über Trockenbrotscharte, 2237 m. – (6) Ignaz-Mattis-H., 1986 m, ÖAV, 3 Std. ab (5) über Krugeckscharte, 2325 m – Rotmandlspitze, 2453 m. – Abstieg 1 Std. zur Ursprung-A. (Kleinbus nach Rohrmoos/Schladming), oder 6–8 Std. nach Rohrmoos über Brettersee – Latterfußsattel, 1791 m.

Hüttengipfel (1) Höchstein, 2543 m, 3 Std.; Hochwildstelle, 2747 m, 4 Std. – (2) Waldhorn, 2702 m, 2–3 Std. über W-Grat. – (3) Hochgolling, 2863 m, 3–4 Std., Trittsicherheit erforderlich! – (4) Pietrach, 2396 m, 1 Std. – (6) Lungauer Kalkspitze, 2471 m, 1.30 Std.

Charakter Großartige, unschwierige Hüttenwanderung mit starken romantischen Landschaftseindrücken!

Führer AV-Führer Niedere Tauern, Holl (Rother). – AV-Führer Schladminger und Radstädter Tauern, Holl (Rother); oder: Tauern-Höhenweg-Führer, Herrmann (Gerlach).

Karten AV, 45/2, Niedere Tauern II, 1 : 50 000. – FB, 20, Schladminger Tauern.

Die Niederen Tauern bilden sozusagen den Anfang vom Ende der Alpen im Osten, denn südlich des Ennstals beginnt der zentrale Urgesteinskamm allmählich auszulaufen. Das schroffe Aussehen der Gipfelbereiche erfährt gleichsam eine Beruhigung durch sanftere Formen vorgelagerter Höhenzüge und die weit hinaufreichende Vegetation.
Grün, das ist die Farbe der Schladminger Tauern; Grün ist auch die Landesfarbe der Steiermark, die sich am Ennstal weit nach Westen vorstreckt; und »grün« ist die geläufige Beifügung zum Namen Erzherzog Johanns, der in diesen Bergen Spuren hinterlassen hat. Der im wahrsten Sinn des Wortes populäre und – vermutlich deswegen – heute legendäre Prinz stand 1814 als erster Tourist auf der Hochwildstelle und als einer der ersten auf dem Hochgolling. »Mich zog das Hochgebirge und die Einfachheit der Menschen am meisten an und dann auf kurze Zeit das Vergessen dessen, was in der Welt vorging«, zitierte ihn der Wiener Alpinist Adi Mokrejs in einem Artikel zum »Erzherzog-Johann-Jahr«, und er schloß: »Das könnte anno 1982 ein zivilisationsmüder Zeitgenosse von einer Himalaya-Wanderung notieren.«
Mit seinen Bergtouren in den Schladminger Tauern war Erzherzog Johann – wie in manch anderen Bereichen auch – seiner Zeit weit voraus. Erst gut 70 Jahre später (!) begann nämlich die systematische bergsteigerische Erschließung dieses Gebiets, als die Wiener »Alpine Gesellschaft Preintaler« die Schladminger Tauern zu ihrem Arbeitsgebiet erkor. Kein »Preintaler« erwarb sich bei der Erforschung des Massivs solch außerordentliche Verdienste wie Hans Wödl, der im Jahrbuch des DuÖAV 1918

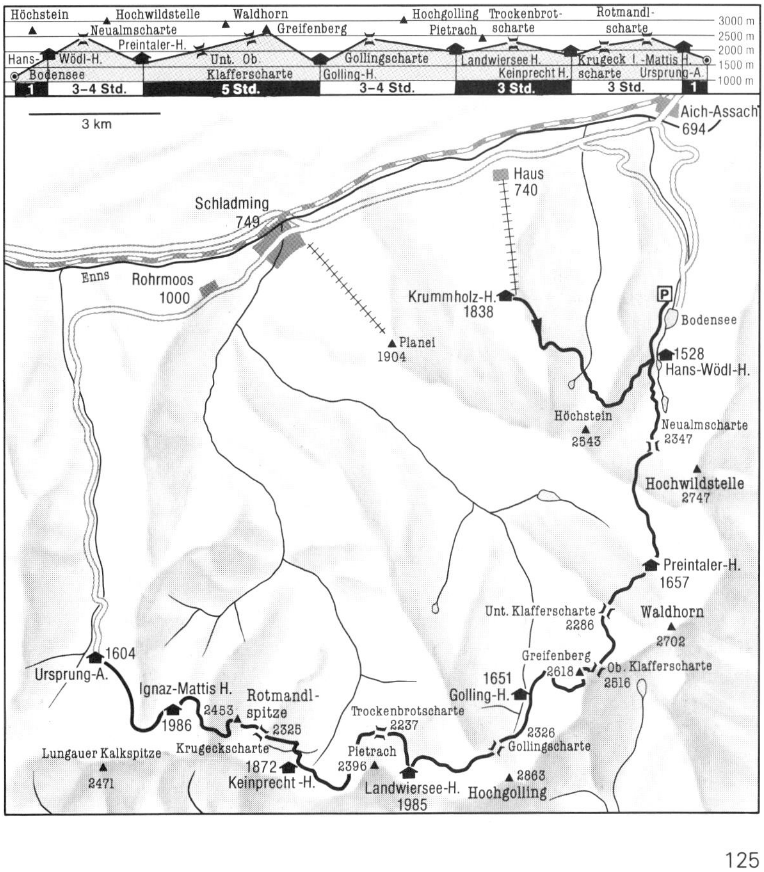

Saftig-grüne, steile Talflanken, stille Hochkare, einsame Seeaugen, ausgeprägte Grate, dunkle Felsgipfel – ein Paradebild aus den Schladminger Tauern. Der Fotograf stand auf dem Roteck, südlich des Hauptkamms, und schaute über das tiefe Lessachtal hinweg nach Westen. Der Hochgolling in Bildmitte, der höchste Berg der Gruppe, überragt deutlich sämtliche Nachbargipfel. Rechts hinter diesem Felskoloß erkennt man (mit einigen vorgelagerten Schneefeldern) den Elendberg, rechts am Bildrand die hellen Südwände des Dachsteins.

über die Landschaft zwischen Hochwildstelle und Hochgolling, das Kernstück unserer Wanderung schrieb: »Hier stehen eine stattliche Reihe stolzer, selbständiger Gipfel mit mächtigen Firnfeldern und unverkennbaren Gletscherspuren; dazwischen sehen wir tiefeingeschnittene, in malerischen Stufen abfallende Täler, mit zahlreichen, die Landschaft belebenden Seen und Wasserfällen, ihre Hänge aus Klammen und Waldschluchten in grüne Matten übergehend und in scharfen Kämmen zu den dunkelfelsigen Gipfelgraten ansteigend: das Ganze ein ernstes, großzügiges Bild.« Ganz im Sinne dieser Männer forderte der Steiermärkische Landtag im Dezember 1977 die Landesregierung auf, »alles in ihrer Macht Stehende zu tun, um möglichst bald einen Nationalpark in den Niederen Tauern im Bereich der Schladminger Tauern zu errichten«.
Unser erster Stützpunkt am Hüttensee im schönen Seewigtal trägt den Namen des großen Pioniers Hans Wödl. Man erreicht sie in 1stündigem Anstieg vom Bodensee, oder man gondelt ab Haus im Ennstal zur Krummholz-Hütte hinauf und wandert über Hauser Kaibling und Höchstein zur Filzscharte und von da hinunter zur Wödl-Hütte. Am 2543 m hohen Höchstein sahen wir bereits, daß sich nirgendwo Eis verbirgt. vereinzelt stößt man im Frühsommer in nordseitigen, hochgelegenen Karen auf harte Firnreste, auf denen ein kleiner Pickel hilfreich sein kann.
Der Übergang über die Neualmscharte zur Preintaler-Hütte erfordert in einigen Schutt- und Trümmerkesseln sowie bei Felsstufen Trittsicherheit. Anderntags überrascht uns hoch über dieser zweiten Hütte der Klafferkessel, den Hans Wödl als »ein landschaftliches Juwel in fast ungestörter Einsamkeit« beschreibt: gut zwei Dutzend Seeaugen von Badewannen- bis Weihergröße liegen versteckt in einem wilden, von zwei weiten Karen gebildeten Felszirkus. Das Naturwunder wurde jüngst – endlich! – zum Naturschutzgebiet erklärt.
Vom Gipfel des Greifenbergs, den wir auf einem gut gesicherten Steig erreichen, schauen wir direkt in die 1000 m hohe Nordwand des Hochgolling hinein. Der kann von absolut trittsicheren Bergwanderern am nächsten Tag, ausgeruht von der Golling-Hütte kommend, ab der Golling-

scharte auf dem unschwierigen Historischen Weg erstiegen werden.
Auf der Südseite der Gollingscharte gelangen wir am aussichtsreichen Höhenweg zur Landwiersee-Hütte und damit aus der kühlen Strenge in mildere Vorbergszenen. Auf und ab geht es jetzt über die Trockenbrotscharte über Schutt, kurze Schrofen und steile Grasflanken zur Kleinprecht-Hütte, von ihr weiter über Krugeck- und Rotmandlspitze zur alten Ignaz-Mattis-Hütte am Giglachsee.
Dort lockt dann als letztes Gipfelziel die bleiche Steirische Kalkspitze, die wir von der Hütte aus über die Ahkarscharte in 1 Stunde besteigen können. Der Faule, der Genießer und der Talfreund aber schlagen schon am Preuneggsattel eine andere Richtung ein und steigen direkt nach Norden zur Ursprung-Alm ab, wo wir nach einer Woche wieder den ersten Wald sehen. Nur Unermüdliche bummeln noch einen ganzen Tag lang über den Höhenweg nach Norden zum Latterfußsattel und dann lange am Hang entlang durch schattigen Wald nach Rohrmoos, direkt über der Skistadt Schladming.

47 Vom Steinernen Meer zum Hochkönig

Zehn Stunden Einsamkeit

Österreich
Berchtesgadener Alpen
3 Tage
▲▲▲△

Talorte AP Saalfelden, 744 m, oder Maria Alm, 802 m, hier Auffahrt mit Pkw bis zu Parkplatz in 1162 m Höhe möglich. – EP Birgkar-Hs., 1379 m, am Dientener Sattel (Bus nach Dienten bzw. Saalfelden).

Stützpunkte (1) Riemann-Hs., 2177 m, DAV, unter der Ramseider Scharte, von Saalfelden bzw. Maria Alm 3.30 Std., vom Parkplatz 2–2.30 Std., z. T. ges. Steig. – (2) Matras-Hs., 2941 m, ÖTK, auf dem Hochkönig, 9 Std. von (1) über Hochbrunnsulzen, 2359 m – Brandhorn, 2610 m – Hohe und Niedere Torscharte, 2247 m – Herzogsteig. – Abstieg 3 Std. zur Erich-H., 1545 m, ÖAV, ges. Steig, und weiter 0.30 Std. zur Straße Dienten–Mühlbach, unweit des Dientener Sattels/Birgkar-Hs.

Hüttengipfel (1) Breithorn, 2504 m, 1 Std., großartige Aussichtskanzel. – Schönfeldspitze, 2653 m, 2 Std., ges. Steig, nur für geübte Geher! – Neben der Schönfeldspitze kann im Verlauf des langen Wegs vom Riemann-Hs. zum Matras-Hs. auch der Hochseiler, 2793 m, überschritten werden, ges. Steig; Mehraufwand für beide Gipfel 2–3 Std.

Charakter Überaus lange, ernste Tour über z. T. weglose Karrenfelder (Markierungen und Steinmänner beachten); gute Kondition und Orientierungssinn notwendige Voraussetzung! Mehrere steile Felspassagen gut ges.

Besondere Hinweise Nachdem ein Brand im Mai 1982 das Matras-Hs. völlig zerstört hatte, wurde wenige Wochen später eine Notunterkunft für Selbstversorger errichtet; ein Ersatz für die alte Hütte soll evtl. bereits 1984 fertiggestellt sein. Auskünfte im Tal oder beim DAV/ÖAV. So gut wie keine Wasserstellen im Steinernen Meer, daher ausreichend Flüssigkeit mitnehmen! Abbruchmöglichkeit bei der Torscharte nach Hintertal, 1010 m, 2 Std.

Führer AV-Führer Berchtesgadener Alpen, Schöner (Rother). – Berchtesgadener Alpen, Kl. Führer, Schöner (Rother).

Karten AV, 10/1, Steinernes Meer, und 10/2, Hagengebirge–Hochkönig, jeweils 1 : 25 000. – BLVA, Berchtesgadener Alpen, 1 : 50 000.

Steinernes Meer – schon der Name mag ein Schaudern wecken. Aber wer denkt, hier werde halt ein wenig übertrieben, der wird auf dieser Tour zwischen Hochbrunnsulzen und Torscharte tatsächlich das Gefühl haben, in einem riesenhaften zu Fels erstarrten Meer zu wandern. Der Weg über dieses Steinerne Meer vermittelt Bilder wie aus der Schöpfungsgeschichte, dazu die Weite und Stille scheinbar grenzenloser Einsamkeit. Der Aufstieg zum Riemann-Haus kann in Saalfelden beginnen, leichter und kürzer ist er von Maria Alm, wo eine Straße in die Stabler Au bis zum Parkplatz in 1162 m Höhe führt. Durch einen halboffenen Kessel mit senkrechten Felswänden windet sich der Steig zur Bilgerirast empor, wo sich die Wege von Saalfelden und Maria Alm vereinigen. Bald zeigt die Materialseilbahn der Hütte die Richtung. Steil geht es das letzte Stück hinauf, zum Teil ausgesetzt, aber mit Drahtseilen und Eisenstiften gut gesichert.

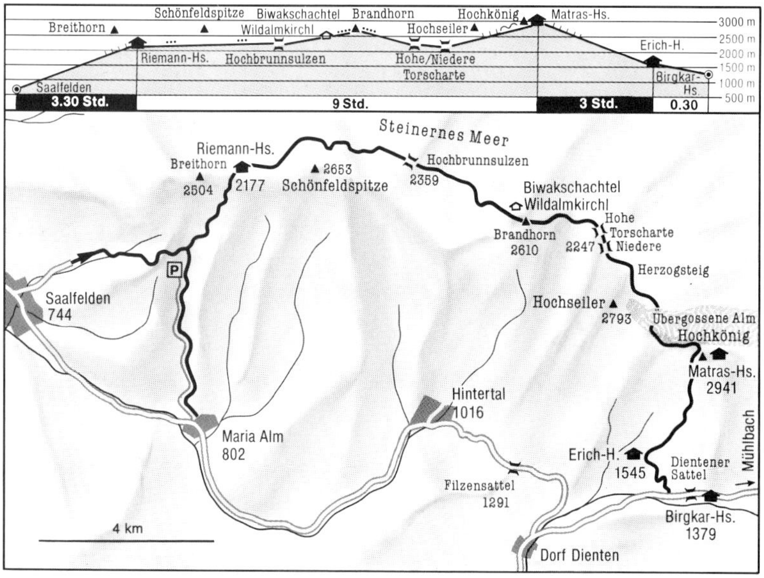

Am Riemann-Haus, wenige Meter unter der Ramseider Scharte, treffen Wege aus vier Richtungen zusammen: Von Nordwesten, vom Ingolstädter Haus, führt der berühmte Eichstätter Weg heran; die nach Nordosten laufenden Markierungen erreichen das Kärlinger Haus am Funtensee, und in östlicher Richtung zieht der lange, 9stündige Weg zum Hochkönig.

Sicheres Wetter ist für dieses große Unternehmen Voraussetzung, ebenso gute Kondition und Orientierungsvermögen. Wer es sich zutraut, kann am Morgen mit der Überschreitung der Schönfeldspitze beginnen, auf deren Gipfel »Kunst am Berg« geboten wird: Das Gipfelkreuz stellt eine Madonna dar, auf deren Händen der dornengekrönte Christus schwebt. Nach dem Abstieg in die Buchauer Scharte und hinüber zur Hochbrunnsulzen ist der Normalweg wieder erreicht.

Für den Notfall, den sich niemand wünscht, befindet sich unter der markanten Felsgestalt des Wildalmkirchls in 2457 m Höhe eine Biwakschachtel. Tageszeit und Kondition werden an der Niederen Torscharte die Frage entscheiden, ob man den Hochseiler am gesicherten Steig

ebenfalls überschreitet oder ihn in seiner Ostseite umgeht. In beiden Fällen bleibt einem der kilometerlange »Hatscher« über das Firnfeld der Übergossenen Alm zum Matras-Haus auf dem Hochkönig (siehe Besondere Hinweise!) nicht erspart.
Gerade rechtzeitig, bevor man von ersten Depressionen befallen wird, ist es hier mit der Einsamkeit zu Ende: zu verlockend ist die Aussicht, zu schön sind die Anstiege. Den Steig durch das Birgkar wählen wir für unseren Abstieg. Nochmals einige Sicherungen, dann geht's über Geröll und die ersten Wiesen zur Erich-Hütte und zum Birgkar-Haus am Dientener Sattel.

Mit abweisenden Felsflanken bricht der Hochkönigstock 1800 m tief nach Süden in den Dientener Talschluß ab. Drei Gipfel markieren den Kamm (von links): Lammkopf, Kummetstein und Hochkönig, auf dem noch das 1982 abgebrannte Matras-Haus zu erkennen ist. Hinter dem Felsgrat, der vom Kummetstein ins Tal zieht, liegt versteckt das Birgkar.

48 Rund um den Hohen Dachstein

Die Felsenfestung zwischen Ennstal und Salzkammergut

Österreich
Dachsteingebirge
4–5 Tage
▲▲▲▲

Talorte AP Obertraun, 512 m, am Hallstätter See. – EP Hallstatt, 511 m (Bus nach Obertraun).

Stützpunkte (1) Schilcher-Hs. (Gjaidalm-Schutzhütte), 1739 m, priv., 0.15 Std. von der Bergstation der Dachstein-Seilbahn. – (2) Guttenberg-Hs., 2146 m, ÖAV, 5.30 Std. von (1) über Krippeneck-Hochfläche »Am Stein« – Feisterscharte, 2193 m. – (3) Türlwand-H., 1710 m, priv., an der Talstation der Dachstein-Südwand-Seilbahn, 4 Std. von (2) über Gruberscharte, 2353 m – Edelgrießhöhe, 2505 m (0.15 Std. unterhalb die Austria-H., 1630 m, ÖAV). – (4) Dachstein-Südwand-H., 1871 m, priv., 0.30 Std. von (3). – (5) Adamek-H., 2196 m, ÖAV, 5.30 Std. von (4) über Windlegerscharte, 2395 m, z. T. ges. Steiganlage. – (6) Simony-H., 2203 m, ÖAV, 5 Std. von (5) über Hoßwandscharte, 2197 m – Hoher-Trog-Sattel, 2354 m. – (7) Wiesberg-Hs., 1883 m, TVN, 1.15 Std. von (6). – Abstieg 3.30 Std. durch das Echerntal nach Hallstatt.

Hüttengipfel (2) Scheichenspitz, 2664 m, 0.40 Std., lohnender Abstecher. – (5) Hoher Dachstein, 2993 m, 2.30 Std., über Gosaugletscher – Ob. Windlucke-Westgrat (I), klettersteigähnliche Abschnitte, nur für Geübte, in Verbindung mit Abstieg durch die Nordostflanke (Randkluft- oder Felsen-Anstieg) reizvolle Überschreitung von (5) nach (6); Trittsicherheit, Schwindelfreiheit, Gletschererfahrung und komplette Ausrüstung sind Vorbedingung! – (6) Hoher Gjaidstein, 2792 m, 3 Std., für trittsichere Geher unschwierig.

Charakter Großartige, Ausdauer und Trittsicherheit erfordernde Hochgebirgswanderung. – Unbedingt komplette Ausrüstung mit Wetterschutz, Karte und Kompaß! Bei Nebel oder Neuschnee äußerst schwierige Orientierung auf der Hochfläche (bereits tragische Unglücksfälle). Für die Querung evtl. vorhandener Schneefelder Pickel empfehlenswert (für Gletscherbegehungen unbedingt notwendig!).

Besonderer Hinweis Die Tour kann von der Simony-H. auch mit einer Querung zum Schilcher-Hs. bzw. zur Seilbahn-Bergstation beendet werden, ca. 2.30 Std.

Führer AV-Führer Dachstein Ost, End (Rother). – Kl. Führer Dachstein, End (Rother).

Karten AV, 14, Dachstein-Gruppe, 1 : 25 000. – FB, 281, Dachstein, 1 : 50 000. – FB, 28, Dachstein, 1 : 100 000.

Der mächtige Klotz des Dachsteins, der beeindruckendsten Gebirgsgruppe der Nördlichen Kalkalpen, steht wie eine gewaltige Festung zwischen Ennstal und Salzkammergut. Bis knapp an die 3000-Meter-Grenze reichen die Gipfel des Zentralstocks, der im Süden in einzigartiger Wandflucht 800 m tief abstürzt. Die Nordabdachung trägt drei respektable Gletscher: den großen Gosaugletscher zwischen Hohem Dachstein und Adamek-Hütte, den Hallstätter Gletscher oberhalb der Simony-Hütte und den Schladminger Gletscher, der flach genug ist, um hier Skifahrern wie -langläufern in den Sommermonaten als Trainingsgelände zu dienen. Im Westen flankiert der zerissene Gosaukamm dieses Bild, und im Osten dehnt sich die ungeheure karstige Hochfläche »Am Stein« aus. Das nördlich vorgelagerte Salzkammergut mit seinen romantischen Seen und auch das geschützte Plateau der Ramsau im Süden bilden zur hochalpinen Strenge des Dachsteins den idealen Kontrast. Diese Vielfalt gegensätzlicher Landschaften läßt das Massiv geradezu als ein »Mustergebirge« der Nördlichen Kalkalpen erscheinen.

Auf diese scheinbar heile Urwelt fallen bereits die ersten Schatten unserer fortgeschrittenen Zivilisation, seit Seilbahn-Erschließer dem Berg von zwei Seiten zu Leibe rücken. Die unmittelbaren Folgen von deren Eingriffen in die Natur bekam 1982 die Bevölkerung von Hallstatt zu spüren: Ihr Trinkwasser-Reservoir, der Hallstätter Gletscher, war mutmaßlich von Fäkalien, Abwässern und Ölresten – »Müll« der Seilbahn-Bergstation am Hunerkogel – derart verunreinigt, daß Wasser nur noch in abgekochtem Zustand genießbar war. 8 Stunden nur fließt das Wasser vom Gletscher ins Tal, zuwenig Zeit, um sich selbst zu reinigen. Nachsorge-Probleme, die man schon bei der Planung hätte erkennen müssen!
Die schöne, alte Welt des Dachstein-Massivs läßt sich auf einer vier- bis fünftägigen Wanderung erkunden, wenn man über Ausdauer für lange Etappen, Trittsicherheit und Schwindelfreiheit für einige gesicherte Passagen und Orientierungssinn für die Querung der wüsten Karstfläche verfügt – kurz gesagt: über hochalpine Erfahrung, die ja auch Mut zur Umkehr beinhaltet. Die Bergfahrt mit der Dachstein-Seilbahn von Obertraun herauf sollte man gleich zweimal unterbrechen. Einmal nach der ersten Teilstrecke, bei der Station Schönberg-Haus, um in das geheimnisvolle Innere des Massivs vorzudringen: in die Rieseneishöhlen und die Mammuthöhle, die zu den eindrucksvollsten erschlossenen Höhlen der Welt zählen. Zum andern nach der zweiten Teilstrecke, an der Station Krippenstein, um sich einen groben Überblick über die erste Wegstrecke mitten durch die zu Fels erstarrten Wogen des Hochplateaus zu verschaffen. Steht man nämlich kurz darauf wieder 300 m tiefer bei der Station Gjaid-Alm, unweit des Schilcher-Hauses,

Der mittlere Teil der berühmten Dachstein-Südwand im Abendlicht. Man erkennt von links: Mitterspitz, Obere Windlucke, Hohen Dachstein, Dachsteinwarte und die beiden Dirndln. Außerdem sind drei Stützpunkte dieser Hüttenwanderung zu sehen: im Vordergrund die Austria-Hütte, rechts darüber die in ein Hotel umgewandelte Türlwand-Hütte und am Kamm über der schattendunklen Wiesenflanke die Dachstein-Südwand-Hütte. Unser Weg führt von hier durch die großen Karmulden unmittelbar unter diesen Kalkbastionen dahin.

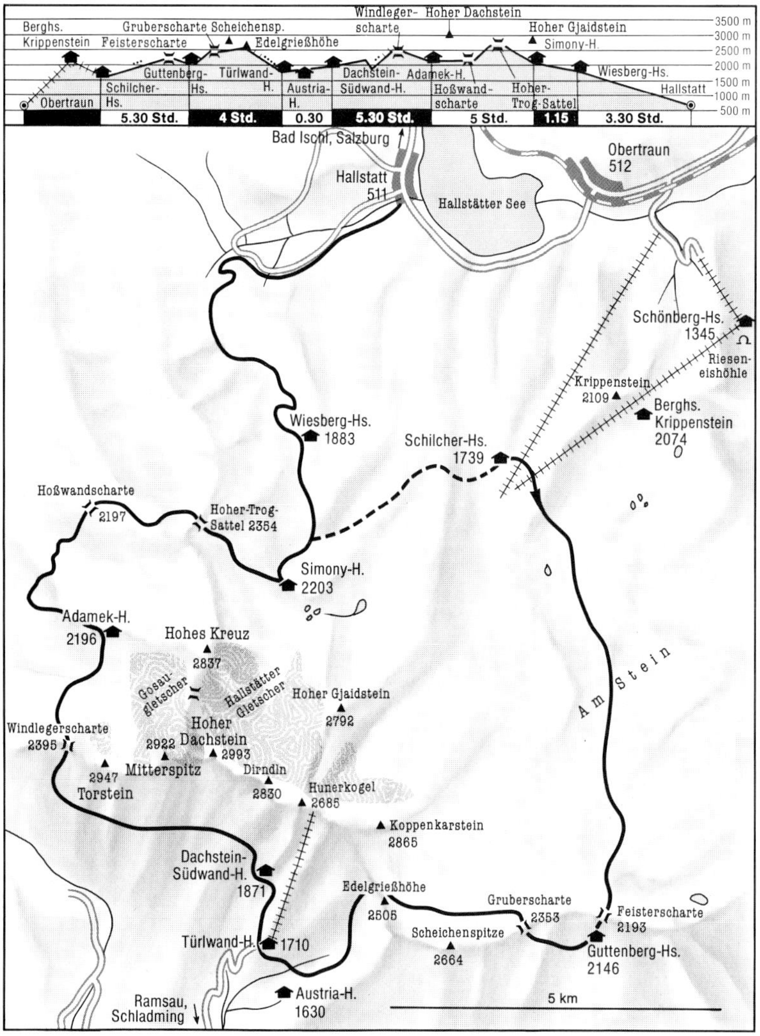

bleibt einem nichts anderes übrig, als stur dem Ariadnefaden der Markierung Nr. 616 zu folgen, um – vor allem bei Nebel! – nicht hoffnungslos ins Verderben zu rennen. Da der Weg nur ganz langsam an Höhe gewinnt, zieht er sich auffallend lange dahin. Die Totenstille ringsum verstärkt die Einzigartigkeit der Landschaft und läßt die Wanderung zu einem unvergeßlichen Erlebnis werden. An der Feisterscharte atmen wir dann erleichtert auf, wenn wir zum nahen Guttenberg-Haus hinunterschauen können.

Nach der Nächtigung steigen wir aus dem Felskessel heraus zur Gruberscharte, von der Gipfelsammler ohne große Mühe den Umweg über die Scheichenspitze am äußersten Südrand des Massivs einschlagen werden. Dann gelangen wir durch das Landfriedtal zur Edelgreißhöhe, steigen von dort aus der wasserarmen Zone der Geröllkare und Karstflächen steil und tief hinab zu den grünen Flanken am Sockel der Dachstein-Südseite, wo wir inmitten des Seilbahn-Rummels in der Türlwand-Hütte (Hotel) oder in der abseits gelegenen Austria-Hütte Quartier finden.

Anderntags geht's zunächst direkt auf die großartige Felsmauer zur Dachstein-Südwand-Hütte (einer dritten Übernachtungsmöglichkeit nach der Vortags-Etappe), dann dicht unter dem Wandsockel der berühmten Kletterwände durch Mar- und Torboden zum Tor und hinunter zur Weggabelung im Windlegerkar. Über die faszinierenden Nahblicke sollte keiner vergessen, auch in die Ferne zu den firnglänzenden Gipfeln der Hohen Tauern zu schauen!

Es folgt der steile Anstieg zur Windlegerscharte, dessen Schlüsselstellen weniger die gut gesicherten Felspassagen als vielmehr hartgefrorene Altschneereste darstellen – Minuten des Triumphes für denjenigen, der einen Pickel bis hierher »spazierengetragen« hat! Mit dem Blick zu den Gosauseen steigen wir jenseits zum Linzer Weg ab und über glattgeschliffene Felsplatten unterhalb des großen Gosaugletschers zur Adamek-Hütte. Wer die bisherige Wegstrecke ohne konditionelle oder nervliche Einbrüche überstanden hat, wird – so dicht am Gipfel – die Besteigung des Hohen Dachsteins kaum auslassen, wo sich von der Adamek-Hütte über den gesicherten Westgrat gar noch die leichteste Anstiegsroute anbietet. Ein Spaziergang ist's jedoch weder am Gletscher noch am Grat!

Hochalpin erfahrene Bergwanderer können den Hohen Dachstein zum nächsten Stützpunkt, der Simony-Hütte, sogar überschreiten, können auch den teilweise gesicherten Übergang über die Steiner Scharte zum Hallstätter Gletscher wählen, während der Hüttenbummler die eisfreie Felswildnis vorzieht und am guten Steig über Hoßwandscharte und Hohen Trog wesentlich zahmer zum selben Ziel gelangt. Vor Begehung der beiden Gletschervarianten sollte man sich unbedingt auf der Adamek-Hütte nach dem Zustand der Randspalten und Sicherungen erkundigen!

Der Eilige kann die Runde um den Dachstein schließen, indem er durch die Zirmgrube und die Seichenklamm zur Gjaid-Alm bzw. zum Schilcher-Haus zielt, von dem es dann nur noch ein Katzensprung bis zur Seilbahn-Station ist.

Wer dagegen die großartige Wanderung still ausklingen lassen möchte, steigt nach einer weiteren Übernachtung einen halben Tag lang bergab: auf dem Franz-Josef-Reitweg, vorbei am bewirtschafteten Wiesberg-Haus, durch die Herrengasse und den Tiergarten weit, weit hinunter ins Echerntal und ans Ufer des Hallstätter Sees.

49 Auf den Spuren Kugys

Vom Vratatal über den Triglav zum Luknjapaß

Jugoslawien
Julische Alpen
2–3 Tage
▲▲▲△

Talort Mojstrana, 641 m, an der Straße Kranjska Gora–Ljubljana, bzw. AP/EP Aljaž-Hs. (Aljažev dom), 1015 m, PZS, im Vratatal, von Mojstrana auf Straße erreichbar, Parkplatz.

Stützpunkte (1) Stanič-Hs. (Staničeva koča/ehem. Deschmann-Hs.), 2323 m, PZS, auf dem Hochplateau des Triglav, 5 Std. vom Parkplatz auf dem Tominšek-Weg, ges. Steiganlage. – (2) Triglav-Hs. (Triglavski dom na Kredarici), 2515 m, PZS, 1 Std. von (2) über Kredarica, 2542 m. – (3) Dolič-H. (Tržaška koča na Doliču), 2120 m, PZS, 3.30 Std. von (2) über den Gipfel des Triglav, 2864 m, ges. Steiganlagen. – Abstieg 3 Std. über den Luknjapaß zum Aljaž-Hs./Parkplatz.

Hüttengipfel (2/3) Triglav, 2864 m, wird überschritten. – (3) Kanjavec, 2568 m, 1.30 Std.

Charakter Unschwierige, im Hochsommer häufig begangene Überschreitung des Triglav; trotz der vielen »Gipfelsiege« völlig untrainierter und ungeübter Ersteiger Trittsicherheit notwendig.

Führer Auswahlführer Julische Alpen, Schöner (Rother).

Karten FB, 14, Julische Alpen, 1 : 100000; besser: Jugoslawische Karte, Julische Alpen/Östl. Teil, 1 : 50000.

Der höchste Berg der Julischen Alpen beherrscht sein großes Revier mit zwei unverkennbaren Profilen: Zum Vratatal hin richtet der Triglav seine berühmte, von fünf Riesenpfeilern gestützte, 3 km breite und 1500 m hohe Nordwand; nach Süden zum Sieben-Seen-Tal zeigt er eine Trümmerwüste von großartiger Wildheit. Um den Gipfelaufbau ziehen sich breite Schuttbänder und ein Hochplateau, auf dem mehrere Hütten dem Ansturm der in ihren mächtigsten Berg verliebten slowenischen Bergsteiger standzuhalten haben.

Die Namen zweier Alpenpioniere sind untrennbar mit dem Triglav verbunden. Einmal der des Arztes und Naturforschers Belsazar Hacquet, des »ersten bedeutenden Touristen in Österreich«, wie Karl Ziak in seiner »Weltgeschichte des Alpinismus« feststellt. Ihn trieb das Interesse an der Natur, die menschliche Neugier, zu großen Reisen, in deren Verlauf er weite Teile der Ostalpen kennenlernte. Auf Hacquets Initiative wurde der Triglav 1778(!) – also sechs Jahre vor dem Montblanc – erstmals erstiegen; er selbst ließ sich ein Jahr später auf seinen Traumberg führen.

War Hacquet der früheste Erforscher der Julischen Alpen, so prägte Julius Kugy aus Triest – der »Poet unter den Bergsteigern« – die späte Erschließungsphase dieses Gebirgs. Kugy zählte zu den ganz Großen während der klassischen Epoche der alpinen Geschichte; er sah im Triglav den »König der Julischen Alpen«. Und obwohl er selbst sich darüber oft mokierte, wenn Anstiege nach ihren Erschließern benannt wurden, gibt es heute, hoch über der Nordwand, das berühmte »Kugyband«. Unser Anstieg beginnt im schönen Vratatal beim Aljaž-Haus, das wir von

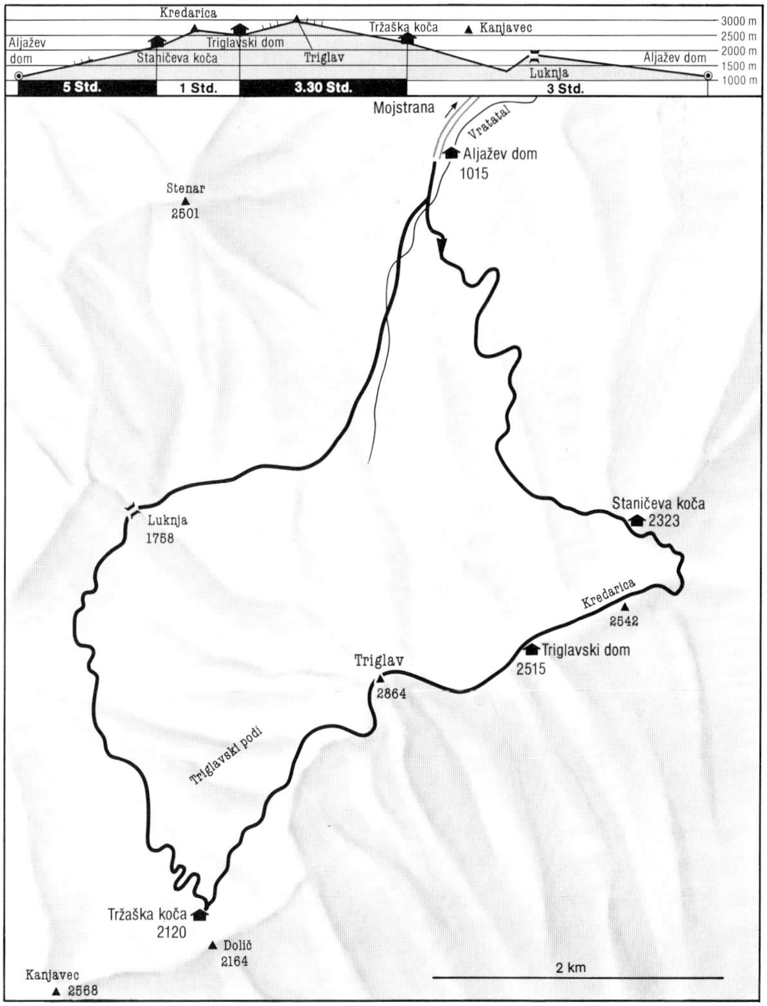

Mojstrana mit dem Wagen bequem erreichen. Von den drei stellenweise gesicherten Nordwand-Anstiegen, die dem versierten Bergwanderer keine unüberwindbaren Hindernisse in den Weg stellen, gilt der Prag-Weg als der leichteste. Er führt in den hintersten Talschluß und sucht sich dann unmittelbar unter dem Riesenfächer der Nordwand einen Durchschlupf auf das Hochplateau. Aufregender und interessanter ist jedoch der Tominšek-Weg, der den Talgrund bald nach dem bekannten Partisanen-Denkmal verläßt, an den bewaldeten Westhängen des Cmir an Höhe gewinnt und zu den Felsen leitet. Die ausgesetzten Stellen sind mit Drahtseilen gut gesichert, so daß man die Attraktion dieses Wegs ohne Schwindelgefühle genießen kann: die großartigen Einblicke in die gewaltigen Abstürze der Triglav-Nordwand. Als besonderer Service wurde auf dieser Route alle 100 Höhenmeter eine metallene Höhenmarke angebracht – als ob die Farbkleckse der Markierungen nicht ausreichten!

Nach etwa 3 Stunden betreten wir eine Karmulde, wo der bereits erwähnte Prag-Weg einmündet. Hier müssen wir uns entscheiden, ob wir das Stanič-Haus oder das Triglav-Haus anpeilen; beide Wege sind ausgezeichnet markiert. Wer die Route über das Stanič-Haus wählt, kommt am Weiterweg noch in den Genuß einer reizenden Gratwanderung über die Kredarica. Der direkte Weg zum Triglav-Haus führt über flache Geröll- und Firnfelder am Rand des Triglavgletschers entlang zu diesem Rastplatz ersten Ranges.

Am Gipfelanstieg zum Triglav hat die Eisen-Industrie ein gutes Geschäft gemacht: Der Gratrücken hinauf zum Kleinen Triglav ist gespickt mit Eisenstiften – Spötter sprechen vom »Stachelschwein«! Der Weiterweg zum Hauptgipfel hat zwar schon manchen zögern lassen, beim Höherkommen löst sich das Problem jedoch in leicht zu begehende Passagen auf. Die meist mit zahlreichen, tiefbeglückten jugoslawischen Bergfreunden geteilte Gipfelrast am bekannten roten Blechturm, dem Aljaž stolp, ist verbunden mit einer Aussicht, die keinen Vergleich mit einem zentraler gelegenen Alpengipfel scheuen muß.

Die Überschreitung des Berges vervollständigt der – ebenfalls gut markierte und gesicherte – Kugy-Weg direkt zur Dolič-Hütte.

Von ihr lohnt sich ein Abstecher zum nahen Kanjavec. Kenner der Juli-

Die Triglav-Nordwand bildet das Schaustück des Vratatals. Mit ihrer Gesamthöhe von 1500 m gehört sie zu den höchsten Wänden der Alpen. Hinter dem besonnten Wandteil links ahnt man das Hochplateau, das dem Gipfelaufbau im Nordosten vorgelagert ist. 1906 glückte den drei Österreichern Felix König, Hans Reinl und Carl Domènigg die erste Durchsteigung der Wand.

schen Alpen schätzen diesen Gipfel wegen seiner Aussicht, die dem des höheren Triglav kaum nachsteht, jedoch nicht so häufig von Wolken eingetrübt ist wie am Nachbarberg.
Beim Abstieg von der Dolič-Hütte folgen wir zunächst ein Stück dem in die Felsen hineingesprengten Hüttenweg ins Trentatal. Dieser Steig war nach dem Ersten Weltkrieg von den Italienern angelegt worden, als der Doličssattel die Grenze zwischen Italien und Slowenien markierte. Oberhalb der Karmulde des Komar queren wir nach rechts und erreichen nach einem kurzen Anstieg den Luknjapaß, unseren Übergang ins Vratatal. Unter den himmelhohen Nordwänden des Triglav wandern wir schließlich zurück zum Aljaž-Haus.

Die untergehende Sonne zeichnet die Kontraste des Triglavstocks besonders scharf: senkrechte Felswände, schutt- und schneegefüllte Hochplateaus. Bereits vom Schatten des Triglav eingeholt, blicken wir von einem Aussichtspunkt unweit des Triglav-Hauses nach Nordosten zu den drei Felsgraten von Rjavina, Vrbanova špica und Cmir (ganz links). Vor dem Schatten, den der mittlere Felskamm wirft, steht das Stanič-Haus.

50 Quer durch die Steiner Alpen

Über die Karstlandschaft zwischen Grintovec und Ojstrica

Jugoslawien
Steiner Alpen
3–4 Tage
▲▲▲△

Talort AP/EP Dom v Kamniški Bistrici (Feistritz-Hs.), 587 m, am Endpunkt der Straße von Kamnik (17 km), großer Parkplatz; Anfahrt von Klagenfurt über Loiblpaß–Kranj (Krainburg)–Kamnik.

Stützpunkte (1) Cojzova Koča (Zois-H.), 1793 m, PZS, 3.30 Std. ab Parkplatz. – (2) Kamniška Koča (Steiner-H.), 1884 m, PZS, 6 Std. ab (1) über Törl–Turska gora (Türkenberg), 2251 m. – (3) Kocbekov dom na Korošici (Kocbek-Hs.), 1808 m, PZS, 3.30 Std. ab (2) über Planjava, 2394 m. – Abstieg über Presedljaj zum Parkplatz von Kamniški Bistrici 3 Std.

Hüttengipfel (1) Grintavec, 2558 m, bez., 2 Std., leicht. – Skuta, 2532 m, bez., 2.30 Std., Trittsicherheit erforderlich. – (2) Brana, 2252 m, bez., 0.45 Std., leicht. – Planjava, 2394 m, bez., wird im Übergang zu (3) bestiegen. – (3) Ojstrica, 2350 m, bez., 1.30 Std., leicht; kann auch im Übergang von (2) nach (3) bestiegen werden.

Führer Die slowenische Bergtransversale (Planinska zveza Slovenije, PZS = Slowenischer Bergsteiger-Verband, Ljubljana).

Karten Jugoslawische Karte, Alpen von Kamnik und Savinja, 1 : 50 000 (empfehlenswert). – FB, 47, Steiner Alpen, 1 : 100 000.

Die Steiner Alpen, östlichstes Bollwerk der südlichen Kalkalpen, erscheinen auf der Landkarte wie die unmittelbare Fortsetzung der Karawanken. Dennoch erinnern Wucht und Größe ihrer Felsgipfel eher an die Julischen Alpen. Unter den Nordwänden der höchsten Gipfel liegen stille Hochkare, die Südabdachung des von Ost nach West verlaufenden Hauptkamms prägen riesige Karrenfelder.
Auf unserer Wanderung queren wir diese einsame Karstlandschaft, steigen über luftige Grate und durch steile Felsflanken. Die Markierungen sind im gesamten Gebiet ausgezeichnet, die entscheidenden Felspassagen gut gesichert. Vom Berghaus Kamniški Bistrici (ehem. Feistritz-Haus) wandern wir ein kurzes Stück flach in das bewaldete Tal hinein, bis der Weg steil zum Kokrsko sedlo (sedlo = Sattel) ansteigt, in dem die Cojzova Koča (Zois-Hütte) steht.
Die folgende lange Wegstrecke wartet mit immer neuen landschaftlichen Höhepunkten auf. Nachdem wir die Vratca-Enge (Törl) passiert haben, queren wir die Veliki Podi (Großen Böden), deren leuchtender Kalkfels die Augen blendet wie Schnee. Kurz darauf wiederholt sich die karge Felswildnis in den Mali Podi. Dieser Traverse unter den Gipfeln von Grintavec und Skuta folgt ein luftiger Bummel am Hauptkamm selbst, wobei wir den Gipfel der Turska gora (Türkenberg) überschreiten und durch die Nordflanke der Brana schließlich in den grünen Kamniško sedlo (Steinersattel) gelangen, in dem die neuerbaute Kamniška Koča (Steiner-Hütte) steht.
Anderntags steigen wir in östlicher Richtung durch die mächtige Westflanke der Planjava, deren Gipfel wir ohne Schwierigkeiten und großen Zeitverlust »mitnehmen« können, dann erreichen wir am bequemen Grat über den Felskopf der Lucka Baba die Skarjescharte und laufen auf einem schmalen Weglein direkt zum Kocbekov dom na Korošici (Kocbek-Haus) hinunter.
Am letzten Tag dann klingt die Runde sanft aus. Über Almwiesen und durch Latschenfelder erreichen wir den unscheinbaren Presedljaj (Sattel), von dem wir durch einen wahren Latschen-Dschungel ins Tal hinab und die Straße aufwärts nach Kamniška Bistrica steigen.

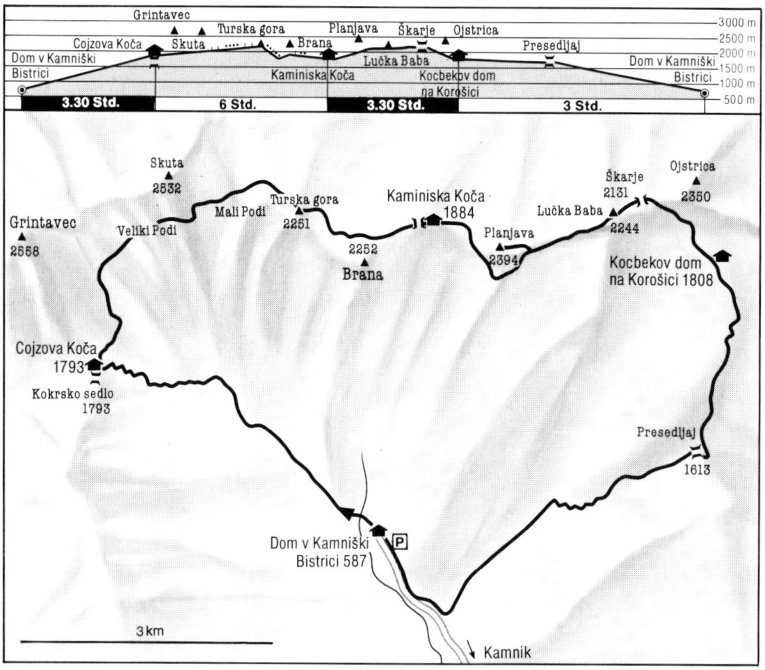

Vom Gipfel des Grintavec liegt der Hauptkamm der Steiner Alpen weit dahingestreckt vor dem Betrachter. Im Hintergrund dominieren Ojstrica (mit schattiger Nordwand) und Planjava (mit Wolkenschleier). Davor erkennt man die Kuppe der Brana und im Vordergrund tief unten die einsamen Hochkare der Mali Podi, die von dieser Hüttenwanderung gequert werden.

51 Über den Hochschwab

Vom Trawiestal zur Fölzklamm

Österreich
Hochschwab-Gruppe
2 Tage
▲▲△△

Talorte Thörl, 662 m, an der Straße Bruck a. d. Mur/Kapfenberg–Mariazell. – AP Ghs. Bodenbauer, 877 m, Straße/Bus von Thörl. – EP Ghs. Schwabenbartl, 1058 m, im Fölzgraben, Straße von Thörl (7 km).

Stützpunkte (1) Schiestl-Hs., 2150 m, ÖTK, auf der Hochschwab-Hochfläche, 3.45 Std. vom Ghs. Bodenbauer über Trawies-A. – G'hacktbrunn und »Das G'hackte« zur Fleischer-Biwakschachtel, 2153 m, am Rand der Hochfläche und über sie weiter zum Schutzhaus; durch »Das G'hackte« ges. Steig nur für trittsichere und schwindelfreie Geher. – (2) Voisthaler-H., 1660 m, ÖAV, in der Ob. Dullwitz, 1.15 Std. von (1) über den Graf-Meran-Steig (Variante: auf den Hochschwabgipfel-Anstieg verzichtend, direkt vom Bodenbauer 3.30 Std. über den Trawiessattel). – (3) Fölzalm-H., 1472 m, priv., 1.15 Std. von (2) über den Fölzsattel, 1626 m. – Abstieg 1.15 Std. durch die Fölzklamm zum Ghs. Schwabenbartl.

Hüttengipfel (1) Hochschwab, 2277 m, 0.20 Std. – (2) Karlhochkogel, 2094 m, 1.30 Std. über den Trawiessattel. – (3) Fölzstein, 1950 m, 1.30 Std.

Charakter Ohne Gipfelüberschreitung einfache Bergwanderung mit romantischen Landschaftseindrücken; mit Gipfel nur für trittsichere Geher, z. T. ges. Steig!

Führer AV-Führer Hochschwab, Rieder (Rother).

Karten FB, 4, Hochschwab–Mürztal, 1 : 100 000. – Österr. Karte, Hochschwab, 1 : 50 000 (Sonderdruck 1970).

Das in der Nordostecke der Steiermark stehende Riesenkalkplateau des Hochschwab ist als eine der letzten großen Felsbastionen des Alpenkamms an seinem höchsten Punkt nur 2277 m hoch – und ist doch alles andere als ein harmloses Wandergebirge.

Wir spazieren vom Gasthaus Bodenbauer weg durch Buchenwälder, später durch freies Almgelände rechts hinauf zur Trawies-Alm zwischen den senkrecht auffahrenden Mauern von Stangenwand und Festbeilstein. Nun im Talboden kurz eben dahin, dann in Serpentinen durch den Latschengürtel auf den Felsriegel mit dem G'hacktbrunnen (Quelle) und zur Weggabelung. Der rechte Steig überschreitet den Trawiessattel und gelangt direkt zur Voisthaler-Hütte. Links geht's steil und teilweise luftig, aber an den entscheidenden Stellen gut gesichert durchs »G'hackte« auf die Hochfläche und über den Hochschwabgipfel zum Schiestl-Haus. Am Graf-Meran-Steig gelangen wir hinunter in den Kessel der Oberen Dullwitz, wo sich beide Wege wieder vereinigen, und in ½ Stunde zur Voisthaler-Hütte, die auf einem kühnen Riegel über der Unteren Dullwitz steht. Der Weiterweg führt über den Ochsensteig zum Fölzsattel und dann steil hinab in die riesige Senke der bewirtschafteten Fölz-Alm. Den Abstieg wähle man nicht über den trockenen Fölzriegel, sondern durch die romantische Fölzklamm hinaus zum Gasthaus Schwabenbartl.

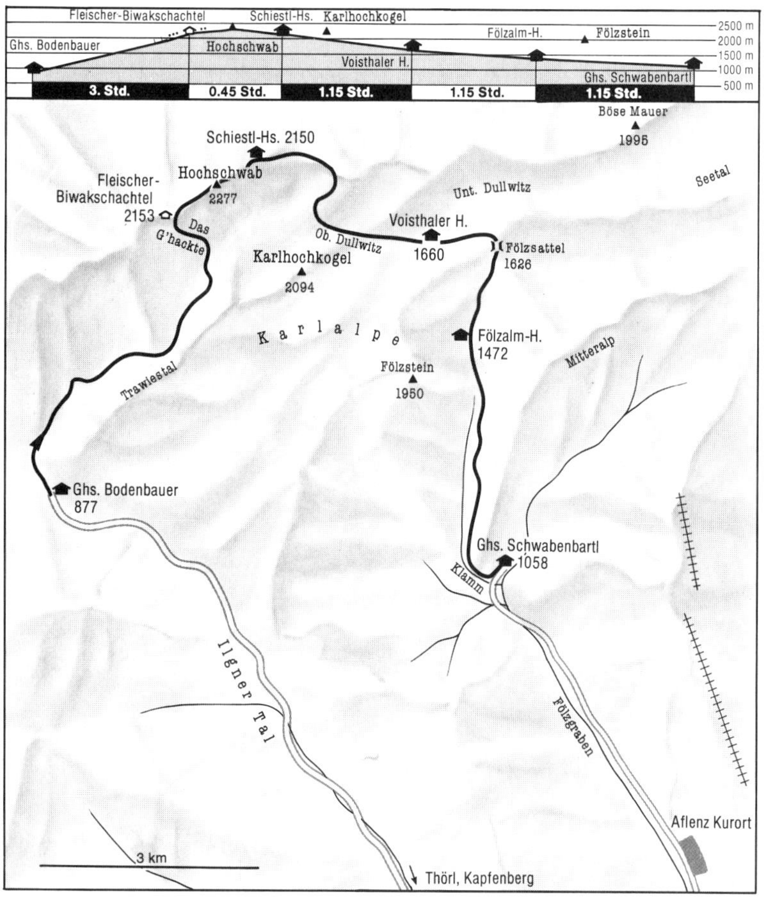

Blick zur Voisthaler-Hütte und in die Untere Dullwitz. Rechts im Bild, unterhalb des Schattens der (nicht mehr sichtbaren) Edelspitzen, erkennt man den Ochsensteig, der zum Fölzsattel führt. Links die Felswände von Höllmauer und Böser Mauer.

52 Über den Wiener Schneeberg

Am letzten Zweitausender der Alpen

Österreich
Rax-Schneeberg-Gruppe
2 Tage
▲△△△

Talorte AP Weichtal-Hs., 563 m, TVN, im Höllental (Straße/Bus von Reichenau). – EP Payerbach-Reichenau, 483 m.

Stützpunkte (1) Kienthaler H., 1380 m, ÖTK, 3 Std. vom Weichtal-Hs. durch die Weichtalklamm. – (2) Sparbacher H., 1248 m, AG Sparbacher, am Fadensattel, 2 Std. von (1) über »Fleischer-Denkstein« – Klosakweg. – (3) Edelweiß-H., 1235 m, ÖAV, dicht unter (2). – (4) Fischer-H., 2049 m, ÖTK, am Kaiserstein, 2.30 Std. von (2/3) über den Fadensteig (einige Sicherungen) und die Hochfläche. – (5) Damböck-Hs., 1810 m, ÖTK, 0.40 Std. von (4) durch den Ochsenboden. – Abstieg 3.30 Std. über Krummbachsattel, 1332 m – Lakaboden – Eng nach Payerbach-Reichenau.

Hüttengipfel Klosterwappen, 2075 m, und Kaiserstein, 2061 m, die beiden Gipfel des Schneebergs; sie sind von allen aufgeführten Hütten unschwierig zu erreichen.

Charakter Leichte Bergwanderung mit großartigen landschaftlichen Eindrücken.

Führer Führer durch das Schneeberggebiet, Hauleitner. – Schneeberg und Rax, Lukan.

Karten FB, 022, Semmering–Rax–Schneeberg, 1 : 50000. – FB-Atlas Wiener Hausberge (mit Kartenausschnitten 1 : 50000).

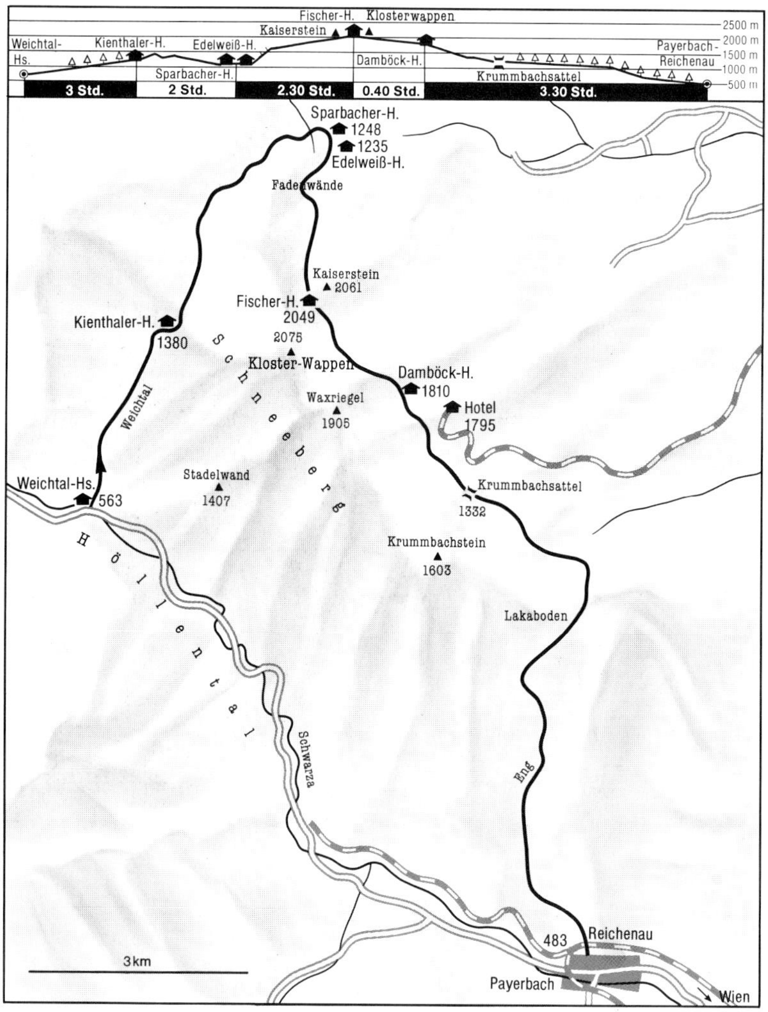

Der Wiener Schneeberg, letzter Zweitausender der Alpen im Osten, ist ein breiter, schwerer Rücken, der mit seiner beträchtlichen Höhe von weither zu sehen ist. Vor allem schneebedeckt bildet er einen faszinierenden Anblick.

Der Schneeberg wurde bereits früh bestiegen. 1574 stand der Hofbotaniker Clusius als erster Bergsteiger auf dem Gipfel. Der blieb dennoch lange ein einsames Revier, bis man 1897 von Puchberg eine Zahnradbahn bis zu einem Hotel 200 Höhenmeter unterhalb der breiten Hochfläche baute. Das seitdem um die Bergstation herrschende Gedränge bekommt man nur am Rande mit, wenn man auf der hier vorgeschlagenen Route das Massiv überschreitet.

Wir steigen also vom Weichtal-Haus durch die wildromantische gleichnamige Klamm 800 Höhenmeter hinauf zur Kienthaler-Hütte, dann wenig strapaziös mit geringem Höhenverlust zum Fadensattel, wo Sparbacher- und Edelweiß-Hütte stehen. Am gesicherten Fadensteig erreichen wir durch steile Geröll- und Schrofenhänge die Hochfläche des Schneebergs. Nun geht's den ausgebleichten Markierungsstangen entlang (bei Nebel lebensrettende Orientierungshilfen!) zum Kaiserstein, 2061 m, der im Vergleich zum wenige Meter höheren Klosterwappen den Vorteil hat, daß ihn keine häßliche Radarstation

»schmückt«, sondern knapp unter dem Gipfel die Fischer-Hütte.
Der Abstieg führt übers Damböck-Haus hinunter in die Waldzone und zum Krummbachsattel. Mit schönen Rückblicken wandern wir schließlich durch den Lakaboden und die »Eng« – hinter diesem Wort verbirgt sich eine malerische Schlucht – nach Reichenau und Payerbach.

Blick vom Geländ von Nordosten auf den Schneeberg mit den beiden Gipfeln Kaiserstein und Klosterwappen. Unsere Route überschreitet das Massiv von rechts nach links.

Wichtige Hinweise

Zum Inhalt

Dieses Buch enthält 52 Höhenwege und Übergänge in den Alpen. Von diesen entfallen 22 auf Österreich, 12 auf die Schweiz, 10 auf Italien, jeweils 3 auf Deutschland und Frankreich und 2 auf Jugoslawien. 12 Touren in den Westalpen stehen 40 in den Ostalpen gegenüber. Bei 19 Touren sind meist kurze, in einigen Fällen auch längere Gletscherstrecken zu passieren. Ebensoviele Touren führen in felsiges Gelände, erfordern jedoch nur im schwierigsten Fall leichte Kletterei im Schwierigkeitsgrad I, ansonsten sind diese Abschnitte mit Drahtseilen, Eisenstiften oder Leitern gesichert. Sämtliche Wege sind markiert, ein Verdienst der verschiedenen alpinen Bergsteigervereinigungen, die auch für die Instandhaltung der Wege und Steiganlagen sorgen. Nicht markiert sind die Gletscherstrecken; hier findet man jedoch häufig Steinmänner oder eine ausgetretene Trasse.

Die Schwierigkeit auf einen Blick

Einen Anhaltspunkt für die Schwierigkeit der einzelnen Übergänge liefern die dreieckigen Symbole, die auf der ersten Seite jeder Tour oben rechts zu finden sind. Sie deuten an, wie anspruchsvoll die jeweilige Tour ist, und bestimmen die dafür notwendige Grundausrüstung. Dementsprechend kann man folgendermaßen unterteilen:

▲△△△ Leichte, firnfreie Überschreitungen bis knapp über die 2000-m-Grenze; etwas Trittsicherheit erforderlich; auch für Familientouren geeignet. – Ausrüstung bestehend aus Leichtbergschuhen mit Profilgummisohle (auch »Trekkingschuhe«), jedoch keine Halbschuhe, Turnschuhe etc.!, Hemd/Bluse aus schweißaufsaugendem Stoff, Kniebund- oder lange Hose aus festem Stoff (keine Jeans!), leichter Wollpullover, leichter, winddichter Anorak mit Kapuze. – Kleine Brotzeit mit Getränk.

▲▲△△ Gletscherfreie Überschreitungen und Höhenwege unterhalb 3000 m; Trittsicherheit erforderlich; teilweise kurze, gut gesicherte Felspassagen. – Ausrüstung wie oben, allerdings nicht mehr mit »Trekking-Schuhen« zu gehen, zusätzlich fester Anorak, Wollmütze und Handschuhe, Unterwäsche zum Wechseln, Sonnenbrille, Lippenschutz. – Notproviant.

▲▲▲△ Höhenwege und Überschreitungen im hochalpinen Bereich, in der Mehrzahl ohne Gletscherberührung; teilweise klettersteigähnliche Abschnitte; absolute Trittsicherheit und alpine Erfahrung notwendig. – Ausrüstung wie oben, jedoch nur mit steigeisenfesten Bergstiefeln (keine Leichtbergschuhe), zusätzlich wärmerer Wollpullover, Ersatzstrümpfe aus Wolle, Biwaksack, bei allen Touren mit Firn- bzw. Gletscherstrecken Eispickel und Seil, bei allen Touren mit gesicherten Felspassagen Brustgurt mit kurzem Sicherungsseil und Karabiner. – Notproviant.

▲▲▲▲ Anspruchsvolle Übergänge mit Hochtouren-Charakter, mit kurzen oder längeren Gletscher-Begehungen; nur für hochalpin erfahrene Bergsteiger bei guten Verhältnissen. – Ausrüstung wie oben, zusätzlich Seil, Reepschnurschlingen, Steigeisen, Kompaß. – Notproviant.

Wer als Führender mit Wandergruppen unterwegs ist, sollte auch auf Routen der leichtesten Kategorie eine 20–30 m lange Reepschnur mitführen, um schwächere Begleiter an steileren, ausgesetzten Stellen oder auf hartgefrorenen Schneeresten sichern zu können.

Unkenntnis und bodenloser Leichtsinn fordern jedes Jahr Hunderte von Todesopfern. Auch auf einfachen Hüttenwegen und Übergängen kann man durch einen Fehltritt, durch Nebel, Neuschnee, Sturm oder überraschende Kälte in Lebensgefahr geraten. Bergsteigen verlangt daher neben einem gesunden, widerstandsfähigen Körper auch einen gesunden und hellwachen Geist. Das ist wichtiger als alle Begeisterung. Umsicht, Geistesgegenwart und zuweilen eine gewisse Kaltblütigkeit sind im Hochgebirge unerläßlich!

Theorie und Praxis

Richtiges Verhalten im Gebirge läßt sich erlernen: in der klassischen Schule einer Alpenvereinssektion, bei Alpinschulen oder unter Anleitung eines erfahrenen Freundes. Erfahrung aber gewinnt man erst beim Bergsteigen selbst, auf jeder Tour ein bißchen mehr.

Vorbereitung

Bevor sich die Beine in Bewegung setzen, muß man sich eine Tour mit dem Kopf erarbeiten. Man muß Führer und Karte studieren, man sollte über das Gebiet, in dem man Touren macht, Bescheid wissen. Die alpine Literatur ist reich, die spezielle Führerliteratur hat einen hohen Standard erreicht. Was sich nicht beim Buchhändler findet, kann man – als Mitglied – meist bei einer Alpenvereinsbücherei entleihen.

Ausrüstung, Proviant

Auch wenn sich ein ortsfestes Azorenhoch über die Alpen erstreckt, muß man bei Mehrtagestouren stets auch die Kleidung und Ausrüstung für schlechtes Wetter mitführen. Beim Proviant achte man darauf, daß er vorwiegend aus leichtverdaulichen Lebensmitteln besteht. Zum Ausgleichen des Flüssigkeitshaushalts im Körper sind sogenannte Elektrolyt-Getränke optimal. Spezielle Ausrüstungsgegenstände für Gletscher- und Klettersteig-Passagen wurden bereits erwähnt. Hervorgehoben sei noch einmal die Bedeutung des Biwaksacks!

Begleiter

Der unerfahrene Wanderer darf im Hochgebirge nie alleine gehen! Wer keinen Partner hat, vertraue sich einem Bergführer an. Wer mit schwächeren Gefährten wandert oder mit Kindern, wähle die Tour entsprechend vorsichtig aus und orientiere das Tempo an deren Leistungsvermögen. Im übrigen versteht es sich von selbst, daß eine Gruppe oder Seilschaft niemals ein einzelnes Mitglied zurückläßt.

Objektive Gefahren

Objektive Gefahren nennt man, was durch die Natur der Berge bedingt ist: Steinschlag, Lawinen, Kälte, Nässe, Nebel, Gewitter, Wettersturz, Sturm, Sonneneinstrahlung und Gletscherspalten.
Gegen Steinschlag hilft nur Vorsicht! Besondere Aufmerksamkeit erfordern Querungen von Rinnen oder Schluchten.
Neuschneelawinen kommen auch im Hochsommer vor. Hier hilft nur Erfahrung und doppelte Vorsicht.
Die Kälte ist der gefährlichste – und am häufigsten unterschätzte – Feind des Bergwanderers, vor allem in Verbindung mit Wind und Nässe. Dagegen kann man jedoch vorsorgen, indem man ausreichend warme Kleidung im Rucksack mitträgt. Besondere Gefahr entsteht, wenn zur Erschöpfung Unterkühlung kommt. Wer ohne Biwaksack eine Nacht im Freien überstehen muß, darf nicht einschlafen oder stillsitzen: Sich bewegen, bis der Morgen kommt, ist die einzige Rettung!
Bei Nebel muß man Mut zur Umkehr, eine der höchsten Tugenden des Bergsteigers, beweisen. Im Nebel, vor allem in Karstgebieten oder in großen Höhen und auf Eis, findet sich nur der erfahrene Bergsteiger zurecht, der den Kompaß richtig handhabt und die Karte zu lesen versteht.
Gewittern läßt sich meist schwer ausweichen, Blitze kommen oft genug aus dem sprichwörtlich heiteren Himmel. Erhöhte Blitzgefahr besteht auf Graten und Gipfeln, in der Nähe von Seilsicherungen, Gipfelkreuzen und Leitungen, wasserführenden Rinnen und Kaminen. Metallene Ausrüstungsgegenstände legt man in einiger Distanz ab.
Eine der wichtigsten Aufgaben des Bergsteigers ist die Beobachtung des Wetters. Oft kann man eine Tour nicht abbrechen – dann sitzt man im Wettersturz wie in einer Mausefalle! Genauso wie man die amtlichen Wetterberichte verfolgt, sollte man sich bei Einheimischen, Führern oder Hüttenwirten erkundigen, die genau wissen, in welchem Winkel sich das Wetter zusammenbraut.
Vor der extremen Sonneneinstrahlung im Hochgebirge hilft nur rechtzeitiger Schutz, indem man sich noch vor der Tour mit entsprechenden Salben einreibt, außerdem nicht mit nackten Armen oder bloßem Oberkörper geht.
Eine Welt voller Gefahren stellt für den unerfahrenen Bergwanderer jeder Gletscher dar: Gletscher darf man niemals allein und unangeseilt betreten! Spaltenbergung ist ein komplizierter Vorgang, den man nur in der Praxis, am besten in einem Eis-Grundkurs, erlernen kann.

Subjektive Gefahren

Die subjektiven Gefahren sind nicht in der Bergnatur, sondern stets im Menschen begründet. Es sind: mangelnde körperliche Leistungsfähigkeit, ungenügendes Training, Leichtsinn durch Unkenntnis der Gefahr, Nichtbeachtung alpiner Erfahrungsgrundsätze und mangelnde Beherrschung der alpinen Technik. Besonders der zuletzt genannte Punkt führt in einer Zeit der immer perfekteren Ausrüstung zu vielen tragischen Bergunfällen. Dagegen helfen nur Besonnenheit und Gewissenhaftigkeit. Wer sich in der Schule des Bergsteigens vom Leichten zum Schwierigen vorarbeitet, wird die alpinen Gefahren am ehesten meistern können.

Erholungsraum Alpen

Bergsteiger suchen in den Alpen »Erholung«. Sie wollen sich anders als im Alltag plagen, wollen »das Hirn auslüften«. Nichts bietet sich dazu besser an als die »unberührte«, von den Errungenschaften der Zivilisation verschonte Natur: Die Alpen werden zum riesigen Freizeit-Paradies – »Playground of Europe« (Tummelplatz Europas) nannte schon Leslie Stephen (1832–1904), einer der britischen Erschließer die Alpen. Im Zeitalter der Wegwerfgesellschaft droht sich der Spielplatz allerdings in eine Müllhalde zu verwandeln. Niemand darf dies zulassen! Nur Einsicht in die allgemeine Umweltproblematik und mutmaßlich auch kameradschaftliche Strenge kann die Bergfreunde – und die Menschen, die hier leben! – vor den Auswirkungen dieses Verhaltens retten. Der Gedanke, keine Spuren in der Natur zu hinterlassen, muß wieder in den Vordergrund rücken.

Erläuterung der Abkürzungen

AP	Ausgangspunkt (Talort)
EP	Endpunkt (Talort)
ges.	mit Drahtseilen, Eisenstiften bzw. -klammern oder Leitern gesicherter Steig in felsigem Gelände
AGP	Alpine Gesellschaft Preintaler
AVS	Alpenverein Südtirol
CAF	Club Alpin Français
CAI	Club Alpino Italiano
DAV	Deutscher Alpenverein (AV)
ÖAK	Österreichischer Alpenklub
ÖAV	Österreichischer Alpenverein
ÖTK	Österreichischer Touristenklub
PZS	Planinska zveza Slovenije (Slowenischer Bergsteigerverband)
SAC	Schweizer Alpen-Club
TVN	Touristenverein »Die Naturfreunde«
AV	Alpenvereinskarte, 1 : 25 000
BLVA	Karte des Bayerischen Landesvermessungsamts, 1 : 50 000
FB	Freytag-Berndt-Karte, 1 : 100 000 und 1 : 50 000
SLK	Schweizer Landeskarte, 1 : 50 000 und 1 : 25 000
TCI	Karte des Touring Club Italiano, 1 : 50 000 und 1 : 20 000

Erläuterung der Grafik-Symbole

Hütte
Biwakschachtel
Parkplatz
Seilbahn, Lift
Paß, Sattel, Joch, Scharte
Gipfel
Straße
Eisenbahnlinie
Gletscher (Karte)
Gletscher (Höhenprofil)
Geröll, Schrofen, Fels
Weg mit Sicherungen

München
Isar
Lech
Chiemsee
Rosenheim
Kufstein
Füssen
Garmisch-
Partenkirchen
Zugspitze
Lindau
Bregenz
Allgäu
Iller
Oberstdorf
Rhein
Inn
Saalach
Zell am See
Pinzgau
Innsbruck
Feldkirch
Landeck
Großvenediger
Montafon
Hochfeiler
Wildspitze
Prättigau
Chur
Piz Linard
Pustertal
Brixen
Meran
Vintschgau
Eisack
Engadin
Cortina d'Ampezzo
St. Moritz
Ortler
Bozen
Marmolada
Bergell
Piz Bernina
Etsch
Belluno
Veltlin
Sarca
Trient
Piave
Bergamo
Garda-
see
Brescia
Venedig
13
15
16
17
18
19
20
21
22
23
24
25
26
27
28
29
30
31
32
33
34
35
36
37
38
39
40
41
42
43
44